问答新公司法

以案说法

段威　于宏伟　王琦　姜磊　王贺洋　编著

法律出版社
LAW PRESS·CHINA
北京

图书在版编目(CIP)数据

问答新公司法：以案说法 / 段威等编著. -- 北京：法律出版社, 2024
ISBN 978-7-5197-8977-0

Ⅰ. ①问… Ⅱ. ①段… Ⅲ. ①公司法—中国—问题解答 Ⅳ. ①D922.291.915

中国国家版本馆 CIP 数据核字(2024)第065491号

问答新公司法:以案说法
WENDA XIN GONGSIFA:
YI AN SHUO FA

段 威 于宏伟 王 琦
姜 磊 王贺洋 编著

策划编辑 张 岩
责任编辑 程鹏瑶
装帧设计 李 瞻

出版发行 法律出版社
编辑统筹 重大项目办公室
责任校对 王 丰 李景美
责任印制 吕亚莉
经　　销 新华书店

开本 A5
印张 12.375 **字数** 210千
版本 2024年4月第1版
印次 2024年4月第1次印刷
印刷 北京金康利印刷有限公司

地址:北京市丰台区莲花池西里7号(100073)
网址:www.lawpress.com.cn
投稿邮箱:info@lawpress.com.cn
举报盗版邮箱:jbwq@lawpress.com.cn
销售电话:010-83938349
客服电话:010-83938350
咨询电话:010-63939796

书号:ISBN 978-7-5197-8977-0 **定价**:69.80元
凡购买本社图书,如有印装错误,我社负责退换。电话:010-83938349

缩略语表

本书在对照2023年修订前后《公司法》条文时，分别用“原《公司法》”和“新《公司法》”指称，“专家说法”中，修订后的《公司法》用“《公司法》”来指称，修订前的《公司法》用“原《公司法》”来指称。在不影响对案情进行解析的情况下，即使选取的是较早年份的案例，亦直接将原公司法等相关规定按照新公司法相关规定进行解析。本书中所使用的缩略语，其全称如下：

简称	全称
《宪法》	《中华人民共和国宪法》(2018年修正)
新《公司法》、《公司法》	《中华人民共和国公司法》(2023年修订)
原《公司法》	《中华人民共和国公司法》(2018年修正)
《民法典》	《中华人民共和国民法典》
《民事诉讼法》	《中华人民共和国民事诉讼法》(2023年修正)
《合同法》	《中华人民共和国合同法》(2021年失效)
《环境保护法》	《中华人民共和国环境保护法》(2014年修订)
《证券法》	《中华人民共和国证券法》(2019年修订)
《企业国有资产法》	《中华人民共和国企业国有资产法》

续表

简称	全称
《涉外民事关系法律适用法》	《中华人民共和国涉外民事关系法律适用法》
《企业国有资产监督管理暂行条例》	《企业国有资产监督管理暂行条例》(2019年修订)
《环境民事公益诉讼解释》	最高人民法院《关于审理环境民事公益诉讼案件适用法律若干问题的解释》(2020年修正)
《关于民事执行中变更、追加当事人若干问题的规定》	最高人民法院《关于民事执行中变更、追加当事人若干问题的规定》(2020年修正)
《民间借贷规定》	最高人民法院《关于审理民间借贷案件适用法律若干问题的规定》(2020年第二次修正)
《关于全面推进企业简易注销登记改革的指导意见》	工商总局《关于全面推进企业简易注销登记改革的指导意见》(工商企注字〔2016〕253号)
《关于开展进一步完善企业简易注销登记改革试点工作的通知》	国家市场监督管理总局《关于开展进一步完善企业简易注销登记改革试点工作的通知》(国市监注〔2018〕237号)
《公司债券发行与交易管理办法》	《公司债券发行与交易管理办法》(中国证券监督管理委员会令第180号)
《上市公司股东大会规则》	《上市公司股东大会规则》(2022年修订)(中国证券监督管理委员会公告〔2022〕13号)
《深圳证券交易所上市公司自律监管指引第1号——主板上市公司规范运作》	《深圳证券交易所上市公司自律监管指引第1号——主板上市公司规范运作》(深证上〔2023〕1145号)
《深圳证券交易所上市公司自律监管指引第2号——创业板上市公司规范运作》	《深圳证券交易所上市公司自律监管指引第2号——创业板上市公司规范运作》(深证上〔2023〕1146号)

续表

简称	全称
《上海证券交易所公司债券存续期业务指南第 1 号——公司债券持有人会议规则》	《上海证券交易所公司债券存续期业务指南第 1 号——公司债券持有人会议规则》(上证函〔2020〕2685 号)
《上海证券交易所公司债券上市规则》	《上海证券交易所公司债券上市规则》(上证发〔2023〕164 号)
《市场主体登记管理条例》	《中华人民共和国市场主体登记管理条例》(中华人民共和国国务院令第 746 号)
《公司法司法解释(一)》	最高人民法院《关于适用〈中华人民共和国公司法〉若干问题的规定(一)》(2014 年修正)
《公司法司法解释(二)》	最高人民法院《关于适用〈中华人民共和国公司法〉若干问题的规定(二)》(2020 年修正)
《公司法司法解释(三)》	最高人民法院《关于适用〈中华人民共和国公司法〉若干问题的规定(三)》(2020 年修正)
《公司法司法解释(四)》	最高人民法院《关于适用〈中华人民共和国公司法〉若干问题的规定(四)》(2020 年修正)
《公司法司法解释(五)》	最高人民法院《关于适用〈中华人民共和国公司法〉若干问题的规定(五)》(2020 年修正)
《九民会议纪要》	《全国法院民商事审判工作会议纪要》

目录
CONTENTS

01 如何认定关联公司中的“人格混同”？

案 例[①]

被告成都川交工程机械有限责任公司（以下简称川交机械公司）成立于1999年，被告四川瑞路建设工程有限公司（以下简称瑞路公司）成立于2004年，两公司法定代表人均为王永礼，股东均为王永礼、李智、倪刚。被告成都川交工贸有限责任公司（以下简称川交工贸公司）成立于2005年，法定代表人为吴帆，股东为张家蓉、吴帆、凌欣、卢鑫、汤维明、过胜利等人，其中张家蓉系王永礼之妻，占90%的股份，其他股东均为川交机械公司的高级管理人员。三公司经理均为王永礼，财务负责人均为凌欣，出纳会计均为卢鑫，工商手续经办人均为张梦，经营范围均涉及工程机械且基本重合。三公司在对外宣传中未作区分。川交机械公司系原告徐工集团工程机械股份有限公司（以下简称徐工机械公司）四川地区（攀枝花除外）唯一经销商，但三公司均从事相关经销业务，且共用统一格式的《二级经销协议》《销售部业务手册》与结算账户。凌欣、卢鑫、汤维明、过胜利的银行卡中曾有高达亿元的资金往来，上述人员在接受公安机关调查时认可资金的来源包括徐工机械公司产

---

① 参见徐工集团工程机械股份有限公司诉成都川交工贸有限责任公司等买卖合同纠纷案，江苏省高级人民法院（2011）苏商终字第0107号民事判决书。

品的款项，对外支付的依据为王永礼的签字。在与徐工机械公司均签合同、均有业务往来的情况下，三公司于 2005 年 8 月共同向徐工机械公司出具说明，称因川交机械公司业务扩张注册了另两家公司，要求所有债权债务、销售量均计算在工贸公司名下，并表示今后尽量以工贸公司名义进行业务往来。

2009 年，徐工机械公司因催要货款，起诉至法院，认为三公司混同，王永礼及工贸公司股东的个人资产与公司资产混同，请求判令：工贸公司支付所欠货款 1091.6 万元及利息；瑞路公司、川交机械公司及王永礼等个人对上述债务承担连带责任。

法院经审理后认为，川交工贸、川交机械、瑞路三家公司构成人格混同，由三家公司对徐工机械公司所欠货款承担连带责任。裁判理由如下：一是三家公司人员混同。三家公司的经理、财务负责人、出纳会计、工商手续经办人均相同，其他管理人员亦存在交叉任职的情形，川交工贸公司的人事任免存在由川交机械公司决定的情形。二是三家公司业务混同。三家公司实际经营中均涉及工程机械相关业务，经销过程中存在共用销售手册、经销协议的情形；对外进行宣传时信息混同。三是三家公司财务混同。三家公司使用共同账户，以王永礼的签字作为具体用款依据，对其中的资金及支配无法证明已作区分；三家公司与徐工机械公司之间的债权债务、业绩、账务及返利均计算在川交工贸公司名下。因此，三家公司之间表征人格的因素（人员、业务、财务等）高度混同，导致各自财产无法区分，已丧失独立人格，构成人格混同。

法 条

新《公司法》

第三条 公司是企业法人,有独立的法人财产,享有法人财产权。公司以其全部财产对公司的债务承担责任。

公司的合法权益受法律保护,不受侵犯。

第二十一条 公司股东应当遵守法律、行政法规和公司章程,依法行使股东权利,不得滥用股东权利损害公司或者其他股东的利益。

公司股东滥用股东权利给公司或者其他股东造成损失的,应当承担赔偿责任。

第二十三条第一款、第二款 公司股东滥用公司法人独立地位和股东有限责任,逃避债务,严重损害公司债权人利益的,应当对公司债务承担连带责任。

股东利用其控制的两个以上公司实施前款规定行为的,各公司应当对任一公司的债务承担连带责任。

第二百六十五条 本法下列用语的含义:

(一)高级管理人员,是指公司的经理、副经理、财务负责人,上市公司董事会秘书和公司章程规定的其他人员。

(二)控股股东,是指其出资额占有限责任公司资本总额超过百分之五十或者其持有的股份占股份有限公司股本总额超过百分之五十的股东;出资额或者持有股份的比例虽然低于百分之五十,但依其出资额或者持有的股份所享有的表决权已足以对股东会的决议产生重大影响的股东。

（三）实际控制人，是指通过投资关系、协议或者其他安排，能够实际支配公司行为的人。

（四）关联关系，是指公司控股股东、实际控制人、董事、监事、高级管理人员与其直接或者间接控制的企业之间的关系，以及可能导致公司利益转移的其他关系。但是，国家控股的企业之间不仅因为同受国家控股而具有关联关系。

原《公司法》

第三条　公司是企业法人，有独立的法人财产，享有法人财产权。公司以其全部财产对公司的债务承担责任。

有限责任公司的股东以其认缴的出资额为限对公司承担责任；股份有限公司的股东以其认购的股份为限对公司承担责任。

第二十条　公司股东应当遵守法律、行政法规和公司章程，依法行使股东权利，不得滥用股东权利损害公司或者其他股东的利益；不得滥用公司法人独立地位和股东有限责任损害公司债权人的利益。

公司股东滥用股东权利给公司或者其他股东造成损失的，应当依法承担赔偿责任。

公司股东滥用公司法人独立地位和股东有限责任，逃避债务，严重损害公司债权人利益的，应当对公司债务承担连带责任。

第二百一十六条　本法下列用语的含义：

（一）高级管理人员，是指公司的经理、副经理、财务负责人，上市公司董事会秘书和公司章程规定的其他人员。

（二）控股股东，是指其出资额占有限责任公司资本总额百分之五十以上或者其持有的股份占股份有限公司股本总额百分之五十以上的股东；出资额或者持有股份的比例虽然不足百分之五十，但依其出资额或者持有的股份所享有的表决权已足以对股东会、股东大会的决议产生重大影响的股东。

（三）实际控制人，是指虽不是公司的股东，但通过投资关系、协议或者其他安排，能够实际支配公司行为的人。

（四）关联关系，是指公司控股股东、实际控制人、董事、监事、高级管理人员与其直接或者间接控制的企业之间的关系，以及可能导致公司利益转移的其他关系。但是，国家控股的企业之间不仅因为同受国家控股而具有关联关系。

专家说法

法人人格否认制度，即在股东滥用法人人格独立损害债权人利益的情况下，通过否认法人独立之人格，让股东对公司债务承担连带责任。法人人格否认制度是股东有限责任的例外，旨在保护债权人的利益。法人人格否认制度一直是商事领域的难点，其情形主要包括三种，即资本显著不足、人格混同及过度支配与控制。其法律依据体现在《公司法》第23条，《九民会议纪要》第10条亦对重点人格混同的五种情形进行了详细阐述。在实践中，法人人格否认分为三种类型，主要有法人的顺向人格否认、法人的横向人格否认、法人的反向（逆向）人格否认。

本案中所涉及的法人人格否认属于法人的横向人格否认。所谓法人的横向人格否认，又称关联公司间人格混同，指控制股东或实际控制人控制多个关联公司，滥用控制权，各个关联公司间随意转移、处置财产以及债权债务关系，造成多个关联公司之间彼此财产边界不清、财务混同的情形，严重损害债权人利益，通过对法人独立之人格进行横向否认，关联公司之间对彼此债务互负连带责任。通常被告的类型为关联公司，包括股份公司、个人独资企业，及少量其他类型的企业或民办非企业单位，即债权人能够起诉这些关联公司互负彼此的债务承担连带责任。本案作为最高人民法院 2013 发布的第 15 号指导案例正式确认了横向法人人格否认在审判实践中的先例，将法人人格否认的适用范围扩大到了横向人格否认，这份指导案例的发布对相关案例的裁判也起到了示范性的作用。在 2019 年发布的《九民会议纪要》中，第 11 条第 2 款也规定了横向人格否认的内容。但是因为横向人格否认并没有成文的直接法律依据对其进行规制，在实务中仍然存在不少反对的声音。直至《公司法》规定了横向人格否认制度，规定如果股东利用其两个以上公司实施相关行为，各公司应当对任一公司的债务承担连带清偿责任。横向人格否认条文的增设体现了对该类法人人格否认的认可，横向人格否认制度从此有了明确的法律依据。该类法人人格否认对应的是关联公司之间的连带责任，因此定义为横向人格否认。

但是横向人格否认制度在举证责任上债权人因为承担了过重的举证责任常常面临着巨大的困难。尤其是很难获得公司财务流水等关键信息，这使他们难以充分证明债务人与公司之间的真实关系，而缺乏充足的证据可能导致法律程序的无效或延误。尤其是在控股股东在子公司债权人或者关联公司隐名的情况下，债权人的举证难度更高。对此,为了维护公平和法律的效力,可以考虑减轻公司债权人的举证责任,债务人应当承担更多的证明责任,提供足够的证据来证明其与公司的真实法律关系,由此来减少信息不对称带来的不公。

02 公司章程规定“人走股留”有效吗？

案 例[1]

2004年5月，被告西安市大华餐饮有限公司（以下简称大华公司）由国有企业改制为有限责任公司，原告宋文军系大华公司员工，出资2万元成为大华公司的自然人股东。《大华公司章程》第三章“注册资本和股份”第十四条规定：“公司股权不向公司以外的任何团体和个人出售、转让。公司改制一年后，经董事会批准后可在公司内部赠与、转让和继承。持股人死亡或退休，经董事会批准后方可继承、转让或由企业收购，持股人辞职、调离或被辞退、解除劳动合同的，人走股留，所持股份由企业收购……”第十三章“股东认为需要规定的其他事项”第66条规定，“本章程由全体股东共同认可，自公司设立之日起生效”。该公司章程经大华公司全体股东签名通过。2006年6月3日，宋文军向公司提出解除劳动合同，并申请退出其所持有的公司的2万元股份。2006年8月28日，经大华公司法定代表人赵来锁同意，宋文军领到退出股金款2万元整。2007年1月8日，大华公司召开2006年度股东大会，大会应到股东107人，实到股东104人，代表股权占公司股份总数的

---

① 参见宋文军诉西安市大华餐饮有限公司股东资格确认纠纷案，陕西省高级人民法院（2014）陕民二申字第00215号民事裁定书。

93%,会议审议通过了宋文军、王培青、杭春国三位股东退股的申请并决议“其股金暂由公司收购保管,不得参与红利分配”。后宋文军以大华公司的回购行为违反法律规定,未履行法定程序且公司法规定股东不得抽逃出资等,请求依法确认其具有大华公司的股东资格。

一审法院判决驳回原告宋文军要求确认其具有被告大华公司股东资格之诉讼请求。一审宣判后,宋文军提出上诉。二审法院驳回上诉,维持原判。终审宣判后,宋文军仍不服,申请再审,再审法院驳回宋文军的再审申请。

最高人民法院审理认为:首先,《大华公司章程》第十四条规定,“公司股权不向公司以外的任何团体和个人出售、转让。公司改制一年后,经董事会批准后可以公司内部赠与、转让和继承。持股人死亡或退休经董事会批准后方可继承、转让或由企业收购,持股人若辞职、调离或被辞退、解除劳动合同的,人走股留,所持股份由企业收购”。依照原《公司法》第二十五条第二款“股东应当在公司章程上签名、盖章”的规定,有限公司章程系公司设立时全体股东一致同意并对公司及全体股东产生约束力的规则性文件,宋文军在公司章程上签名的行为,应视为其对前述规定的认可和同意,该章程对大华公司及宋文军均产生约束力。其次,基于有限责任公司封闭性和人合性的特点,由公司章程对公司股东转让股权作出某些限制性规定,系公司自治的体现。本案中,大华公司进行企业改制时,宋文军之所以成为大华公司的股东,其原因在于宋文军与大华公司具有劳动合同关系,如果宋文军与大华公司没有建立劳动关系,宋文军则没有成为大华公司股东的可能性。同理,大华公司章程将是否与公司具有劳动合同关系作为取得股东身份的依据继而作出“人走股留”的规定，符合有限责任公司封闭性和人合性的特点，亦系公司自治原则的体现，不违反公司法的禁止性规定。最后，《大华公司章程》第十四条关于股权转让的规定，属于对股东转让股权的限制性规定而非禁止性规定，宋文军依法转让股权的权利没有被公司章程禁止，大华公司章程不存在侵害宋文军股权转让权利的情形。综上，本案一、二审法院均认定大华公司章程不违反原《公司法》的禁止性规定，应为有效的结论正确，宋文军的这一再审申请理由不能成立。

法　条

新《公司法》

第五条　设立公司应当依法制定公司章程。公司章程对公司、股东、董事、监事、高级管理人员具有约束力。

第四十六条　有限责任公司章程应当载明下列事项：

（一）公司名称和住所；

（二）公司经营范围；

（三）公司注册资本；

（四）股东的姓名或者名称；

（五）股东的出资额、出资方式和出资日期；

（六）公司的机构及其产生办法、职权、议事规则；

（七）公司法定代表人的产生、变更办法；

（八）股东会认为需要规定的其他事项。

股东应当在公司章程上签名或者盖章。

原《公司法》

第十一条　设立公司必须依法制定公司章程。公司章程对公司、股东、董事、监事、高级管理人员具有约束力。

第二十五条　有限责任公司章程应当载明下列事项：

(一)公司名称和住所；

(二)公司经营范围；

(三)公司注册资本；

(四)股东的姓名或者名称；

(五)股东的出资方式、出资额和出资时间；

(六)公司的机构及其产生办法、职权、议事规则；

(七)公司法定代表人；

(八)股东会会议认为需要规定的其他事项。

股东应当在公司章程上签名、盖章。

专家说法

“人走股留”一般是指职工股东从所持有股权的公司离职时，将其所持有的公司股权退还或转让给特定的主体。对于有限责任公司的股权转让，《公司法》第 84 条规定有限责任公司股东有知情权及优先购买权，同时在不违反上述原则的情况下有自治的权利，即“公司章程对股权转让另有规定的，从其规定”。因此，公司章程可以对股权转让作出比《公司法》更细化或者更“严格”的限制性规定，但应注意不得过度限制股东转让股权，必须保障股东退出的合理途径，导致股权实质上不能转让的约定无效。

《公司法》规定，在设立公司时，初始章程须由全体股东签字，确保股东一致认可和同意，章程确定的内容对全体股东及公司均产生约束力。设立公司后，如果在公司章程中修改完善“人走股留”的约定，无须全体股东签字，但必须经有效的股东会决议通过且不违反法律的强制性规定。即使个别股东对公司章程修改未表达意见或反对，也同样受合法修订的公司章程之约束。

如果是通过股权转让协议等形式对“人走股留”作出约定，该约定属于合同约定，适用《民法典》关于合同效力以及民事法律行为的相关规定，需要审查“人走股留”之约定是否存在法定无效事由。例如，《九民会议纪要》明确指出：在与目标公司“对赌”情形下，投资方请求目标公司回购股权的，法院应当依据《公司法》关于“股东不得抽逃出资”的强制性规定进行审查；经审查，目标公司未完成减资程序的，人民法院应当驳回其诉讼请求。

一般来说，有限责任公司的股权转让，不得违反资本维持的原则。由公司出资进行股权回购，可能会损害公司资本维持以及损害其他股东和债权人的利益，因此股权回购必须遵循法律规定。法定的股权回购包括了《公司法》第 89 条规定的异议股东股权回购权以及《公司法司法解释(二)》规定的公司解散之诉中的调解回购，而约定的股权回购则不得违反法律强制性规定。对职工所持股权进行回购属于约定回购，从本案来看，公司按照章程约定回购职工股权的情形，不适用依“抽逃出资”的相关规定进行审查。

公司对所回购股权的后续处置,包括再次转让或进行减资程序、登记公示、是否构成损害其他股东和债权人的利益等,均应当依照《公司法》及其他相关法律、行政法规进行认定。

03 公司是否应承担生态环境保护的社会责任？

案 例[1]

雅砻江上的牙根梯级水电站由雅砻江流域水电开发有限公司（以下简称雅砻江公司）负责建设和管理，处于项目预可研阶段，水电站及其辅助工程（公路等）尚未开工建设。

2013年9月发布的中国生物多样性红色名录中五小叶槭被评定为“极危”。2016年2月，五小叶槭被列入《四川省重点保护植物名录》。2018年8月，世界自然保护联盟在其红色名录中将五小叶槭评估为“极度濒危”。2012年国家发展改革委办公厅批复同意牙根水电站开展前期工作，并要求按照项目核准的有关规定，未经核准不得开工建设。

中国生物多样性保护与绿色发展基金会（以下简称绿发会）认为，根据五小叶槭雅江种群的分布区海拔高度和水电站水位高度对比数值，牙根梯级水电站以及配套的公路建设将直接威胁到五小叶槭的生存，损害社会公共利益，遂提起预防性公益诉讼，请求判令被告立即采取适当措施，在采取的措施不足以消除对五小

---

① 参见中国生物多样性保护与绿色发展基金会诉雅砻江流域水电开发有限公司生态环境保护民事公益诉讼案，四川省甘孜藏族自治州中级人民法院（2015）甘民初字第45号民事判决书。

叶槭的生存威胁之前,暂停牙根水电站及其辅助设施(含配套道路)的一切建设工程,并要求被告承担诉讼差旅费、调查费和律师费等。雅砻江公司辩称牙根水电站目前尚未批准建设,是否审批通过不确定,雅砻江公司未作出任何有可能危害五小叶槭生存的行为,绿发会的起诉没有事实和法律依据,依法应当驳回起诉。

一审法院依照2012年《民事诉讼法》第五十五条、第六十四条、第一百四十二条和《环境民事公益诉讼解释》第十八条、第十九条第一款、第二十四条的规定作出判决如下:(1)雅砻江公司应当将五小叶槭的生存作为牙根水电站项目可研阶段环境评价工作的重要内容,环境影响报告书经环境保护行政主管部门审批通过后,才能继续开展下一步的工作;(2)绿发会为本案诉讼产生的必要费用、合理的律师费共5万元,从其他案件判决的生态环境修复费用等环境公益诉讼资金中支付;(3)驳回原告的其他诉讼请求。一审宣判后当事人未上诉,判决已发生法律效力。

法 条

新《公司法》

第二十条　公司从事经营活动,应当充分考虑公司职工、消费者等利益相关者的利益以及生态环境保护等社会公共利益,承担社会责任。

国家鼓励公司参与社会公益活动,公布社会责任报告。

原《公司法》

第五条　公司从事经营活动,必须遵守法律、行政法规,遵守社会公德、商业道德，诚实守信，接受政府和社会公众的监督，承担社会责任。

公司的合法权益受法律保护，不受侵犯。

专家说法

2014 年修订的《环境保护法》规定了“保护优先、预防为主”的基本原则。2015 年 1 月最高人民法院出台了《环境民事公益诉讼解释》，将具有损害社会公共利益重大风险的污染环境、破坏生态行为纳入环境民事公益诉讼的可诉范围，突破了“无损害不救济”的传统侵权法理念，推动了环境公益诉讼向预防性公益诉讼拓展。本案是《环境民事公益诉讼解释》出台后，我国受理的首例预防性公益诉讼，有较大指导意义：一是解决了电站尚未开工建设，符合条件的社会组织认为项目建设将造成濒危野生植物原生存环境破坏从而损害社会公共利益，并提起诉讼，人民法院能否受理的问题；二是促进经济和环境的协调发展，丰富了人民法院对于预防性公益诉讼的裁判方法。对于现有证据材料和科学技术能够推测项目建成后对案涉地濒危野生植物存在可能影响其生存的潜在风险，从而损害生态环境公共利益的，可以判决被告采取预防性措施，将濒危野生植物的生存纳入项目可研阶段环境影响评价工作。

虽然本案审理时依据的法律主要是《环境保护法》与《环境民事公益诉讼解释》，但是今天来看，还可以引用《公司法》第 20 条第 1 款的规定：“公司从事经营活动，应当充分考虑公司职工、消费者等利益相关者的利益以及生态环境保护等社会公共利益，承担社会责任。”《公司法》第 20 条明确了公司社会责任的保护对象，特别强调应当考虑利益相关者及生态环境等社会公共利益，鼓励公司参与社会公益活动及公布社会责任报告。

习近平同志在 2023 年全国生态环境保护大会中指出，要正确处理好外部约束和内生动力的关系，保持常态化外部压力，同时要激发起全社会共同呵护生态环境的内生动力。这一部署，使生态环保工作从认识到实践发生了历史性、转折性、全局性变化，监管重点向“外部督促”与“自我提升”并重转变。《公司法》第 20 条第 1 款新增并明确企业生态环境保护社会责任，首次将绿色元素纳入《公司法》法律条款，对企业生态环境保护主体责任的完善，也将引发生态环境法律责任制度的变革。

传统的公司治理强调股东会中心主义，现代公司治理模式注重转变为董事会中心主义，或者引入利益相关者代表参与公司治理。在《公司法》第 20 条语境下，利益相关者的范围包括职工、消费者等，理论上利益相关者的范围可以延伸至职工、消费者、供应商、政府、债权人等非股东利益相关者，因此，在司法实践个案中可考虑对该条之“等”作出合理扩张解释。本次修订完善了职工这一利益相关者的权益保护，如鼓励以职工代表大会为基本形式的民主管理制度、重大事项及制度听取职工的意见和建议、职工代表可作为审计委员会成员等。

生态环境保护是《公司法》落实社会责任的另一重要内涵，这也是落实《民法典》第 9 条绿色原则的立法精神。由此可见，《公司法》第 20 条第 1 款将生态环境责任作为社会责任的重要内容，以立法的形式要求公司将自身经营行为与生态环境保护相协调，减轻及消除对生态环境的破坏，实现可持续发展。

另外，《公司法》鼓励公司参与社会公益活动及公布社会责任报告，该要求并非强制性，旨在引导公司向履行 ESG 信息披露过渡，关注公司在环境、社会、治理方面的综合评级。

04 公司能否对股东债务承担连带责任？

案 例①

被告沈阳新东方供热有限责任公司(以下简称新东方公司)为被告沈阳惠天热电股份有限公司(以下简称惠天公司)的子公司,惠天公司拥有新东方公司51%的股份。2003年7月1日,原告沈阳市第二市政建设工程有限公司(以下简称市二建公司)与惠天公司签订建筑工程施工合同,发包人为惠天公司,承包人为市二建公司,工程名称为“沈阳农业高新区热网预埋套管工程”,该合同上有惠天公司盖章及代理人文军签字、市二建公司的单位盖章及市二建公司法定代表人的印鉴和签字。2003年8月18日,市二建公司与惠天公司签订建筑安装工程安全合同,该合同属于2003年7月1日签订的建筑工程合同的附属合同,合同上有惠天公司及市二建公司双方单位盖章和法人代表印鉴和签字。后惠天公司与市二建公司又签订了开工日期为2004年3月20日的建筑工程施工合同,该项合同的签订时间在合同中没有体现,但工程名称、工程地点、工程内容、承包范围等内容和市二建公司与惠天公

① 参见沈阳惠天热电股份有限公司诉沈阳市第二市政建设工程有限公司建筑工程施工合同纠纷案,辽宁省沈阳市中级人民法院(2010)沈民二终字第264号民事判决书。

司在2003年7月1日签订的内容一致，合同约定的价款为200万元，与原合同约定的价款50万元不同，但该合同发包人处签字为新东方公司委托代理人文军，盖章为新东方公司，市二建公司的盖章及签字均与原来相同。2004年4月及8月市二建公司与惠天公司签订两份发包工程安全生产合同。此外，2007年8月7日新东方公司给市二建公司汇款60万元，2008年1月23日惠天公司给付市二建公司金额分别为150万元及50万元两笔工程款。同时，市二建公司在开具工程发票时付款人名称亦为惠天公司。此后，新东方公司给市二建公司发过两次往来征询函，往来征询函中表明截至2009年6月30日，新东方公司欠市二建公司工程款1,400,221.70元，该往来征询函中有新东方公司盖章。

一审法院判决惠天公司与新东方公司共同向市二建公司支付工程款及利息。宣判后，惠天公司不服，提起上诉。二审法院判决驳回上诉，维持原判。

法 条

新《公司法》

第二十一条　公司股东应当遵守法律、行政法规和公司章程，依法行使股东权利，不得滥用股东权利损害公司或者其他股东的利益。

公司股东滥用股东权利给公司或者其他股东造成损失的，应当承担赔偿责任。

第二十三条　公司股东滥用公司法人独立地位和股东有限责

任,逃避债务,严重损害公司债权人利益的,应当对公司债务承担连带责任。

股东利用其控制的两个以上公司实施前款规定行为的,各公司应当对任一公司的债务承担连带责任。

只有一个股东的公司,股东不能证明公司财产独立于股东自己的财产的,应当对公司债务承担连带责任。

原《公司法》

第二十条　公司股东应当遵守法律、行政法规和公司章程,依法行使股东权利,不得滥用股东权利损害公司或者其他股东的利益;不得滥用公司法人独立地位和股东有限责任损害公司债权人的利益。

公司股东滥用股东权利给公司或者其他股东造成损失的,应当依法承担赔偿责任。

公司股东滥用公司法人独立地位和股东有限责任,逃避债务,严重损害公司债权人利益的,应当对公司债务承担连带责任。

专家说法

公司独立人格与股东有限责任是现代公司制度的两大基石,但股东滥用法人人格,导致股东与公司人格混同,损害债权人利益的,在特定个案中,法院可能会刺破公司面纱,否定公司独立人格的存在,使股东对公司的债务承担责任。还有一种情形叫反向刺破公司面纱,即在特定条件下,法律将公司与股东视为一体,令公司对股东的债务承担责任。

反向法人人格否认制度是从公司的人格否认制度引申而来的。结合法人人格否认制度，反向法人人格否认制度可归纳为以下三个主要构成要件：(1)主体要件。公司法人人格否认的主体要件涉及两个方面，一是公司法人人格的滥用者，二是有权提起适用公司法人人格否认之诉的当事人。(2)行为要件。公司法人人格否认是由法人人格被滥用致使法人人格独立性丧失引起的。(3)结果要件。公司股东或其他实际控制公司的人滥用公司人格给公司债权人及其他社会群体造成客观上的实际损害，并且滥用公司法人人格的行为与造成的损失之间有直接的因果关系。

反向法人人格否认制度是对股东有限责任的颠覆，因此，适用时应予以严格限制。实践中，母子公司一般在以下几种情况下可以适用：(1)母公司对子公司存在过度控制；(2)母子公司在人格上基本混同；(3)母子公司在财产上基本混同；(4)子公司对母公司债务的承担可以适用实质合并原则。

本案中，惠天公司与新东方公司系母子公司，虽名为两个独立承担民事责任的主体，实际上存在多种情形的混同，如人事安排、经营业务、资金财产存在持续混同的情形。表现在：涉诉工程对外发包时，惠天公司代理人文军均在合同发包方处署名；自惠天公司与市二建公司订立合同最初时间2003年7月至惠天公司最后一笔付款时间2008年，前后长达4年之久，而且对于市二建公司以惠天公司为付款人所开具的发票及收据，惠天公司照收不误，未提出任何异议，惠天公司与新东方公司不存在划分母子公司与市二建公司交易的持续的明确界限，从而导致市二建公司对惠天公司与新东方公司在请求给付工程欠款上难以区分。在本案中，如仅追究惠天公司或新东方公司一方的责任,则作为善意相对人的市二建公司将无法或可能无法实现其债权,不符合诚实信用原则和公平理念。综上,可以认定惠天公司与新东方公司母子公司之间存在人格混同情形,根据《公司法》第21条和第23条之规定,可对二者适用反向人格否认制度,判令惠天公司和新东方公司共同承担偿还欠款责任。

05 如何认定股东滥用股东权利？

案 例[1]

抚昌实业公司于2018年1月31日成立，股东为投资发展公司、科技集团公司和傅少军，各股东认缴出资时间均为2038年1月26日。2019年1月24日，中建华夏公司与抚昌实业公司签订《抚州牡丹田园综合体项目合作框架协议》，并于当日通过网上银行转账的方式向抚昌实业公司支付1500万元履约保证金。2019年4月9日，投资发展公司和科技集团公司分别将持有的抚昌实业公司股权转让给严竟成和练菁，并于2019年4月12日完成股权工商变更登记，登记中认缴日期仍然为2038年1月26日。因抚昌实业公司未按约定向中建华夏公司退还1500万元履约保证金，产生诉讼。

二审判决认定，中建华夏公司要求抚昌实业公司股东在未出资范围内承担连带清偿责任缺乏法律依据，不予支持。中建华夏公司不服江西省高级人民法院(2020)赣民终83号民事判决，故申请再审，最高人民法院裁定驳回中建华夏建设集团股份有限公司的再审申请。

---

① 参见中建华夏公司诉抚昌实业公司合同纠纷案，最高人民法院(2021)最高法民申1080号民事裁定书。

法 条

新《公司法》

第二十三条 公司股东滥用公司法人独立地位和股东有限责任，逃避债务，严重损害公司债权人利益的，应当对公司债务承担连带责任。

股东利用其控制的两个以上公司实施前款规定行为的，各公司应当对任一公司的债务承担连带责任。

只有一个股东的公司，股东不能证明公司财产独立于股东自己的财产的，应当对公司债务承担连带责任。

原《公司法》

第二十条 公司股东应当遵守法律、行政法规和公司章程，依法行使股东权利，不得滥用股东权利损害公司或者其他股东的利益；不得滥用公司法人独立地位和股东有限责任损害公司债权人的利益。

公司股东滥用股东权利给公司或者其他股东造成损失的，应当依法承担赔偿责任。

公司股东滥用公司法人独立地位和股东有限责任，逃避债务，严重损害公司债权人利益的，应当对公司债务承担连带责任。

第六十三条 一人有限责任公司的股东不能证明公司财产独立于股东自己的财产的，应当对公司债务承担连带责任。

《九民会议纪要》

第11条第2款 控制股东或实际控制人控制多个子公司或者关联公司，滥用控制权使多个子公司或者关联公司财产边界不清、财务混同，利益相互输送，丧失人格独立性，沦为控制股东逃避债务、非法经营，甚至违法犯罪工具的，可以综合案件事实，否认子公司或者关联公司法人人格，判令承担连带责任。

专家说法

公司股东滥用股东权利，实践中常见的情形有人格混同、过度支配与控制、资本显著不足等。人格混同体现在公司的财产与股东的财产混同且无法区分；过度支配与控制表现为公司控制股东对公司过度支配与控制，操纵公司的决策过程，使公司完全丧失独立性，沦为控制股东的工具或躯壳，严重损害公司债权人利益；资本显著不足则是公司设立后在经营过程中，股东实际投入公司的资本数额与公司经营所隐含的风险相比明显不匹配。本案中，抚昌实业公司未按期偿还中建华夏公司的债务，但并不足以据此认定抚昌实业公司的股东存在滥用股东权利的行为，不足以否定抚昌实业公司的公司人格，要求各股东承担相应的连带清偿责任。故二审判决以证据不足为由，不支持中建华夏公司关于人格否认的主张。

因抚昌实业公司的股东出资期限为 2038 年 1 月 26 日，目前未届出资期限，中建华夏公司没有证据证明抚昌实业公司作为被执行人的案件，人民法院穷尽执行措施无财产可供执行，已具备破产条件但不申请破产的情形。发生案涉债务后，虽投资发展公司和科技集团公司进行了股权转让及变更，但中建华夏公司并未举证证明抚昌实业公司以股东（大）会决议或以其他方式延长股东出资期限。因此抚昌实业公司的股东并不属于《公司法司法解释(三)》第13条第2款、第18条规定的未履行或未全部履行出资义务的股东情形。法院生效判决认定,中建华夏公司要求抚昌实业公司股东在未出资范围内承担连带清偿责任缺乏法律依据。

至于中建华夏公司称投资发展公司和科技集团公司没有期限利益或“预期违约”等主张,因法律并未禁止公司股东在未届出资期限转让股权,法院生效判决认定中建华夏公司该等主张没有法律依据,并无不当。因此,中建华夏公司关于二审判决适用法律错误的主张,均不能成立。

06 公司的高级管理人员利用关联关系损害公司利益，公司如何维权？

案 例[1]

原告西安陕鼓汽轮机有限公司(以下简称陕鼓汽轮机公司)于2009年5月成立,为国有参股企业,被告高少华、被告程勤任公司董事。2011年到2012年,陕鼓汽轮机公司聘任高少华为副董事长、总经理,并聘任程勤先后兼任总装试车车间代主任、销售部部长。2009年5月12日,杭州钱塘机电有限公司(以下简称钱塘公司)成立,高少华及程勤为钱塘公司合计控股60%的股东。2016年11月18日,钱塘公司经清算后注销。

2015年6月至2017年4月,陕鼓汽轮机公司作出了《陕鼓汽轮机公司向钱塘公司采购业务核查报告》及《陕鼓汽轮机公司部分高管进行关联交易损害公司利益的调查报告》,通过调查发现:(1)2010年至2015年5月,陕鼓汽轮机公司与钱塘公司共签订采购合同近2100份,总额约为2.5亿元,占其总采购量的60%以上,采购价格高于市场询价;(2)陕鼓汽轮机公司转给钱塘公司所有采购件,钱塘公司全部转包外部协作单位完成;(3)陕鼓汽轮机公司与

① 参见西安陕鼓汽轮机有限公司诉高少华等公司关联交易损害责任纠纷案,最高人民法院(2021)最高法民再181号民事判决书。

钱塘公司的关联交易,未经陕鼓汽轮机公司内部及股东会审批决议,高少华、程勤与钱塘公司的关联关系未向陕鼓汽轮机公司披露、审批或报批,在2015年年初通过工商系统查询高少华、程勤与钱塘公司的股权关联关系后,陕鼓汽轮机公司纪委成立调查组展开调查,并作出上述调查报告,随后免除了高少华、程勤的职务。

陕鼓汽轮机公司以董事、高管关联交易损害赔偿责任纠纷提起诉讼,向一审法院起诉,请求判令:由高少华、程勤向陕鼓汽轮机公司连带赔偿3331万元。

一审法院经审理,判决驳回陕鼓汽轮机公司的全部诉讼请求。陕鼓汽轮机公司不服一审判决,提起上诉。二审法院驳回上诉,维持原判。陕鼓汽轮机公司不服二审判决,申请再审。最高人民法院裁定提审本案,判决:(1)撤销一审判决及二审判决;(2)高少华、程勤于本判决生效之日起15日内向陕鼓汽轮机公司赔偿损失7,064,480.35元;(3)驳回陕鼓汽轮机公司的其他诉讼请求。

法　条

新《公司法》

第二十二条　公司的控股股东、实际控制人、董事、监事、高级管理人员不得利用关联关系损害公司利益。

违反前款规定,给公司造成损失的,应当承担赔偿责任。

第二百六十五条　本法下列用语的含义:

(一)高级管理人员,是指公司的经理、副经理、财务负责人,上市公司董事会秘书和公司章程规定的其他人员。

（二）控股股东，是指其出资额占有限责任公司资本总额超过百分之五十或者其持有的股份占股份有限公司股本总额超过百分之五十的股东；出资额或者持有股份的比例虽然低于百分之五十，但依其出资额或者持有的股份所享有的表决权已足以对股东会的决议产生重大影响的股东。

（三）实际控制人，是指通过投资关系、协议或者其他安排，能够实际支配公司行为的人。

（四）关联关系，是指公司控股股东、实际控制人、董事、监事、高级管理人员与其直接或者间接控制的企业之间的关系，以及可能导致公司利益转移的其他关系。但是，国家控股的企业之间不仅因为同受国家控股而具有关联关系。

原《公司法》

第二百一十六条　本法下列用语的含义：

（一）高级管理人员，是指公司的经理、副经理、财务负责人，上市公司董事会秘书和公司章程规定的其他人员。

（二）控股股东，是指其出资额占有限责任公司资本总额百分之五十以上或者其持有的股份占股份有限公司股本总额百分之五十以上的股东；出资额或者持有股份的比例虽然不足百分之五十，但依其出资额或者持有的股份所享有的表决权已足以对股东会、股东大会的决议产生重大影响的股东。

（三）实际控制人，是指虽不是公司的股东，但通过投资关系、协议或者其他安排，能够实际支配公司行为的人。

（四）关联关系，是指公司控股股东、实际控制人、董事、监事、高级管理人员与其直接或者间接控制的企业之间的关系，以及可能导致公司利益转移的其他关系。但是,国家控股的企业之间不仅因为同受国家控股而具有关联关系。

专家说法

《公司法》第265条第4项对关联关系作出了定义,即是指公司控股股东、实际控制人、董事、监事、高级管理人员与其直接或者间接控制的企业之间的关系,以及可能导致公司利益转移的其他关系。《公司法》并未禁止企业进行关联方交易,但是《公司法》第22条禁止公司的控股股东、实际控制人、董事、监事、高级管理人员利用关联关系损害公司利益。因此,判断关联交易是否损害公司利益,主要审查关联交易的合法性与合理性。

关联交易的合法性,主要分为两个方面:一是关联交易活动应当符合法律、法规、政策和公司章程的规定;二是控股股东、实际控制人、董事、监事和高级管理人员应积极履行忠诚及勤勉义务,将其所进行的关联交易情况向公司进行披露及报告。在本案中,高少华为陕鼓汽轮机公司的总经理,享有最高审批权,同时,其持有钱塘公司40%的股权,程勤持有20%,二人共同控制钱塘公司。2010年至2015年5月,陕鼓汽轮机公司与钱塘公司发生大量未经披露的关联交易。法院认为高少华、程勤作为董事、高级管理人员,违反了陕鼓公司《公司章程》第36条关于"除股东大会同意外,董事及公司经营层人员不得自营或者为他人经营与本公司同类的业务或者从事损害本公司利益的活动"的规定。且二人未及时披露其与钱塘公司的关联关系和关联方交易,违反了董事、高级管理人员的忠诚义务，交易不具合法性。

关联交易的合理性，主要是判断交易价格是否公允。合法有效关联交易的实质要件是交易对价的公允。根据《公司法司法解释(五)》第1条关于"关联交易损害公司利益，原告公司依据……规定请求控股股东、实际控制人、董事、监事、高级管理人员赔偿所造成的损失，被告仅以该交易已经履行了信息披露、经股东会或者股东大会同意等法律、行政法规或者公司章程规定的程序为由抗辩的，人民法院不予支持"的精神，应当从交易的实质内容即合同约定、合同履行是否符合正常的商业交易规则以及交易价格是否合理等进行审查。在实务中，主要审查交易对象是否具有直接替代性，以及交易成本是否增加来判断是否损害了公司的利益。本案中，2010年至2015年5月，陕鼓汽轮机公司与钱塘公司共签订采购合同近2100份，总额约为2.5亿元，占其总采购量的60%以上，并且采购的是汽缸、冷凝器等汽轮机主要大型部件，其采购价格对产品成本影响较大，经比较，采购价格高于市场询价，明显是不合理的行为。

此外，关联交易的行为应当与公司损害结果的发生有因果关系。在关联交易损害公司利益的案件中，侵权行为人享有对公司的控制权或高级管理职务的期间与关联交易的增加有着直接的联系，一般认为行为与结果有因果关系。在本案中，高少华、程勤在担任公司运营职务期间，关联交易额所占陕鼓汽轮机公司采购总额的比例大幅上升，并在二人被解除相应职务后，关联交易急速减少并消失。即关联交易发生及变化与高少华、程勤任职期间及职务变化存在同步性。

07 公司内部决议瑕疵会影响公司对外法律行为的效力吗？

案 例[1]

被申请人(一审原告、二审上诉人)蒋洋、被申请人(一审原告、二审上诉人)绵阳市红日实业有限公司(以下简称红日公司)均为申请再审人(一审被告、二审被上诉人)绵阳高新区科创实业有限公司(以下简称科创公司)股东。其中蒋洋出资67.6万元,出资比例14.22%;红日公司出资27.6万元,出资比例5.81%。

2003年12月16日,科创公司召开股东会,通过“关于吸纳陈木高为新股东”的决议(75.49%同意,20.03%反对,4.48%弃权)。蒋洋及红日公司投反对票,并要求行使股东对新增注册资本的优先认缴权。2003年12月18日,科创公司与申请再审人(一审第三人、二审被上诉人)陈木高签订《入股协议书》,约定由陈木高出资800万元,以每股1.3元认购科创公司新增的615.38万股。2003年12月22日,红日公司向科创公司递交报告,主张蒋洋和红日公司对新增资本享有优先认缴出资的权利。2003年12月25日,科创公司完成注册资本及出资比例的工商变更,蒋洋、红日

---

① 参见绵阳市红日实业有限公司、蒋洋诉绵阳高新区科创实业有限公司股东会决议效力及公司增资纠纷案,最高人民法院(2010)民提字第48号民事判决书。

公司的出资比例分别降低至6.2%及2.53%。次日，红日公司向工商局递交了《请就绵阳高新区科创实业有限公司新增资本、增加新股东作不予变更登记的报告》。

2005年12月，蒋洋和红日公司向一审法院提起诉讼，请求判令：(1)确认科创公司2003年12月16日股东会通过的吸纳陈木高为新股东的决议无效；(2)确认科创公司和陈木高2003年12月18日签订的《入股协议书》无效；(3)确认其对800万元新增资本优先认购，科创公司承担其相应损失。

红日公司和蒋洋在一审诉讼请求中要求科创公司承担其相应损失，但未明确请求赔偿的损失数额，也未提交证据予以证明，最高人民法院对此不予审理。最高人民法院再审期间，红日公司一方主张基于新增股权对科创公司进行了投入，该主张不属于本案审理范围，其对此可以另行提起诉讼。红日公司、蒋洋的诉讼请求部分成立，但四川省高级人民法院(2006)川民终字第515号民事判决认定红日公司和蒋洋可以行使优先认缴科创公司2003年新增615.38万股股份的权利，事实根据不足，适用法律不当，应予撤销。并判决科创公司2003年12月16日作出的股东会决议中由陈木高出资800万元认购科创公司新增615.38万股股份的决议内容中，涉及新增股份20.03%的部分无效，涉及新增股份79.97%的部分及决议的其他内容有效。

法　条

新《公司法》

第二十五条　公司股东会、董事会的决议内容违反法律、行政法规的无效。

第二十八条　公司股东会、董事会决议被人民法院宣告无效、撤销或者确认不成立的，公司应当向公司登记机关申请撤销根据该决议已办理的登记。

股东会、董事会决议被人民法院宣告无效、撤销或者确认不成立的，公司根据该决议与善意相对人形成的民事法律关系不受影响。

第六十六条　股东会的议事方式和表决程序，除本法有规定的外，由公司章程规定。

股东会作出决议，应当经代表过半数表决权的股东通过。

股东会作出修改公司章程、增加或者减少注册资本的决议，以及公司合并、分立、解散或者变更公司形式的决议，应当经代表三分之二以上表决权的股东通过。

第二百二十七条　有限责任公司增加注册资本时，股东在同等条件下有权优先按照实缴的出资比例认缴出资。但是，全体股东约定不按照出资比例优先认缴出资的除外。

股份有限公司为增加注册资本发行新股时，股东不享有优先认购权，公司章程另有规定或者股东会决议决定股东享有优先认购权的除外。

原《公司法》

第三十四条　股东按照实缴的出资比例分取红利；公司新增资本时，股东有权优先按照实缴的出资比例认缴出资。但是，全体股东约定不按照出资比例分取红利或者不按照出资比例优先认缴出资的除外。

第二十二条　公司股东会或者股东大会、董事会的决议内容违反法律、行政法规的无效。

股东会或者股东大会、董事会的会议召集程序、表决方式违反法律、行政法规或者公司章程，或者决议内容违反公司章程的，股东可以自决议作出之日起六十日内，请求人民法院撤销。

股东依照前款规定提起诉讼的，人民法院可以应公司的请求，要求股东提供相应担保。

公司根据股东会或者股东大会、董事会决议已办理变更登记的，人民法院宣告该决议无效或者撤销该决议后，公司应当向公司登记机关申请撤销变更登记。

第四十一条　召开股东会会议，应当于会议召开十五日前通知全体股东；但是，公司章程另有规定或者全体股东另有约定的除外。

股东会应当对所议事项的决定作成会议记录，出席会议的股东应当在会议记录上签名。

第四十三条　股东会的议事方式和表决程序，除本法有规定的外，由公司章程规定。

股东会会议作出修改公司章程、增加或者减少注册资本的决议，以及公司合并、分立、解散或者变更公司形式的决议，必须经代

表三分之二以上表决权的股东通过。

专家说法

股东(大)会、董事会作为公司内部事务的机构,股东(大)会、董事会的决议事项明显属于公司内部事务,其效力仅局限于内部,例如选举董事、通过财务报表、决定利润分配方案等。但是,有些决议事项描述了公司与公司以外的他人交易的情形,似乎又涉及公司外部关系,故这类股东(大)会、董事会决议的事项,是否对公司外部有影响,仍然存在一定的分歧。目前,实务中的观点主要是认为《公司法》调整的社会关系范围决定股东会或者股东大会决议、董事会决议的效力范围,即其效力范围仅局限于公司内部事务及法律关系,对公司及分支机构、子公司股东及实际控制人、董事、监事和高级管理人员等有约束力,对公司以外的民事关系及民事主体,没有约束力。

基于此,再结合《公司法司法解释(四)》第 6 条规定:"股东会或者股东大会、董事会决议被人民法院判决确认无效或者撤销的,公司依据该决议与善意相对人形成的民事法律关系不受影响。"股东会或者股东大会、董事会决议无效及撤销之诉涉及的法律关系,与公司依据该决议与公司以外的他人建立的法律关系分别是两个独立的法律关系。法院对股东会或者股东大会、董事会决议无效或者撤销之诉的判决,对公司因该决议与公司以外善意相对人发生的其他法律关系没有溯及效力,公司依据该决议与善意相对人形成的民事法律关系不受影响。《公司法》第 28 条明确股东会、董事会决议被人民法院宣告无效、撤销或者确认不成立的，公司根据该决议与善意相对人形成的民事法律关系不受影响。由此可以看出在民商事法律关系中，公司作为行为主体实施法律行为的过程可以划分为两个层次：一是公司内部的意思形成阶段，通常表现为股东会或董事会决议；二是公司对外作出意思表示的阶段，通常表现为公司对外签订的合同。出于保护善意第三人和维护交易安全的考虑，在公司内部意思形成过程存在瑕疵的情况下，只要对外的表示行为不存在无效的情形，公司就应受其表示行为的约束。

在本案中，再审法院将科创公司作出的"吸纳陈木高为新股东"的股东会决议分增资800万元和由陈木高认缴新增出资两方面的内容，由陈木高认缴新增出资的内容又可以进一步划分为涉及新增股份20.03%的部分（增资前蒋洋及红日公司出资比例总计为20.03%）及涉及新增股份79.97%的部分。其中，涉及新增股份20.03%的部分因侵犯股东优先认缴权而归于无效。对于涉及新增股份中79.97%的部分，因其他股东以同意或弃权的方式放弃行使优先认缴权而发生法律效力，因此由陈木高认缴新增出资的决议内容部分无效并不影响增资800万元决议的效力。从上述裁判逻辑可以看出，公司决议内容如实质上可拆分，应分别判断效力。

08 伪造决议签名是否一定导致决议效力瑕疵？

案 例[①]

2010年8月20日，福建红星美凯龙置业有限公司（以下简称红星美凯龙公司）成立，发起股东为上海红星美凯龙和原告刘建忠；2011年11月8日，刘建忠与福建省万锦投资有限公司（以下简称万锦公司）签订《股权转让协议》，约定刘建忠将其持有的红星美凯龙公司股权以2.4亿元价格转让给万锦公司；2011年11月8日，红星美凯龙董事会形成《董事会决议》，决议同意刘建忠辞去公司董事长的职务，不再担任法定代表人。刘建忠参加了此次会议；2011年11月8日，红星美凯龙公司形成《股东会决议》，同意上述刘建忠与万锦公司之间的股权转让行为。红星美凯龙公司依据该份《股东会决议》办理了股东变更登记及公司章程修正案备案手续。刘建忠后认为《股东会决议》上其签名系伪造，并非真实意思表示，故诉至法院请求确认《股东会决议》无效。

一审法院认为《股东会决议》合法有效。刘建忠不服提起上诉。二审法院在全面分析案件相关事实后，认为《股东会决议》签订前后的相关事实可以证明刘建忠已事实上同意该决议内容，故

---

① 参见刘建忠诉福建红星美凯龙置业有限公司公司决议效力确认纠纷案，最高人民法院（2020）最高法民终720号民事判决书。

《股东会决议》依法成立有效。

法 条

新《公司法》

第二十五条　公司股东会、董事会的决议内容违反法律、行政法规的无效。

第二十六条　公司股东会、董事会的会议召集程序、表决方式违反法律、行政法规或者公司章程，或者决议内容违反公司章程的，股东自决议作出之日起六十日内，可以请求人民法院撤销。但是，股东会、董事会的会议召集程序或者表决方式仅有轻微瑕疵，对决议未产生实质影响的除外。

未被通知参加股东会会议的股东自知道或者应当知道股东会决议作出之日起六十日内，可以请求人民法院撤销；自决议作出之日起一年内没有行使撤销权的，撤销权消灭。

原《公司法》

第二十二条　公司股东会或者股东大会、董事会的决议内容违反法律、行政法规的无效。

股东会或者股东大会、董事会的会议召集程序、表决方式违反法律、行政法规或者公司章程，或者决议内容违反公司章程的，股东可以自决议作出之日起六十日内，请求人民法院撤销。

股东依照前款规定提起诉讼的，人民法院可以应公司的请求，要求股东提供相应担保。

公司根据股东会或者股东大会、董事会决议已办理变更登记的,人民法院宣告该决议无效或者撤销该决议后,公司应当向公司登记机关申请撤销变更登记。

专家说法

公司决议纠纷是指公司股东(大)会、董事会决议的内容违反法律、行政法规的,股东会或者股东大会、董事会的会议召集程序、表决方式违反法律、行政法规或者公司章程,或者决议内容违反公司章程的,股东向人民法院提起诉讼,要求确认股东(大)会、董事会决议的效力或者撤销股东(大)会、董事会决议引发的纠纷。

股东会决议伪造股东签名不一定当然导致无效。此类股东会决议的效力要从决议是否侵害了股东的实体权益、决议作出程序是否符合法律、章程的规定,有无证据证明股东对决议内容知情且同意等综合判定。如果股东事前对股东会决议内容不知情,事后也没有进行追认,该股东会决议实质剥夺了股东通过参加股东会议行使股东权利、决定变更自身与公司的民事法律关系。该股东会决议系违反了公司法的规定,侵害了股东的合法权益,应属无效;但若有证据证明决议内容系该股东真实意思表示,且决议没有侵犯该股东的实体权益,也没有违反法律法规和公司章程规定,不应当然认定决议无效。

关于案涉《股东会决议》是否成立的问题,应结合案件相关事实综合判断。第一,本案中刘建忠认可的与案涉《股东会决议》同日签订的案涉《董事会决议》已经同意刘建忠辞去公司董事长职务,不再担任红星美凯龙的法定代表人,并选举了代表万锦公司的刘其财担任董事长和法定代表人。如果刘建忠不认可案涉《股东会决议》中转让案涉股权给万锦公司，不再担任红星美凯龙公司股东的内容，则一般不会主动辞去公司法定代表人、董事长这一重要的职务。而同日签订的案涉《股权转让协议》则印证了上述转让股权、交出公司重要职务的商业惯例。第二，在案涉股权变更登记到万锦公司名下后，刘建忠长时间并未提出异议，不符合日常生活经验。第三，刘建忠上诉称在没有收到股权转让款的前提下不会同意案涉《股东会决议》内容的观点与法院已查明事实不符。

由上，刘建忠在同一天签订案涉《股权转让协议》和参与《董事会决议》同意将其担任的红星美凯龙董事长这一法定代表人职务转由股权受让方万锦公司的刘其财担任、刘建忠时任万锦公司股东和监事，刘建忠长时间未主张巨额股权转让款且未以红星美凯龙公司股东身份行使股东权等事实，都说明刘建忠当时对案涉股权变更登记至万锦公司名下事实上并无异议。也即刘建忠已经与其他股东就案涉股权转让办理变更登记事宜的意思表示一致。既然刘建忠已与其他股东就《股东会决议》内容形成共同意思表示，那么可以认定该决议不管从案涉股权转让书面同意抑或股东会决议角度都已经成立。至于案涉《股东会决议》的效力问题。由于其内容是刘建忠真实意思表示且不违反法律、行政法规的规定，刘建忠以该决议为伪造并非其真实意思表示，违反公司法规定从而主张无效，也不能得到支持。

09 公司决议撤销纠纷案件中应当审查的事项包含哪些？

案 例[①]

原告李建军系被告上海佳动力环保科技有限公司（以下简称佳动力公司）的股东，并担任总经理。佳动力公司股权结构为：葛永乐持股40%，李建军持股46%，王泰胜持股14%。三位股东共同组成董事会，由葛永乐担任董事长，另两人为董事。公司章程规定：董事会行使包括聘任或者解聘公司经理等职权，董事会须由三分之二以上的董事出席方才有效，董事会对所议事项作出的决定应由占全体股东三分之二以上的董事表决通过方才有效。2009年7月18日，佳动力公司董事长葛永乐召集并主持董事会，三位董事均出席，会议形成了“鉴于总经理李建军不经董事会同意私自动用公司资金在二级市场炒股，造成巨大损失，现免去其总经理职务，即日生效”等内容的决议。该决议由葛永乐、王泰胜及监事签名，李建军未在该决议上签名。

原告李建军诉称，被告佳动力公司免除其总经理职务的决议所依据的事实和理由不成立，且董事会的召集程序、表决方式及决

① 参见李建军诉上海佳动力环保科技有限公司公司决议撤销纠纷案，上海市第二中级人民法院（2010）沪二中民四（商）终字第436号民事判决书。

议内容均违反了公司法的规定，请求法院依法撤销该董事会决议。被告佳动力公司辩称：董事会的召集程序、表决方式及决议内容均符合法律和章程的规定，故董事会决议有效。

一审法院认为，在失实基础上形成的董事会决议，缺乏事实及法律依据，支持原告诉求，判决撤销被告佳动力公司于 2009 年 7 月 18 日形成的董事会决议。宣判后，佳动力提出上诉。二审法院经审理后，认为董事会决议的事实基础不属于法院审查范围，驳回原告诉求。

法 条

新《公司法》

第二十六条　公司股东会、董事会的会议召集程序、表决方式违反法律、行政法规或者公司章程，或者决议内容违反公司章程的，股东自决议作出之日起六十日内，可以请求人民法院撤销。但是，股东会、董事会的会议召集程序或者表决方式仅有轻微瑕疵，对决议未产生实质影响的除外。

未被通知参加股东会会议的股东自知道或者应当知道股东会决议作出之日起六十日内，可以请求人民法院撤销；自决议作出之日起一年内没有行使撤销权的，撤销权消灭。

原《公司法》

第二十二条　公司股东会或者股东大会、董事会的决议内容违反法律、行政法规的无效。

股东会或者股东大会、董事会的会议召集程序、表决方式违反法律、行政法规或者公司章程，或者决议内容违反公司章程的，股东可以自决议作出之日起六十日内，请求人民法院撤销。

股东依照前款规定提起诉讼的，人民法院可以应公司的请求，要求股东提供相应担保。

公司根据股东会或者股东大会、董事会决议已办理变更登记的，人民法院宣告该决议无效或者撤销该决议后，公司应当向公司登记机关申请撤销变更登记。

专家说法

现代公司治理强调公司自治，对公司决议原则上不进行司法干预，因为对于公司事务的判断，公司本身最有发言权，法院不能替代公司作出商业判断。但当公司决议存在瑕疵时，根据《公司法》第26条的规定，股东可以提起公司决议无效或撤销之诉。公司决议可撤销的原因包括：(1)召集程序违反法律、行政法规或公司章程；(2)表决方式违反法律、行政法规或公司章程；(3)决议内容违反公司章程。因此，法院在公司决议撤销纠纷案件中的司法审查范围原则上限于对上述三个可撤销原因的审查。

只要董事会没有违反上述规定，解聘总经理职务的决议所依据的事实是否属实，理由是否成立，不属于司法审查范围，理由主要有以下三个方面：首先，公司法尊重公司自治，公司内部法律关系原则上由公司自治机制调整，司法机关原则上不介入公司内部事务。其次，尊重公司章程的规定，如果公司章程对经理的聘任和解聘有特殊规定，只要没有违反法律和行政法规的强制性规定，就应当按照章程规定处理。公司法规定聘任和解聘经理是董事会的职权，未作其他特殊规定。解聘经理是出于什么原因、基于何种理由，以及解聘的理由是否真实存在、是否合理，均属公司自治的范畴，法院不应予以审查。最后，符合董事会与经理之间委托代理关系的法律性质。董事会需要聘任经理人专门从事公司的经营管理，董事会与经理之间的关系，一般认为是委托代理关系，董事会聘任合同的法律性质即是委托合同，基于该委托而使经理人拥有经理的身份，授权其行使各种职权。《民法典》第933条规定，委托人或者受托人可以随时解除委托合同。根据委托代理关系的法律性质，董事会可以随时解聘经理，法院也无须审查其解聘事由。

从我国公司法来看，《公司法》第67条明确列举的有限责任公司董事会职权的第8项为：决定聘任或者解聘公司经理及其报酬事项，并根据经理的提名决定聘任或者解聘公司副经理、财务负责人及其报酬事项。《公司法》第74条第1款规定：有限责任公司可以设经理，由董事会决定聘任或者解聘。从这两个法条中可以看到，董事会解聘经理并不以经理"犯错误"为前提。相反，公司法赋予了董事会任免经理的职权就意味着即使经理之前的表现够好，董事会也有资格予以撤换，此时，无论董事会是否给出充分的理由，也无论该理由是否于法有据，都不会影响董事会决议的效力。公司董事会以一个"莫须有"的借口解聘经理并不是法定的造成公司决议无效或可撤销的情形（公司章程另有规定的除外），而是属于公司决议的合理性和公平性的范畴。在本案中无论"总经理李建军不经董事会同意私自动用公司资金在二级市场炒股，造成巨大损失"这个理由是否存在，都不应导致董事会决议撤销。

10 未经授权的他人代签股东会决议效力如何？

案 例[1]

文成县城郊公交有限责任公司（以下简称城郊公司）是1995年1月3日成立的一家有限责任公司，公司注册资本50万元，实收资本50万元。股东吴伟雄认缴并实缴出资额24万元，占48%；赵彬认缴并实缴出资额1万元，占2%；周伟明认缴并实缴出资额1.5万元，占3%；林美莲认缴并实缴出资额4万元，占8%；郑小英认缴并实缴出资额9.5万元，占19%；林秀琴认缴并实缴出资额5万元，占10%；赵彬认缴并实缴出资额5万元，占10%。上述股东实缴出资额均在1994年12月26日一次性缴足。在文成县市场监督管理局备案的落款时间为2010年5月24日。城郊公司章程规定，公司设董事会，董事长担任公司法定代表人，股东会会议由董事会召集、董事长主持，修改公司章程应由全体股东表决通过。

2012年3月14日，由执行董事林秀琴召集并主持召开股东会临时会议，讨论变更公司经营范围与修改章程，并形成股东会决议和修改后章程，决议与章程上有吴伟雄、赵彬、周伟明、林美莲、郑小英、林秀琴等公司所有股东的签名，其中股东吴伟雄的签名非其

---

① 参见文成县城郊公交有限责任公司、吴伟雄公司决议效力确认纠纷案，浙江省温州市中级人民法院（2019）浙03民终4739号民事判决书。

本人所签，而是林秀琴代签。2012年4月5日，城郊公司向文成县市场监督管理局提交变更申请，同时提供了2012年3月14日全体股东签署的股东会决议和修改后的章程，章程规定设执行董事1人，不再保留董事会机构。2019年6月19日，城郊公司向文成县市场监督管理局提交公司法定代表人变更申请，同时提交2019年6月13日城郊公交公司的董事会决议，文成县市场监督管理局于2019年6月24日出具不予受理通知书，并向城郊公司说明材料补正内容。

吴伟雄诉请确认城郊公司于2012年3月14日根据公司决议修改的公司章程无效。

温州市中级人民法院经审理认为，根据原《公司法》第二十二条的规定以及《公司法司法解释（四）》第五条的规定，鉴于案涉股东会决议上的签名并非吴伟雄本人所签，其事后又不认可案涉股东会决中修改公司章程的决议内容，结合决议作出时吴伟雄持股48%的事实，显然，案涉股东会决议中修改公司程章的决议内容未经规定表决权股东同意，属于依法不成立的股东会决议内容。由于城郊公司于2012年3月14日在工商登记机关变更登记的公司章程属于依据不成立的股东会决议所形成的程章，该章程中被不成立的股东会决议所修改的内容显然不具有法律效力，因此，认定案涉程章不具有法律效力。

法 条

新《公司法》

第二十七条　有下列情形之一的,公司股东会、董事会的决议不成立:

(一)未召开股东会、董事会会议作出决议;

(二)股东会、董事会会议未对决议事项进行表决;

(三)出席会议的人数或者所持表决权数未达到本法或者公司章程规定的人数或者所持表决权数;

(四)同意决议事项的人数或者所持表决权数未达到本法或者公司章程规定的人数或者所持表决权数。

第六十六条　股东会的议事方式和表决程序,除本法有规定的外,由公司章程规定。

股东会作出决议,应当经代表过半数表决权的股东通过。

股东会作出修改公司章程、增加或者减少注册资本的决议,以及公司合并、分立、解散或者变更公司形式的决议,应当经代表三分之二以上表决权的股东通过。

原《公司法》

第四十三条　股东会的议事方式和表决程序,除本法有规定的外,由公司章程规定。

股东会会议作出修改公司章程、增加或者减少注册资本的决议,以及公司合并、分立、解散或者变更公司形式的决议,必须经代表三分之二以上表决权的股东通过。

《公司法司法解释(四)》

第五条　股东会或者股东大会、董事会决议存在下列情形之一，当事人主张决议不成立的，人民法院应当予以支持：

(一)公司未召开会议的，但依据公司法第三十七条第二款或者公司章程规定可以不召开股东会或者股东大会而直接作出决定，并由全体股东在决定文件上签名、盖章的除外；

(二)会议未对决议事项进行表决的；

(三)出席会议的人数或者股东所持表决权不符合公司法或者公司章程规定的；

(四)会议的表决结果未达到公司法或者公司章程规定的通过比例的；

(五)导致决议不成立的其他情形。

专家说法

股东会决议是公司法人在决定公司重大事项时通过股东决议将股东意志上升为公司意志的过程，合法合规的股东会决议可以汇集股东智慧，缓和股东分歧，理顺公司发展方向、提升公司经营管理效率，对公司发展具有重要作用。但如需要股东会决议得以贯彻实施，也需要股东会决议符合一定的条件，否则即构成有瑕疵的股东会决议。常见的瑕疵股东会决议主要包括可撤销股东会决议、无效股东会决议与股东会决议不成立。本案所涉及的是股东会决议不成立的情形。

股东会决议得以实施的前提是决议依法成立且有效，股东会决议不成立指的是股东会决议存在召集、表决等方面瑕疵、不符合法律规定或股东会决议违反公司章程被视为未作出的情形。

本案法院认为:修改公司章程的股东会决议未经代表三分之二以上表决权股东通过的,不属于股东会的会议召集程序、表决方式违反法律、行政法规或者公司章程,或者决议内容违反公司章程的情形,而属于依法不成立的股东决议。鉴于案涉股东会决议上的签名并非吴伟雄本人所签,其事后又不认可案涉股东会决议中修改公司章程的决议内容,结合决议作出时吴伟雄持股48%的事实,案涉股东会决议中修改公司程章的决议内容未经城郊公司规定表决权股东同意,属于依法不成立的股东会决议内容。由于城郊公司于2012年3月14日在工商登记机关变更登记的公司章程属于依据不成立的股东会决议所形成的程章,该章程中被不成立的股东会决议所修改的内容显然不具有法律效力,因此,认定案涉程章不具有法律效力。

原《公司法》就瑕疵决议的救济仅在第22条中规定了决议无效和可撤销之诉。但决议无效和可撤销之诉均系针对已经成立的决议,未涵盖决议不成立的情形。如果决议根本未成立,比如根本未召开股东会、股东大会或者董事会,或者虽然召开了但并未就案涉事项进行表决,将这些根本未成立的情形归入决议无效或可撤销的范围,将不可避免地产生自相矛盾的现象。因此,最高人民法院出台了《公司法司法解释(四)》,在第5条中规定:“股东会或者股东大会、董事会决议存在下列情形之一,当事人主张决议不成立的,人民法院应当予以支持:(一)公司未召开会议的,但依据公司法第三十七条第二款或者公司章程规定可以不召开股东会或者股东大会而直接作出决定，并由全体股东在决定文件上签名、盖章的除外；（二）会议未对决议事项进行表决的；（三）出席会议的人数或者股东所持表决权不符合公司法或者公司章程规定的；（四）会议的表决结果未达到公司法或者公司章程规定的通过比例的；（五）导致决议不成立的其他情形。”

《公司法》第 27 条在内容上吸收了《公司法司法解释（四）》第 5 条，不同于上述司法解释之处为，《公司法》第 27 条没有保留“导致决议不成立的其他情形”兜底性一般条款。从功能上来看，概括条款的实质功能系授予法官就具体个案进行权衡决定的自由裁量权，其弊端为可能滋生“权力滥用”。依解释论，删除概括条款的考量可能认为其滋生的权力滥用成本已然超过了其所保护的社会利益。

11 不知情的情况下成了股东怎么办?

案 例[1]

2010 年 9 月 7 日,郑某以丁某、栾某委托代理人的身份,向某行政管理局申请设立“南京某建材有限公司”,公司法定代表人为丁某,股东为丁某及栾某,某行政管理局于当日向郑某核发了南京某建材有限公司的营业执照。2012 年丁某在办理自己的独资公司税务登记时被告知其投资的南京某建材有限公司为非正常户,只能办理临时登记。但丁某本人并未注册过该公司,也未委托过他人注册,经多方查询后发现该建材公司注册时所出示的材料都是假的,遂认为该行政管理局注册登记南京某建材有限公司时,未尽到审慎的审查义务,要求被告撤销其所注册的“南京某建材有限公司”。

法院调查了注册为南京某建材有限公司的另一股东栾某,其陈述,自己从未委托他人注册过公司,也不认识丁某、郑某,注册所用老身份证于南京新街口被偷,并在 2010 年 7 月重新办了新身份证。对工商注册登记中出现的“栾某”签名,栾某表示都不是自己的笔迹;对注册登记中的地址,经房产部门查档无此地址;法院已

---

① 参见丁某诉某行政管理局撤销南京某建材有限公司登记纠纷案,江苏省南京市秦淮区人民法院(2012)秦行初字第 13 号行政判决书。

向相关派出所警官核实，该警官表示其管段内无注册使用的房产证上的地址，也无南京某建材有限公司这家单位，通过警务平台也无法查实并联系实际办理公司登记的“郑某”其人。

2010年9月7日持有“郑某”身份证的自然人，以丁某、栾某共同委托代理人的身份向被告申请注册南京某建材有限公司，某行政管理局于当日向郑某核发了该公司的营业执照，该公司法定代表人为丁某，股东为丁某、栾某。

法院认为被告在本案的登记过程中未尽到审慎审查的义务，其所登记的南京某建材有限公司注册地址虚假，并有违反审查程序的情形，应当撤销被告对该公司的注册登记。最后判决如下：撤销被告某行政管理局注册登记的“南京某建材有限公司”。

法 条

新《公司法》

第二十九条　设立公司，应当依法向公司登记机关申请设立登记。

法律、行政法规规定设立公司必须报经批准的，应当在公司登记前依法办理批准手续。

第三十条　申请设立公司，应当提交设立登记申请书、公司章程等文件，提交的相关材料应当真实、合法和有效。

申请材料不齐全或者不符合法定形式的，公司登记机关应当一次性告知需要补正的材料。

原《公司法》

第六条　设立公司，应当依法向公司登记机关申请设立登记。符合本法规定的设立条件的，由公司登记机关分别登记为有限责任公司或者股份有限公司；不符合本法规定的设立条件的，不得登记为有限责任公司或者股份有限公司。

法律、行政法规规定设立公司必须报经批准的，应当在公司登记前依法办理批准手续。

公众可以向公司登记机关申请查询公司登记事项，公司登记机关应当提供查询服务。

第二十九条　股东认足公司章程规定的出资后，由全体股东指定的代表或者共同委托的代理人向公司登记机关报送公司登记申请书、公司章程等文件，申请设立登记。

《市场主体登记管理条例》

第十七条　申请人应当对提交材料的真实性、合法性和有效性负责。

第十九条第二款　申请材料不齐全或者不符合法定形式的，登记机关应当一次性告知申请人需要补正的材料。

专家说法

原《公司法》第6条规定，“设立公司，应当依法向公司登记机关申请设立登记。符合本法规定的设立条件的，由公司登记机关分别登记为有限责任公司或者股份有限公司”。但是并未对应当提供何种材料、登记机关是否审查材料以及如何审查等关涉登记的具体事项作出详细规定。《公司法》作出了很大改进，在第30条第1款规定："申请设立公司，应当提交设立登记申请书、公司章程等文件，提交的相关材料应当真实、合法和有效。"明确提出了设立公司需要提交何种材料，并应保证材料真实、合法、有效。较为遗憾的是，2023年《公司法》未能明确公司登记机关的审查义务。

最高人民法院在（2019）最高法行申1337号行政裁定书中提出："工商登记机关对登记文件、材料的审查义务，是仅限于形式审查，还是要做到实质审查，法律并未明确规定，但是基于公司登记行为具有行政管理职能的性质，工商登记机关应当在其能力范围内尽到审慎的审查义务。也就是说，工商登记机关在审查登记行为时，主要对于申请材料是否完整和齐备、是否符合法定形式进行审查，对于相关材料的实质真实性、合法有效性，登记机关只能在职责范围内尽审慎的审查义务。"这就明确了公司登记机关应当对公司登记材料尽到审核义务。实质上，如果公司登记机关对申请资料的客观真实性和实质合法性进行审查需要耗费大量的人力、物力、财力，所以要求公司登记机关尽到实质审查无疑是有难度的。但是如果要求公司登记机关仅仅只是对申请资料的表面合法性和形式完整性进行审查，那么其实并没有起到真正的审查作用。因此，平衡形式审查和实质审查的"审慎审查"应运而生，具体就是指登记机关在审查登记材料时应该尽到"合理注意义务"，要求登记机关及其工作人员在履行登记审查职责时，对申请人提交的材料，在主观上必须尽到作为职业人员的合理注意义务，在客观上必须采取适当的措施并防止危害后果的发生，否则视为登记机关主观上存在过错。"审慎审查"实质上需要在登记效率和登记准确性这两个目标间取得恰当的平衡。

本案的争议焦点主要是被告某行政管理局作为公司登记机关对公司登记材料的审查行为是否恰当?被告在该案件中的审查瑕疵主要有三:第一,由申请人对自己提交的公司登记材料自行核对,违反法定义务,直接导致以伪造产权登记、公司登记的地址不存在的后果;第二,被告以申请人说明来代替住所地居委会的住所登记表,不符合办理公司登记的流程规范,属于形式审查失职;第三,申请人所提交的申请材料中,股东会决议、公司章程、验资报告、委托手续等均未登记当天取得,有悖常理,虽不属于形式审查范围,但是若不加以制止则会变相鼓励公司登记中使用虚假材料。综上所述,公司登记机关对公司登记的材料不能仅停留在"申请材料是否齐全、是否符合法定形式"的层面,应该尽到审慎审查的义务,应在一个必要范围内尽到合理的注意义务。

12 代持股协议能否对抗破产债权人？

案 例[1]

2011年12月1日，江苏鹏鹞环境工程承包有限公司（以下简称鹏鹞承包公司）股东作出决定一份，喜也纳企业有限公司（以下简称喜也纳公司）作为鹏鹞承包公司的股东持有100%的股权，同意鹏鹞承包公司新增投资总额53,000万元，新增注册资本35,000万元；新增注册资本中35,000万元，由其与新增的投资方共同认购，其中被告宜兴申利化工有限公司（以下简称申利公司）出资2887.5万元认购鹏鹞承包公司本次新增注册资本550万元，余额2337.5万元作为资本公积金。原告王文华在被告申利公司出资认购的鹏鹞承包公司前述注册资本中作为实际出资人出资210万元，并通过被告申利公司代持其中40万股股份。2011年12月15日，鹏鹞承包公司进行了变更登记，注册资本从5000万元变更为40,000万元，公司类型从有限责任公司（外国法人独资）变更为有限责任公司（中外合资），股东从喜也纳公司变更为喜也纳公司、申利公司等。2016年1月，江苏省宜兴市人民法院裁定受理江苏宜兴农村商业银行对申利公司的破产清算申请，后又指定无锡衡

---

① 参见王文华诉宜兴申利化工有限公司股东资格确认纠纷案，江苏省无锡市中级人民法院（2017）苏02民终3235号民事判决书。

鑫清算事务有限公司为管理人。

2013 年 1 月 21 日,鹏鹞承包公司变更企业名称为鹏鹞环保股份有限公司(以下简称鹏鹞股份公司),同时公司类型从有限责任公司(中外合资)变更为股份有限公司(中外合资,未上市)。2016 年 7 月,鹏鹞股份公司的首发申请获得证监会通过。截至 2016 年 11 月 14 日,申利公司仍为鹏鹞股份公司的股东,持有鹏鹞股份公司 550 万股股份。在申利公司股东破产后,王文华以其为代持股的实际权利人为由提起诉讼,要求确认股权归其所有。

无锡市中级人民法院认为,申利公司代持的鹏鹞股份公司的 40 万股股权不能确权给王文华。王文华虽是案涉股权的实际出资人,其与申利公司签订协议约定该股权为王文华所有,但该股权登记在申利公司名下,申利公司、鹏鹞股份公司也向社会予以公示。因此,对内关系上,王文华与申利公司之间应根据双方的协议约定,王文华为该股权的权利人;对外关系上,应当按照公示的内容,认定该股权由记名股东申利公司享有。2016 年 1 月 28 日申利公司进入破产清算程序,申利公司的债权人根据申利公司的工商登记资料,有理由相信其持有鹏鹞股份公司的股份,有权利就该股权实现其债权。如果支持王文华确认股权的诉讼请求,将损害申利公司其他债权人的利益。因此,一审法院认可王文华与申利公司之间存在代持股权事实,但对王文华要求确权的诉讼请求不予支持。无锡市中级人民法院遂判决驳回上诉,维持原判。

法条

新《公司法》

第三十四条　公司登记事项发生变更的，应当依法办理变更登记。

公司登记事项未经登记或者未经变更登记，不得对抗善意相对人。

第三十五条第一款、第二款　公司申请变更登记，应当向公司登记机关提交公司法定代表人签署的变更登记申请书、依法作出的变更决议或者决定等文件。

公司变更登记事项涉及修改公司章程的，应当提交修改后的公司章程。

原《公司法》

第三十二条　有限责任公司应当置备股东名册，记载下列事项：

（一）股东的姓名或者名称及住所；

（二）股东的出资额；

（三）出资证明书编号。

记载于股东名册的股东，可以依股东名册主张行使股东权利。

公司应当将股东的姓名或者名称向公司登记机关登记；登记事项发生变更的，应当办理变更登记。未经登记或者变更登记的，不得对抗第三人。

《民法典》

第六十四条　法人存续期间登记事项发生变化的，应当依法向登记机关申请变更登记。

专家说法

公司登记的主要功能有二：一是公司登记的确认功能；二是公司登记的公示功能。公司登记使公司取得了商主体的资格，即主体确认。公司登记的公示功能具体通过公司登记的公信力和对抗力来实现。商事登记公信力就是以登记信息表现出的权利与身份作为真实有效的信息。也就是说，商主体可以基于对公司登记信息的信赖而与其进行交易。商事登记的对抗力，是指任何商事信息一旦经商事登记予以公示，法律便认为其已经向社会公众公开，事实上公众也确实可以在登记机关或者信息公示平台获取这些信息。

原《公司法》第32条第3款规定："公司应当将股东的姓名或者名称向公司登记机关登记；登记事项发生变更的，应当办理变更登记。未经登记或者变更登记的，不得对抗第三人。"未经登记的变更事项不得对抗第三人，体现了坚持商法的公示主义与外观主义原则，优先保护外部善意当事人权利的理念。在代持股关系中，存在内外两种关系：对内关系是隐名股东与显名股东之间的协议关系，对外关系则应该根据外观主义，股权由记名股东所享有。在企业进入破产程序后，在债权人难以得到全额清偿的情况下，破产债权人基于讼争股份登记公示的外观，显名股东的股份应当纳入债务人财产进行公平清偿。如仅考虑实际出资人和名义股东之间的内部关系，必将损害申利公司债权人的利益。因此，法院在对代持股的外部和内部关系所涉及的利益综合衡量的基础上，遵循商法的外观主义和公示主义原则，优先保护申利公司的债权人作为善意第三人的信赖利益。

根据最高人民法院在《公司法司法解释（三）》第 25 条的规定，有限责任公司的实际出资人与名义股东因投资权益的归属发生争议，实际出资人以其实际履行了出资义务为由向名义股东主张权利的，人民法院应予支持。可见法院并不反对实际出资人谋求股东地位，但该争议不仅涉及实际出资人的股东资格和权益，还涉及公司内部其他股东以及公司外部第三人的权益。保障交易安全和效率，需要优先保护外部善意当事人的权利。

此外，在本案中还存在一个需要解释的问题，本案的破产债权人是否属于原《公司法》第 32 条规定的第三人的范畴在当时也是热点问题。根据原《公司法》第 32 条的规定，商事登记的对抗仅限于相信股东登记信息的“第三人”，无论是信息范围还是所保护的主体都有所限制。而将该案中的破产债权人解释为“与显名股东存在股权交易的债权人”，与立法目的不符。但是，《公司法》将该规定修改为：“公司登记事项未经登记或者未经变更登记，不得对抗善意相对人。”与《民法典》第 65 条一脉相承，在立法上肯定了商事登记的对抗效力限定为对抗相信登记内容的相对人，保持了对“相对人”范围的解释空间。

13 公司注销后是否还能撤销登记?

案 例[1]

原舟山华利金属材料有限责任公司(以下简称华利公司)股东为原告胡维杰、林文炎,因2009年未参加年检,2012年被吊销营业执照后,于2013年办理了公司注销登记。2017年,原股东林文炎以伪造注销登记材料等为由,申请撤销该公司注销登记,并提交了证明清算报告、相关股东决议中其签字系伪造的《司法鉴定意见书》。2019年,被告舟山市市场监督管理局定海分局依据原《公司法》第一百九十八条规定(违反本法规定,虚报注册资本、提交虚假材料或者采取其他欺诈手段隐瞒重要事实取得公司登记的……情节严重的,撤销公司登记或者吊销营业执照),作出撤销该公司注销登记决定。另一股东胡维杰不服定海分局作出的撤销决定,起诉请求撤销该行政决定。

一审判决维持了撤销注销登记的行政决定。舟山市中级人民法院二审予以改判,撤销了案涉行政决定,裁判理由:原华利公司于2013年5月6日经核准注销,公司实体上已不复存在,而且没有证据证明该注销登记行为损害了相关债权人利益,亦不存在影

---

① 参见胡维杰诉舟山市市场监督管理局定海分局工商行政登记纠纷案,浙江省舟山市中级人民法院(2019)浙09行终89号行政判决书。

响第三人权益或社会经营秩序的问题。如前所述，定海分局作出被诉撤销登记决定认定原华利公司构成提供虚假材料取得公司登记且情节严重的违法行为主要依据不足，原华利公司股东林文炎认为相关注销登记申请材料上其签名不实，并不属于“情节严重”情形。定海分局在原华利公司已实际注销四年后，未综合考量原华利公司因被吊销营业执照后依法必须进行清算、注销，且原华利公司在注销后已不具备公司法律特征，以及撤销注销登记可能会对既存的社会经营管理秩序造成不良影响等实际情况，径直根据原《公司法》第一百九十八条的规定作出撤销注销登记决定，缺乏必要性与合理性，法律适用不当。至于林文炎主张其作为原华利公司股东在清算、注销登记过程中存在权益被侵害等问题，可以通过民事诉讼等途径另行提起权利救济。

法 条

新《公司法》

第三十九条　虚报注册资本、提交虚假材料或者采取其他欺诈手段隐瞒重要事实取得公司设立登记的，公司登记机关应当依照法律、行政法规的规定予以撤销。

第二百五十条　违反本法规定，虚报注册资本、提交虚假材料或者采取其他欺诈手段隐瞒重要事实取得公司登记的，由公司登记机关责令改正，对虚报注册资本的公司，处以虚报注册资本金额百分之五以上百分之十五以下的罚款；对提交虚假材料或者采取其他欺诈手段隐瞒重要事实的公司，处以五万元以上二百万元以下的罚款;情节严重的,吊销营业执照;对直接负责的主管人员和其他直接责任人员处以三万元以上三十万元以下的罚款。

原《公司法》

第一百九十八条　违反本法规定,虚报注册资本、提交虚假材料或者采取其他欺诈手段隐瞒重要事实取得公司登记的,由公司登记机关责令改正,对虚报注册资本的公司,处以虚报注册资本金额百分之五以上百分之十五以下的罚款;对提交虚假材料或者采取其他欺诈手段隐瞒重要事实的公司,处以五万元以上五十万元以下的罚款;情节严重的,撤销公司登记或者吊销营业执照。

专家说法

公司注销登记是登记机关作出的消灭公司人格的登记行为,对外具有公示和公信效力,在商事法律关系和行政法律关系方面均具有重要意义。而撤销公司注销登记是恢复一个已被消灭的公司人格,涉及原公司与股东之间、原股东之间、原公司与债权人之间等各方法律关系的恢复与重置,行政机关"纠错"更应"慎之又慎",否则公司登记效力的稳定性、权威性和公司登记管理秩序将无从保证。

本案中,公司登记机关和法院对原《公司法》第198条的理解存在差异。原《公司法》第198条规定:提交虚假材料或者采取其他欺诈手段隐瞒重要事实取得公司登记的,公司登记机关应当责令改正,处以罚款;情节严重的,撤销公司登记或者吊销营业执照。本案中的定海分局因案外人举报调查发现原华利公司构成提供虚假签名材料取得公司注销登记，进而认为该情形符合原《公司法》第198条所规定的情节严重，所以作出了撤销早前公司注销登记的决定。而法院认为，相关注销登记申请材料上其签名不实，并不属于违反原《公司法》第198条等法律规定的应予撤销公司注销登记的情节严重情形，加上原华利公司因未通过年检而被吊销营业执照的事实，并不存在损害相关债权人利益和影响第三人权益或社会经营秩序的问题，所以认为公司登记机关撤销注销登记决定的处理不当。法院在理解原《公司法》第198条时考量了提供虚假材料取得公司登记的后果，而登记机关的处理有些简单。所以引入法院的审查作为兜底是有必要的。

在实践中，冒用他人虚假签名取得公司登记是最常见的登记瑕疵。2022年3月，国家市场监督管理总局公布了《中华人民共和国市场主体登记管理条例实施细则》，其中第50条规定："对涉嫌提交虚假材料或者采取其他欺诈手段隐瞒重要事实取得市场主体登记的行为，登记机关可以根据当事人申请或者依职权主动进行调查"。第51条规定："受虚假登记影响的自然人、法人和其他组织，可以向登记机关提出撤销市场主体登记申请。涉嫌冒用自然人身份的虚假登记，被冒用人应当配合登记机关通过线上或者线下途径核验身份信息。"对于冒用他人虚假签名取得公司登记的行为，登记机关可以采取根据当事人申请或者依据职权调查，并综合考虑撤销登记的后果，审慎决定。但是在实践中，公司登记机关对公司登记申请材料的审查难以实现实质审查，登记机关只需要尽到合理注意义务，如此安排难以确保申请材料的真实性，尤其是签名的真实性缺乏保障，导致冒名登记现象泛滥，影响了被"签名”的第三人权益和潜在的债权人利益,因此,必须针对审慎审查中可能出现的登记瑕疵有所预见。撤销公司登记的最终效果会导致市场主体资格的消灭,实际上会影响整个市场环境,应当审慎作出撤销登记决定。

14 股东与其他股东约定的合同义务，是否随股权转让而转移给新股东？

案 例[1]

2008 年 10 月 10 日，原告甘洛县建筑建材开发公司（以下简称甘洛建材公司）与成都华特经济发展股份有限公司（以下简称成都华特公司）等其他五方签订《联合开发甘洛河上游水电资源协议书》（以下简称《联合开发协议》），约定成都华特公司负责案涉水电项目前期工作和工程建设期间项目公司的经营管理，甘洛县工棚电力开发有限责任公司（以下简称甘洛电力公司）作为项目公司并承诺工期不超过 30 个月，如有延迟，需要向签约各方赔偿损失。

2008 年 11 月 24 日，四川华特水电开发有限公司（以下简称四川华特公司）受让了成都华特公司持有的甘洛电力公司 60% 的股权。

2011 年 9 月 28 日，甘洛电力公司召开股东大会，同意四川华特公司将所持甘洛电力公司 72.51% 股权转让给被告重庆中环建设有限公司（以下简称重庆中环公司）。2012 年 3 月 7 日，甘洛县

---

① 参见甘洛县建筑建材开发公司等诉重庆中环建设有限公司等合同纠纷案，最高人民法院（2016）最高法民申 3077 号民事裁定书。

政府与甘洛电力公司签订了《甘洛县甘洛河上游梯级水能资源新开发协议》。2012 年 3 月 15 日,四川华特公司与重庆中环公司签订了《股权转让协议》。股权转让变更工商手续完成前甘洛电力公司的对外债务,应以重庆中环公司书面确认的为准,重庆中环公司只对由重庆中环公司确认的债务负责。股权转让变更工商手续完成前甘洛电力公司对外签订的合同及履行情况,应由合同相对方签字确认,并经重庆中环公司书面确认……

电站中的工棚电站(一级电站)已经建好并网发电,阿呷电站(二级电站)基本建好,瓦古脚电站还在建设当中。

甘洛建材公司诉称,水电站未按《联合开发协议》中成都华特公司关于“工程总工期不超过 30 个月”的承诺完成建设并网发电,给其造成了损失;重庆中环公司受让案涉股权,承继了成都华特公司在《联合开发协议》项下的合同义务,遂提起诉讼,要求重庆中环公司赔偿其损失 4,189,363.2 元,同时主张甘洛电力公司承担连带责任。

一审法院判决由重庆中环公司于判决生效后 15 日内向甘洛建材公司支付因工期延迟而造成的损失费用人民币 2,396,736.00 元。一审宣判后,重庆中环公司不服,提起上诉。

二审法院认为股东之间基于合同产生的权利义务关系与股东与公司之间基于股权产生的权利义务关系属于两个不同的法律关系。股权转让后,股东基于股权与公司之间的全部权利义务均一体转移给受让人,但股东之间基于合同产生的权利义务并不当然随着股权转让转移给受让人。本案中,成都华特公司对甘洛建材公司的承诺及义务系基于《联合开发协议》所产生,并不属股权派生义务，其基于承诺所产生的义务并不随股权转让而当然转让转移给股权受让人。在重庆中环公司并无承接成都华特公司上述承诺义务意思表示的情形下，《联合开发协议》的约定对重庆中环公司并不具有约束力，遂改判驳回甘洛建材公司的诉讼请求。

甘洛建材公司不服二审判决，申请再审，再审法院驳回其再审申请。

法　条

新《公司法》

第四十三条　有限责任公司设立时的股东可以签订设立协议，明确各自在公司设立过程中的权利和义务。

专家说法

公司设立协议，是在公司设立过程中，由发起人订立的关于公司设立事项的协议，性质上属于合同，具有合同的特性。

设立协议是建立在发起人之间设立公司的目的之上的，属于共同达成组建公司事项之民事合同，所以公司设立过程中发起人之间、发起人与认股人之间发生的争议属于民事争议。当发生争议时，可以凭双方间之协议，对其依合同法规范加以适用，以相关民事法律按照民事诉讼程序予以解决。因此，在本案中，法院认为 2008 年 10 月 10 日《联合开发协议》的合同主体为成都华特公司、甘洛建材公司等其他五方。重庆中环公司并不是该合同的相对人，并不直接负有2008年10月10日《联合开发协议》约定的合同义务。因此，认为重庆中环公司并不负有向甘洛建材公司支付因工期延迟而造成的损失费用2,396,736元的义务。

在本案中，争议的点还在于设立协议的效力范围，即是否能约束成立后的公司？对于此争议，首先应当将设立协议与公司章程加以区分，设立协议由全体发起人签订，调整的是发起人之间的关系，因而在发起人之间具有法律效力；而章程调整的则是所有股东之间、股东与公司之间、公司的管理机构与公司之间的法律关系，其中包括制定章程的原始股东和章程制定后加入公司的新股东，都受章程的约束。公司设立后设立协议如没有无效、可变更或撤销等情形，对签订设立协议的所有公司发起人股东仍具有法律约束效力。由于设立协议本质上是合同，根据合同相对性原则，一般仅对签署过设立协议的公司发起人产生法律约束力。其效力并不及于公司设立后的其他人员，对其他人如公司设立之后加入之新股东、公司董事高管等并无约束力。设立协议中有其他一些章程并未涉及之内容，除有特别约定外，公司成立后，这些条款将被视为章程内容之补充，在各发起人之间应继续有效，约束签订设立协议之各方。

在本案中，最高人民法院首先否定《联合开发协议》的性质为设立协议，也对设立协议的效力范围给出了答案。最高人民法院认为：即使《联合开发协议》属于公司设立协议，但公司设立协议调整的是发起人之间的关系，是公司设立过程的法律关系和法律行为，只在发起人之间具有法律约束力。而公司章程调整的是所有股东之间、股东与公司之间、公司的管理机构与公司之间的法律关系。公司设立协议明显区别于公司章程的是，公司章程所调整的所有股东之间的法律关系，无论制定公司章程的原始股东还是章程制定后加入公司的新股东，都要受章程的约束，而公司设立协议具有合同相对性，只约束发起人。

15 公司设立阶段的合同责任由谁承担？

案 例[1]

2007 年 10 月至 2008 年 1 月，泰安市路通路桥投资有限公司（以下简称路通公司）与香港恒生伟业集团有限公司（以下简称香港恒生公司）先后签订三份协议，约定共同成立恒生酒店公司，并共同开发海天大厦（资金主要由香港恒生公司提供，土地由路通公司提供）。海天大厦的设计由香港恒生公司完成，双方的前期费用各自承担，在香港恒生公司资金到账后按实际费用待双方认可后报销。2007 年 11 月 3 日，泰安瀚海置业有限公司（以下简称瀚海公司）向深圳市维业装饰集团股份有限公司山东分公司（以下简称维业山东分公司）出具《委托设计书》，内容为：应瀚海公司委托，维业山东分公司承担海天大厦的设计工作。在该份《委托设计书》上，香港恒生公司也予以盖章。2007 年 12 月 25 日，香港恒生公司向维业山东分公司出具收条，载明收到海天大厦的设计效果图及设计方案施工图。2008 年 2 月 28 日，泰安市工商局向泰安市恒生酒店公司颁发了营业执照。营业执照颁发后，路通公司与香

---

① 参见深圳市维业装饰集团股份有限公司山东分公司等诉泰安市路通路桥投资有限公司等建设工程设计合同纠纷案，最高人民法院（2013）民提字第 212 号民事判决书。

港恒生公司均未按认缴出资额实际出资，恒生酒店公司无实收资本，也没有进行实际经营。2008 年 9 月 26 日，香港恒生公司向维业山东分公司出具对账单，确认应付设计费 600 万元。

维业公司、维业山东分公司因未收到设计费，故向法院起诉，请求判令瀚海公司、恒生酒店公司、路通公司、香港恒生公司共同支付 600 万元设计费。

济南市中级人民法院判决香港恒生公司支付 600 万元设计费，驳回对恒生酒店公司、路通公司的诉讼请求。维业公司、维业山东分公司不服，向山东省高级人民法院上诉，山东省高级人民法院改判香港恒生公司支付 600 万元设计费，路通公司承担连带赔偿责任，驳回对恒生酒店公司的诉讼请求。路通公司不服，向最高人民法院申请再审。

最高人民法院认为本案无充分证据证明恒生酒店公司同意受合同约束，香港恒生公司的行为后果不能归于恒生酒店公司承担。依据 2011 年《公司法司法解释三》（已修改）第二条的规定，应当由香港恒生公司承担合同责任，维业山东分公司和维业公司无权请求合同以外的当事人恒生酒店公司和路通公司承担合同责任。在恒生酒店公司无须承担合同责任的前提下，亦不存在路通公司出资不到位的赔偿责任问题。判决撤销山东省高级人民法院判决，维持济南市中级人民法院判决。

法 条

新《公司法》

第四十四条　有限责任公司设立时的股东为设立公司从事的民事活动，其法律后果由公司承受。

公司未成立的，其法律后果由公司设立时的股东承受；设立时的股东为二人以上的，享有连带债权，承担连带债务。

设立时的股东为设立公司以自己的名义从事民事活动产生的民事责任，第三人有权选择请求公司或者公司设立时的股东承担。

设立时的股东因履行公司设立职责造成他人损害的，公司或者无过错的股东承担赔偿责任后，可以向有过错的股东追偿。

《民法典》

第七十五条　设立人为设立法人从事的民事活动，其法律后果由法人承受；法人未成立的，其法律后果由设立人承受，设立人为二人以上的，享有连带债权，承担连带债务。

设立人为设立法人以自己的名义从事民事活动产生的民事责任，第三人有权选择请求法人或者设立人承担。

《公司法司法解释(三)》

第五条　发起人因履行公司设立职责造成他人损害，公司成立后受害人请求公司承担侵权赔偿责任的，人民法院应予支持；公司未成立，受害人请求全体发起人承担连带赔偿责任的，人民法院应予支持。

公司或者无过错的发起人承担赔偿责任后，可以向有过错的发起人追偿。

专家说法

有限责任公司股东在公司成立前或成立后对某些事项签订协议普遍存在，公司成立前股东签订的协议，一般被称为发起人协议、认股协议、公司设立协议、投资协议、合作协议等，统称"股东协议"。公司成立前股东签订的股东协议，是在公司设立阶段由设立人相互之间就公司设立的有关事项以及设立人的权利义务关系所达成的协议。

公司成立前股东签订的股东协议，即使股东根据该协议进行了公司登记，股东协议得到履行，若签约方并未约定协议在公司成立后失效，或该协议被修改、变更、解除，股东协议并不当然失效或终止。如果对于相同的法律事项，股东协议与公司章程存在不同的约定，股东协议的该部分内容应让位于公司章程，自然失效；如果股东协议中有公司章程未涉及的，但又属公司存续经营过程中或解散之后可能会遇到的事项，相应的条款继续有效，但效力只应限于签约的股东，各签约股东仍应遵守该协议的约定。

本案中，对于发起人以自己名义为设立公司对外签订合同的行为，最高人民法院依据《公司法司法解释（三）》第 2 条的规定以及依据"恒生酒店公司成立后没有开展经营活动，未明示确认由其支付设计费，也未实际使用设计成果或履行合同义务"等事实，得出"香港恒生公司委派至恒生酒店公司的董事收取设计成果不足以构成恒生酒店公司对建设工程设计合同的默示同意"的结论，并作出应当由香港恒生公司承担合同责任的判决。由此可见，公司设立前，发起人为设立公司对外签订合同时，应当在合同中明确约定,是由设立后的公司承担合同责任还是由发起人承担合同责任,同时应当以承担合同责任一方的名义对外签订合同,避免责任约定不明导致矛盾、纠纷的产生。

对于发起人以自己名义为设立公司对外签订合同的行为,因《公司法司法解释(三)》赋予了合同相对方选择发起人或公司承担合同责任的权利,即使公司成立后明确表示愿意承担合同责任,但选择权依旧在合同相对方,其亦可选择由发起人承担合同责任,而非公司承担合同责任,因此,发起人为设立公司以自己名义对外签订合同,如公司成立后合同相对人希望由公司承担合同责任,则应要求公司对该合同予以书面确认,或签订补充协议等,明确由公司代替发起人享有合同权利、履行合同义务。

本案发起人以自己名义为设立公司对外签订合同并承担合同责任的结论是以"公司成功设立"为前提,若公司最终未成立设立,则按照《公司法司法解释(三)》第4条"公司因故未成立,债权人请求全体或者部分发起人对设立公司行为所产生的费用和债务承担连带清偿责任的,人民法院应予支持"的规定,债权人可诉请法院判决全体或者部分发起人对设立公司行为所产生的费用和债务承担连带清偿责任。

16 股东是否有权查阅原始凭证和记账凭证?

案 例[1]

河北阿特拉斯设备制造有限公司是一家中外合资经营企业,合资双方持股比例各为50%。根据合营合同及章程,合资公司董事会由5名董事组成,其中中方委派3名,外方委派2名,董事长由中方委派,副董事长由外方委派,董事长是公司的法定代表人。董事会除对修改章程、解散公司、公司合并、增加注册资本、分红等事项须经全体董事一致同意外,其余事项按多数方式表决通过。董事会必须有4名董事出席方能有效召开,所作出的决议才具有法律效力。因合资双方发生矛盾,自2010年起合资公司无法正常召开董事会。股东阿特拉斯设备有限公司起诉河北阿特拉斯设备制造有限公司,请求行使查阅权。

一审法院判决河北阿特拉斯设备制造有限公司向阿特拉斯设备有限公司提交2015年至判决生效日的年度财务审计报告和财务报表,驳回阿特拉斯设备有限公司的其他诉讼请求。阿特拉斯设备有限公司提起上诉,二审法院维持原判。

阿特拉斯设备有限公司申请再审,最高人民法院提审了本案。

---

① 参见阿特拉斯设备有限公司诉河北阿特拉斯设备制造有限公司股东知情权纠纷案,最高人民法院(2020)最高法民再170号民事判决书。

最高人民法院认为,河北阿特拉斯设备制造有限公司未能举证证明阿特拉斯设备有限公司查阅会计账簿具有不正当目的,阿特拉斯设备有限公司请求查阅原始凭证在内的会计账簿并指定审计师对合资公司账目进行审计,具有合同依据和法律依据。判决撤销一审、二审判决,河北阿特拉斯设备制造有限公司提供自公司成立之日起至其实际提供日止的公司章程董事会会议记录、决议、财务会计报告供阿特拉斯设备有限公司查阅及复制,并提供包括原始会计凭证在内的所有会计账簿供阿特拉斯设备有限公司查阅;由阿特拉斯设备有限公司自行聘请具有资质的机构和人员对河北阿特拉斯设备制造有限公司的账目进行审计。

法 条

新《公司法》

第五十七条　股东有权查阅、复制公司章程、股东名册、股东会会议记录、董事会会议决议、监事会会议决议和财务会计报告。

股东可以要求查阅公司会计账簿、会计凭证。股东要求查阅公司会计账簿、会计凭证的,应当向公司提出书面请求,说明目的。公司有合理根据认为股东查阅会计账簿、会计凭证有不正当目的,可能损害公司合法利益的,可以拒绝提供查阅,并应当自股东提出书面请求之日起十五日内书面答复股东并说明理由。公司拒绝提供查阅的,股东可以向人民法院提起诉讼。

股东查阅前款规定的材料,可以委托会计师事务所、律师事务所等中介机构进行。

股东及其委托的会计师事务所、律师事务所等中介机构查阅、复制有关材料，应当遵守有关保护国家秘密、商业秘密、个人隐私、个人信息等法律、行政法规的规定。

股东要求查阅、复制公司全资子公司相关材料的，适用前四款的规定。

原《公司法》

第三十三条　股东有权查阅、复制公司章程、股东会会议记录、董事会会议决议、监事会会议决议和财务会计报告。

股东可以要求查阅公司会计账簿。股东要求查阅公司会计账簿的，应当向公司提出书面请求，说明目的。公司有合理根据认为股东查阅会计账簿有不正当目的，可能损害公司合法利益的，可以拒绝提供查阅，并应当自股东提出书面请求之日起十五日内书面答复股东并说明理由。公司拒绝提供查阅的，股东可以请求人民法院要求公司提供查阅。

《公司法司法解释（四）》

第十条第二款　股东依据人民法院生效判决查阅公司文件材料的，在该股东在场的情况下，可以由会计师、律师等依法或者依据执业行为规范负有保密义务的中介机构执业人员辅助进行。

第十一条　股东行使知情权后泄露公司商业秘密导致公司合法利益受到损害，公司请求该股东赔偿相关损失的，人民法院应当予以支持。

根据本规定第十条辅助股东查阅公司文件材料的会计师、律师等泄露公司商业秘密导致公司合法利益受到损害，公司请求其赔偿相关损失的，人民法院应当予以支持。

专家说法

股东知情权是指股东了解公司信息的权利。《公司法》下的股东知情权主要是查阅权，就是查看公司档案的权利。股东查阅权的行使是股东知情权实现的核心手段，知情权诉求往往从行使查阅权开始。《公司法》规定股东可以查阅的公司文件材料分为两类：一类属于公开的，可以不受限制地查阅和复制，比如公司章程、股东会会议记录、董事会会议决议、监事会会议决议和财务会计报告；另一类属于不公开的，涉及公司的商业秘密，如会计账簿及有关凭证。原《公司法》并未将制作公司会计账簿涉及的有关凭证列入股东可以行使知情权的范围，但是，公司股东可以根据需要写入公司章程，作为股东共同遵守的规范，以保障股东权利。修订后的《公司法》在单独查阅权里增加了会计凭证，并明确可以委托中介机构。

为了平衡股东与公司的利益，《公司法》在规定股东查阅权的同时，对查阅权的行使也设定了一些限制。股东查阅公司会计账簿应当遵循适当的程序。首先，有意查账的股东应向公司提出书面请求，并适当说明查账目的。其次，由公司对股东查账目的进行实质审查，以判断查账目的是否正当。公司要就其主张的"股东查阅会计账簿……有不正当目的，可能损害公司合法利益"承担证明责任。公司无故拒绝提供查阅，股东可请求人民法院强制公司提供查阅。

在本案中，首先，阿特拉斯设备有限公司作为股东，有权在合适的时间自行查阅，否则将构成对阿特拉斯设备有限公司行使查阅权的不当限制。阿特拉斯设备有限公司请求查阅、复制河北阿特拉斯设备制造有限公司章程、董事会会议记录、决议及财务会计报告的再审请求具有事实和法律依据,应予以支持。其次,阿特拉斯设备有限公司查阅河北阿特拉斯设备制造有限公司会计账簿不具有不正当目的。《公司法司法解释(四)》第8条规定:“有限责任公司有证据证明股东存在下列情形之一的,人民法院应当认定股东有公司法第三十三条第二款规定的‘不正当目的’:(一)股东自营或者为他人经营与公司主营业务有实质性竞争关系业务的,但公司章程另有规定或者全体股东另有约定的除外……”河北阿特拉斯设备制造有限公司以股东自营或者为他人经营与公司主营业务有实质性竞争关系业务为由主张阿特拉斯设备有限公司具有不正当目的,对此负有证明义务。在河北阿特拉斯设备制造有限公司未能举证证明阿特拉斯设备有限公司查阅会计账簿具有不正当目的的情况下,阿特拉斯设备有限公司请求查阅原始凭证在内的会计账簿并指定审计师对河北阿特拉斯设备制造有限公司账目进行审计,具有合同依据和法律依据。

17 未经相关股东同意，股东会设定股东义务的决议是否有效？

案 例[1]

被告江西省全南县青松小额贷款股份有限公司(以下简称青松小贷公司)于2012年1月13日注册成立,注册资本1亿元人民币。原告温志京占股10%,并从2011年12月至2014年年底担任被告公司总经理。

2013年1月14日,案外人黄兴华向青松小贷公司借款200万元,温志京为该笔借款提供担保,后黄兴华逾期还款。2015年7月24日,青松小贷公司就该笔借款向法院起诉债务人黄兴华和担保人温志京。2015年10月21日,龙南县法院作出民事判决,认为青松小贷公司未举证证明其在保证期间已要求温志京承担保证责任,故免除温志京的保证责任,债务人黄兴华归还借款本金200万元及其利息给青松小贷公司。

2016年7月8日,被告召开股东会形成股东会决议,该决议第3条记载:“公司股东一致认为温志京在担任公司总经理一职期间,需对黄兴华200万贷款承担连带保证清偿责任。”原告温志京

---

① 参见江西省全南县青松小额贷款股份有限公司、温志京公司决议效力确认纠纷案,江西省赣州市中级人民法院(2018)赣07民终935号民事判决书。

对此不同意，缺席该股东会。

2017年1月13日，青松小贷公司召开股东会，形成股东会决议，该决议第2条记载："温志京承担黄兴华贷款200万元本金50%的责任，暂从股本金中扣除，直至黄兴华清偿完毕则自动解除。"温志京出席该次股东会，但对此不同意，且未在该股东会决议上签名。青松小贷公司的公司章程未对公司股东及担保贷款欠息超过其股本金的，直接扣减其股本额抵偿贷款及利息作出规定。

原告温志京以被告青松小贷公司通过股东会议决议将公司金融服务风险转嫁公司股东，损害原告作为公司股东合法权益，请求法院依法确认2016年7月8日、2017年1月13日两份股东会决议无效。

一审法院支持原告诉请，判决确认2016年7月8日、2017年1月13日两份股东会决议无效。青松小贷公司不服，向江西省赣州市中级人民法院提起上诉。二审法院认为本案中温志京原本是基于合法有效的保证合同向青松小贷公司承担黄兴华欠款的保证责任，但已经生效的民事判决确认青松小贷公司向温志京主张权利超过保证期间，温志京免除保证责任，即温志京就黄兴华的债务对青松小贷公司已没有法定或约定的义务。在此情形下，青松小贷公司要求温志京承担责任必须基于新的法定或约定事由，比如温志京就该笔未偿还款项作出新的保证承诺等。在没有新的法定或约定事由的情况下，青松小贷公司股东会作出未经温志京同意的决议，要求温志京继续承担原款项清偿责任，实为民法上未经他人同意而为他人设定义务的行为，应属无效。判决驳回上诉，维持原判。

法条

新《公司法》

第五十九条　股东会行使下列职权：

（一）选举和更换董事、监事，决定有关董事、监事的报酬事项；

（二）审议批准董事会的报告；

（三）审议批准监事会的报告；

（四）审议批准公司的利润分配方案和弥补亏损方案；

（五）对公司增加或者减少注册资本作出决议；

（六）对发行公司债券作出决议；

（七）对公司合并、分立、解散、清算或者变更公司形式作出决议；

（八）修改公司章程；

（九）公司章程规定的其他职权。

股东会可以授权董事会对发行公司债券作出决议。

对本条第一款所列事项股东以书面形式一致表示同意的，可以不召开股东会会议，直接作出决定，并由全体股东在决定文件上签名或者盖章。

第二十五条　公司股东会、董事会的决议内容违反法律、行政法规的无效。

原《公司法》

第三十七条　股东会行使下列职权：

（一）决定公司的经营方针和投资计划；

（二）选举和更换非由职工代表担任的董事、监事，决定有关董事、监事的报酬事项；

（三）审议批准董事会的报告；

（四）审议批准监事会或者监事的报告；

（五）审议批准公司的年度财务预算方案、决算方案；

（六）审议批准公司的利润分配方案和弥补亏损方案；

（七）对公司增加或者减少注册资本作出决议；

（八）对发行公司债券作出决议；

（九）对公司合并、分立、解散、清算或者变更公司形式作出决议；

（十）修改公司章程；

（十一）公司章程规定的其他职权。

对前款所列事项股东以书面形式一致表示同意的，可以不召开股东会会议，直接作出决定，并由全体股东在决定文件上签名、盖章。

第二十二条　公司股东会或者股东大会、董事会的决议内容违反法律、行政法规的无效。

股东会或者股东大会、董事会的会议召集程序、表决方式违反法律、行政法规或者公司章程，或者决议内容违反公司章程的，股东可以自决议作出之日起六十日内，请求人民法院撤销。

股东依照前款规定提起诉讼的，人民法院可以应公司的请求，要求股东提供相应担保。

公司根据股东会或者股东大会、董事会决议已办理变更登记的，人民法院宣告该决议无效或者撤销该决议后，公司应当向公司登记机关申请撤销变更登记。

专家说法

根据《公司法》第58条的规定，公司股东会是公司依法设立、由全体股东组成的最高权力机构，也是股东行使股东权最主要的途径之一。《公司法》第59条更是详细规定了股东会能够决议的诸项实体性事项，该条第(9)项设置了兜底条款："公司章程规定的其他职权。"这说明公司股东会可以通过决议在其职权范围内为公司经营管理作出决策，公司法和公司章程规定的一般性的公司事务的管理事项，对公司和股东均具有约束力，遵循意思自治原则，法律法规原则上不予以干涉。

但是并非任何事项，股东会都有权予以决议。首先，所作决议不得违反法律法规的强制性规定。根据《公司法》第25条的规定："公司股东会、董事会的决议内容违反法律、行政法规的无效。"其次，根据《民法典》第154条的规定："行为人与相对人恶意串通，损害他人合法权益的民事法律行为无效。"既然股东会决议实质上系股东各方就公司经营管理等事项作出的决议行为，应适用《民法典》及《公司法》等法律规定，股东会所作决议不得损害他人合法权益。

股东会为公司股东设定义务，是否仍旧有这么大的权限和想当然性？答案是否定的。实践中，股东会依法进行表决实行资本多数决原则，小股东的意志表达不可避免地受到限制。而法律规定，股东对公司承担法定义务以外的义务应遵循自愿或协商原则。

如公司股东会通常会对董监高人员设立竞业禁止、公司机密或者核心技术保密义务，就是因为这些人员身份和职位特殊，设定该项义务是为了防止这些人员做出侵害公司利益的行为。但是作为一般股东，并不承担此义务。但若其自愿对公司承担竞业禁止义务，且不损害他人、国家和集体利益的，应予以准许。

此外，除非公司股东自愿或者公司章程有明确规定，公司股东会可以设定对于股东本身不利的义务。但是该义务必须符合《公司法》和《民法典》等相关法律规定。公司股东会擅自决议为公司股东设立现时或者预期性的赔偿责任，对外或对内担保责任，预期补偿义务；为小股东设立竞业禁止、公司机密或者核心技术保密义务等可能会损害股东自身利益的义务，且未有约定或者章程规定，那么该项设定义务的股东会决议将会因为违反《民法典》和《公司法》等规定，被认定为无效。

18 大股东增资扩股会侵犯小股东权益吗?

案例[1]

陕西铜川凤凰建材有限公司(以下简称凤凰公司)成立于2007年4月15日,注册资本500万元。2010年6月12日,凤凰公司的注册资本变更为6600万元,股东也发生了变更,包括原告郑义泉、被告余学明、被告余美青、被告余泓辉。各股东的出资额和持股比例分别为1320万元(20%)、2530万元(38.3333%)、2250万元(34.0909%)、500万元(7.5758%)。

在2017年3月31日的股东会上,余学明等三股东作出决议,将公司注册资本由6600万元增至58,461.2万元。余学明等三股东分别将拥有的债权转为公司股本,增加了注册资本。根据决议:余学明出资52,431.2万元,持股比例为89.68%;余美青出资2650万元,持股比例为4.53%;余泓辉出资2060万元,持股比例为3.53%;郑义泉不增加出资额,持股比例为2.26%。同时,股东会根据上述决议内容对公司章程进行了相应修改。同日,余学明等三股东分别与凤凰公司签订了《债转股出资协议》,就股东会决议中涉及的债转股事宜作了进一步约定。针对本次股东会,郑义

① 参见郑义泉诉余学明等与公司有关的纠纷案,最高人民法院(2019)最高法民终469号民事判决书。

泉在2017年3月28日《西安商报》上发表声明称："本人不出席本次股东会议，但对增资议题表决如下：1.不同意增加注册资本金；2.本人不同意把对凤凰公司的债权转化为资本金……"

2017年4月10日，会计师事务所出具了验资报告，确认了余学明等三股东债转股后公司注册资本、股东出资额及占注册资本总额的百分比。公司在2017年6月7日进行了工商变更登记，注册资本由6600万元变更为58,461.2万元。2017年8月21日，郑义泉向凤凰公司及余学明等三股东发出《股权变动事宜回复》，对公司财务状况提出异议，并表示对股权变动有一些要求。

最终，2017年9月20日，安徽海螺水泥股份有限公司（以下简称海螺公司）受让余学明持有的凤凰公司65%股权，成为凤凰公司股东，出资额为37,999.78万元。郑义泉随后提起诉讼，其核心观点是凤凰公司增资扩股的方式不符合法律规定、三被上诉人作为大股东以虚假的债权增资侵犯其股权份额，遂起诉请求余学明等三股东返还侵占郑义泉的凤凰公司股权等。

一审法院判决驳回郑义泉的诉讼请求，郑义泉提起上诉。最高人民法院经审理后认为：郑义泉通过提起本案诉讼对增资扩股方式上的合理性提出异议，主张股东会会议无权决定增资扩股的方式，从而间接否定股东会决议的效力，缺乏法律依据。同时，郑义泉未能提交证据证明案涉股东会会议召集的程序、表决的方式、决议的内容存在违反法律、行政法规的情形或者存在违反公司章程的情形，其主张决议无效亦缺乏事实依据，不予支持。此外，郑义泉如意图保持其在公司的股权比例，可在本轮增资扩股中认缴出资，但其在2017年3月28日《西安商报》上声明不认缴增加注册资本金，已对自己的权利进行了处分，现其请求三被上诉人连带返还其股权，不具有法律依据，不予支持。

法　条

新《公司法》

第六十六条　股东会的议事方式和表决程序，除本法有规定的外，由公司章程规定。

股东会作出决议，应当经代表过半数表决权的股东通过。

股东会作出修改公司章程、增加或者减少注册资本的决议，以及公司合并、分立、解散或者变更公司形式的决议，应当经代表三分之二以上表决权的股东通过。

第二百二十七条　有限责任公司增加注册资本时，股东在同等条件下有权优先按照实缴的出资比例认缴出资。但是，全体股东约定不按照出资比例优先认缴出资的除外。

原《公司法》

第三十四条　股东按照实缴的出资比例分取红利；公司新增资本时，股东有权优先按照实缴的出资比例认缴出资。但是，全体股东约定不按照出资比例分取红利或者不按照出资比例优先认缴出资的除外。

第四十三条　股东会的议事方式和表决程序，除本法有规定的外，由公司章程规定。

股东会会议作出修改公司章程、增加或者减少注册资本的决议，以及公司合并、分立、解散或者变更公司形式的决议，必须经代

表三分之二以上表决权的股东通过。

专家说法

增资指公司内部股东或外部投资人通过增加投资的方式增加公司资本，便于公司扩大经营规模、提高公司资本实力、拓展业务途径。实务中，存在多种增资形式，其中包括公司内部股东不同比例增资，以及引入外部投资者投入资本等导致公司股权比例发生变化的增资方式。通过增资增加公司资本，除了财务报表反映公司资产增加、所有者权益增加外，对于未按照原股权份额同比例增资的，还可能引起公司股权结构的变化。《公司法》第227条规定："有限责任公司增加注册资本时，股东在同等条件下有权优先按照实缴的出资比例认缴出资。但是，全体股东约定不按照出资比例优先认缴出资的除外。股份有限公司为增加注册资本发行新股时，股东不享有优先认购权，公司章程另有规定或者股东会决议决定股东享有优先认购权的除外。"尽管股东有权优先按照出资比例认缴出资，但现实中大量存在不按照出资比例进行增资的情形。典型的如部分股东增资，以及引入外部投资者，从而稀释部分股东的股权比例，均会引起公司股权结构的变化。公司增资行为导致股东股权稀释的情形较为常见。在本案中，凤凰公司部分股东的增资行为，直接导致原告郑义泉的股权比例由20%调整为2.26%。公司增资导致部分股东股权稀释的情形，除可能引起被稀释股权股东所享有的财产权益产生变化外，还可能导致其分红权益和表决权产生重大变化，从而导致其在公司所享有的实质权益产生变化。

虽然增资扩股必然导致未增资股东的股权被稀释，但股权被稀释并不意味着权益被侵害，可依章程规定优先认缴出资，以保持其在公司的股权比例。在本案中，郑义泉如欲保持其在公司的股权比例，可在增资扩股中认缴出资，但其在2017年3月28日《西安商报》上声明不认缴增加注册资本金，已对自己的权利进行了处分，其请求三名被上诉人连带返还股权，缺乏法律依据，不应支持。

公司是否增资扩股以及如何增资扩股，是公司自治的范畴，法律没有明确的禁止性规定。根据《公司法》第59条和第66条的规定，对公司增加或者减少注册资本作出决议，是股东会的职权，股东会作出增加或者减少注册资本的决议，应当经代表2/3以上表决权的股东通过。此外，《公司法》第26条规定，“公司股东会、董事会的会议召集程序、表决方式违反法律、行政法规或者公司章程，或者决议内容违反公司章程的，股东自决议作出之日起六十日内，可以请求人民法院撤销。但是，股东会、董事会的会议召集程序或者表决方式仅有轻微瑕疵，对决议未产生实质影响的除外”。因此，在本案中，郑义泉所提请撤销的时间已超过规定的60日除斥期间，并且其对增资扩股方式上的合理性提出异议，主张股东会会议无权决定增资扩股的方式，从而间接否定股东会决议的效力，缺乏法律依据。同时，郑义泉未能提交证据证明案涉股东会会议召集的程序、表决的方式、决议的内容存在违反法律、行政法规的情形或者存在违反公司章程的情形，故其主张决议无效，未予支持。

19 股东会会议记录缺失是否影响股东会决议效力？

案 例[1]

四川堂宏实业集团有限公司(以下简称堂宏集团)认为绵阳临园宾馆有限责任公司(以下简称临园宾馆)持有股东会会议记录但隐匿不提供,提出再审,请求法院不予认定没有对应股东会会议记录的股东会决议。

临园宾馆辩称,关于股东会决议的证明问题,堂宏集团作为股东派出代表参加股东会会议,会议采用现场表决方式形成决议,股东代表在股东会决议上签字,股东也在股东会决议上加盖印章,符合原《公司法》第四十一条及临园宾馆《公司章程》第二十六条对"股东会议记录"的实质要求"形式上有签字、实体上有决议",并且有公证书予以印证。

临园宾馆提交的川绵州内证字第 2243 号公证书对案涉股东会的召集和召开作出相应记载与公证,该公证书与案涉股东会决议相互印证。并且,堂宏集团及其法定代表人分别在案涉股东会决议上盖章、签字确认。

---

① 参见四川堂宏实业集团有限公司诉绵阳临园宾馆有限责任公司民间借贷纠纷案,最高人民法院(2020)最高法民申 3256 号民事裁定书。

再审法院认为，临园宾馆在原审中提交了四川省绵阳市绵州公证处就2018年4月20日临园宾馆召开的股东会会议所作的(2018)川绵州内证字第2243号公证书，该公证书从案涉股东会的召集到会议的召开均作出了相应记载与公证。同时，对于申请人主张的曾在会议中对利润分配提出质疑的主张，该公证书亦有记载。该公证书与案涉《股东会决议》相互印证，足以证明股东会议召集和表决并不存在程序上的严重瑕疵，不对案涉《股东会决议》的形成产生实质影响，案涉《股东会决议》应认定为有效决议。并且，堂宏集团和其法定代表人高堂宏分别在案涉股东会决议上盖章、签字确认，应当认定为堂宏集团在签字当时对决议事项知晓并认可，即案涉《股东会决议》是其真实意思表示。因此，申请人的上述主张不能成立。驳回堂宏集团的再审申请。

法 条

新《公司法》

第六十四条　召开股东会会议，应当于会议召开十五日前通知全体股东；但是，公司章程另有规定或者全体股东另有约定的除外。

股东会应当对所议事项的决定作成会议记录，出席会议的股东应当在会议记录上签名或者盖章。

第七十三条　董事会的议事方式和表决程序，除本法有规定的外，由公司章程规定。

董事会会议应当有过半数的董事出席方可举行。董事会作出决议，应当经全体董事的过半数通过。

董事会决议的表决，应当一人一票。

董事会应当对所议事项的决定作成会议记录，出席会议的董事应当在会议记录上签名。

原《公司法》

第四十一条　召开股东会会议，应当于会议召开十五日前通知全体股东；但是，公司章程另有规定或者全体股东另有约定的除外。

股东会应当对所议事项的决定作成会议记录，出席会议的股东应当在会议记录上签名。

第四十八条　董事会的议事方式和表决程序，除本法有规定的外，由公司章程规定。

董事会应当对所议事项的决定作成会议记录，出席会议的董事应当在会议记录上签名。

董事会决议的表决，实行一人一票。

专家说法

《公司法》第64条规定，召开股东会会议，应当于会议召开15日前通知全体股东；但是，公司章程另有规定或者全体股东另有约定的除外。股东会应当对所议事项的决定作成会议记录，出席会议的股东应当在会议记录上签名或者盖章。

召开股东会会议并形成决议的，应当形成会议记录，如果没有相应的会议记录，则会存在相应决议被撤销的可能。对于此类情况可查询到的案例并不多,但大多认可公司(股东会)应当提供会议记录,如果没有会议记录,部分案例中法院会确认公司应当承担举证不能的责任,从而导致相应股东会会议决议被撤销。也就是说会议记录是股东会会议召开及表决程序合法合规的证据,如公司无法提供相应证据,而部分股东申请撤销该等决议,公司如无法提供会议记录并表明会议召集和表决程序符合法律和章程规定,那么相关决议存在被撤销的可能。但是,如果能认定股东会决议系真实意思表示,则不影响其效力。

在本案中,关于没有股东会记录的股东会决议的效力问题。堂宏集团主张“对没有对应股东会会议记录的股东会决议不应当予以采纳,应推定堂宏集团的主张成立,即双方对股东会决议上的利润金额已经达成合意应重新计算和审计确认”,同时,堂宏集团在本案再审审查过程中向法院提交了《审计申请书》,申请对临园宾馆自2007年1月1日至2018年4月20日各年的财务状况和各年的经营成果及利润分配数额进行司法审计。根据《公司法》第25条和第26条之规定,股东会的决议瑕疵可以归为内容瑕疵与程序瑕疵:股东会、董事会的决议内容违反法律、行政法规的无效,违反公司章程的可予撤销;召集程序和表决方式违反法律、行政法规或公司章程的可予撤销。并未明确没有股东会会议记录即构成股东会程序上的瑕疵。因此,股东会决议程序上的实质性瑕疵,应当仅限定在违反股东会召集程序和表决方式的情形。在本案中,堂宏集团和其法定代表人高堂宏分别在案涉《股东会决议》上盖章、签字确认,此行为即可认定为堂宏集团对案涉《股东会决议》内容知晓并认可,也即案涉《股东会决议》是其真实意思表示。并且临园宾馆提交了(2018)川绵州内证字第2243号公证书，该公证书中对股东会的召集和召开均有记载和公证，亦对申请人曾在会议上对于利润分配问题所提出的质疑有相应的记载，与案涉《股东会决议》相互印证。由此可以得知股东会议召集和表决在程序上并不存在严重的瑕疵，应当认定股东会决议合法有效，不予撤销。

20 董事辞任、离任权利能因股东会不作为而受限吗？

案 例[1]

被告南通爱网特实业有限公司（以下简称南通爱网特公司）系由被告南通市综合电子商务产业园有限公司（以下简称综合电子商务公司）和被告上海爱网特网络科技有限公司（以下简称上海爱网特公司）两名法人股东公司共同投资设立的有限责任公司。公司章程规定，公司设董事会，成员3人，由股东会选举产生；董事会设董事长1人，为法定代表人。原告郁卫霞经公司股东选举为董事，并被任命为董事长，即法定代表人。公司成立后不久，两股东之间就因出资款问题纠纷不断并引发诉讼，致使公司不能正常开展经营活动，股东之一为了索要房屋租金还将该公司告上了法庭。因南通爱网特公司涉及多起诉讼，郁卫霞作为法定代表人，不得不代表公司应诉。南通爱网特公司所涉败诉案件在强制执行过程中，法院还对郁卫霞下达了限制高消费令。郁卫霞在董事任期内数次申请辞去董事长（法定代表人）职务，任期届满后又要求召开股东会，改选董事、变更法定代表人。但无论在其任期内还是在

① 参见郁卫霞诉南通爱网特实业有限公司、南通市综合电子商务产业园有限公司等请求变更公司登记纠纷案，江苏省南通市中级人民法院（2020）苏06民终192号民事判决书。

任期届满后，南通爱网特公司及其股东对郁卫霞的请求均未予置理。

郁卫霞向一审法院提起诉讼，请求判令：南通爱网特公司办理公司法定代表人工商变更登记，并由综合电子商务公司、上海爱网特公司予以配合。

一审法院判决：驳回郁卫霞的诉讼请求。郁卫霞不服，提起上诉。二审法院经审理认为，法律要求辞任、离任董事继续履行职务并非绝对，应以能够选出继任者为前提，南通爱网特公司股东会经催告截至二审诉讼期间仍未选出继任董事，具有明显过错，要求郁卫霞继续履行董事职务，有违公平。郁卫霞的诉讼请求应予支持，但鉴于起诉时，郁卫霞董事任期尚未届满，故应认定郁卫霞董事任期届满后继续履行董事职务之义务自本案生效判决作出之日终止。二审法院撤销一审判决，判决南通爱网特公司于判决生效之日起 30 日内办理法定代表人变更登记，综合电子商务公司、上海爱网特公司予以配合。如南通爱网特公司未按期变更，则郁卫霞自上述期限届满后不再具有南通爱网特公司法定代表人身份，不再履行法定代表人职务。

法　条

新《公司法》

第七十条　董事任期由公司章程规定，但每届任期不得超过三年。董事任期届满，连选可以连任。

董事任期届满未及时改选，或者董事在任期内辞任导致董事会成员低于法定人数的，在改选出的董事就任前，原董事仍应当依照法律、行政法规和公司章程的规定，履行董事职务。

董事辞任的，应当以书面形式通知公司，公司收到通知之日辞任生效，但存在前款规定情形的，董事应当继续履行职务。

原《公司法》

第四十五条　董事任期由公司章程规定，但每届任期不得超过三年。董事任期届满，连选可以连任。

董事任期届满未及时改选，或者董事在任期内辞职导致董事会成员低于法定人数的，在改选出的董事就任前，原董事仍应当依照法律、行政法规和公司章程的规定，履行董事职务。

专家说法

根据《公司法》第 70 条第 2 款的规定："董事任期届满未及时改选，或者董事在任期内辞职导致董事会成员低于法定人数的，在改选出的董事就任前，原董事仍应当依照法律、行政法规和公司章程的规定，履行董事职务。"该规定系对董事在任期内辞职的限制，根据该规定，董事辞职后，公司董事人数低于法定人数，如有限责任公司董事人数低于 3 人，股份有限公司董事人数低于 5 人的，该董事仍应当继续履行董事职务。即董事辞任及期满后离任虽属于董事个人可以决定之事项，但须受法律规制。董事任期届满连选可以连任，但是否还作为下一任董事候选人，须符合其个人意愿。在本案中，郁卫霞提出辞职，董事会成员将低于法定人数，因此，郁卫霞应当继续履行董事职务直至改选董事就任，但是郁卫霞以其明确的意思表示不再谋求董事长职位，系其正当权利，但至股东会选出的董事就任前，郁卫霞依法亦应当履行董事职务。

《公司法》第 70 条第 2 款关于辞任或离任董事继续履行董事职务的规定，目的是保障公司正常的经营管理，避免公司运营因董事的缺额而陷入停滞，以维护股东利益乃至不特定债权人的合法权益。因此必须在保护公司、股东利益与辞任或离任董事权益之间寻求平衡，恰当的方式是为辞任或离任董事继续履行董事职务明确一个前提条件，即公司股东会能够在合理期限内选举并能够选出继任董事。如有可归责于股东会的原因导致不能及时选出继任董事，辞任或离任董事则已无继续履行董事职务之必要，法律应当保护其辞任或离任的权利。换言之，法律要求辞任、离任董事继续履行职务并非绝对，应以能够选出继任者为前提。

但是董事辞任、离任不能因股东会不作为而受限制，当公司陷入僵局，无法形成有效决议，且担任法定代表人的董事实体权利受损时，应支持董事变更登记的诉求。在本案中，郁卫霞在任职期内曾口头并两次书面提出辞去董事长和法定代表人职务，但未获理睬，南通爱网特公司股东会怠于履行选任董事义务是显而易见的。尤其任期届满后在本案诉讼中，郁卫霞又两次要求召开股东会改选董事和变更法定代表人，但南通爱网特公司及股东对郁卫霞的请求仍未予置理。考虑到南通爱网特公司长期未正常开展经营活动，公司实际处于僵局之中，股东会显然无改选董事的意愿。郁卫霞辞任、离任不能，其作为受托人的任意解除权不能行使，另外，因为作为股东的综合电子商务公司向南通爱网特公司主张债权被法院发出限制消费令，其实体权利已受到损害。郁卫霞请求辞任、离任不获准许，请求召开股东会进行改选未获理睬，又因其并非南通爱网特公司股东，即便公司可能已陷入僵局，也无权请求解散公司，郁卫霞不愿再担任董事的诉求已无其他救济途径。

承前所述，法律虽对董事离任、辞任有一定限制，但是此限制并非绝对，应以能够选出继任者为前提。在公司股东会经催告后无法按期选出继任董事时，仍要求前董事继续履行职务，有违公平。

21 股东转让未实缴出资股权，是否承担责任?

案 例[1]

2016年，沙苑公司与滕王阁公司签订了《项目协议》和《施工协议》，约定由滕王阁公司总承包沙苑公司投资的“大荔县皇家沙苑旅游项目绿化景观设计和工程”，案涉工程于2017年7月停工。滕王阁公司以沙苑公司未支付工程款提出诉讼，形成争议。

沙苑公司成立于2014年11月6日，公司注册资本认缴2000万元：中旅西北公司认缴1020万元，参股比例51%；佳美公司认缴980万元，参股比例49%。缴足期限为2044年11月5日。2016年11月10日，中旅西北公司将其占比41%的认缴出资额820万元转让给佳美公司，公司股权变更为：中旅西北公司认缴出资200万元，参股比例10%；佳美公司认缴出资1800万元，参股比例90%。2017年6月13日，沙苑公司注册资本增资至30,000万元，股权变更为：中旅西北公司认缴出资3000万元，参股比例10%；佳美公司认缴出资27,000万元，参股比例90%。2017年9月25日，中旅西北公司将其占比10%的认缴出资额3000万元，转让给佳美公司，公司股权变更为：佳美公司认缴出资30,000万元，参股

---

① 参见大荔县皇家沙苑旅游开发有限公司、中国旅行社总社西北有限公司等建设工程施工合同纠纷案，最高人民法院(2022)最高法民终116号民事判决书。

比例100%。后续股权又有一系列变更。2019年3月15日，沙苑公司的股权结构为：乔连学认缴出资6000万元，参股比例20%；清池公司认缴出资24,000万元，参股比例80%。

滕王阁公司向法院起诉，请求判令沙苑公司支付滕王阁公司工程款38,959,129.52元及逾期支付利息，返还履约保证金900万元及逾期利息，支付设计费100万元，支付招标代理费125,000元，承担给滕王阁公司造成的窝工损失费等11,913,171元。清池公司、龙俊公司、中旅西北公司对上述沙苑公司支付款项承担连带清偿责任。

最高人民法院二审判决认为：滕王阁公司起诉主张中旅西北公司未履行出资义务，应承担责任。中旅西北公司上诉主张，股东在出资期限未届满时转让股权，不属于《公司法司法解释（三）》（2014年修正）第十八条"股东未履行或者未全面履行出资义务即转让股权"之情形。本院认为，依据2018年《公司法》第二十八条规定："股东应当按期足额缴纳公司章程中规定的各自所认缴的出资额……"在公司注册资本认缴制下，公司股东按照公司章程规定的期限缴纳所认缴的出资额，视为公司对股东享有附期限债权，公司的债权人对公司股东所认缴的出资享有期待利益。本案中，虽中旅西北公司认缴出资期限未届满且其已经转让了股权，但中旅西北公司应当依法对案涉沙苑公司工程款债务承担相应责任。

法条

新《公司法》

第八十八条　股东转让已认缴出资但未届出资期限的股权的，由受让人承担缴纳该出资的义务；受让人未按期足额缴纳出资的，转让人对受让人未按期缴纳的出资承担补充责任。

未按照公司章程规定的出资日期缴纳出资或者作为出资的非货币财产的实际价额显著低于所认缴的出资额的股东转让股权的，转让人与受让人在出资不足的范围内承担连带责任；受让人不知道且不应当知道存在上述情形的，由转让人承担责任。

原《公司法》

第二十八条　股东应当按期足额缴纳公司章程中规定的各自所认缴的出资额。股东以货币出资的，应当将货币出资足额存入有限责任公司在银行开设的账户；以非货币财产出资的，应当依法办理其财产权的转移手续。

股东不按照前款规定缴纳出资的，除应当向公司足额缴纳外，还应当向已按期足额缴纳出资的股东承担违约责任。

2014年《公司法司法解释（三）》（已修改）

第十三条第一款、第二款　股东未履行或者未全面履行出资义务，公司或者其他股东请求其向公司依法全面履行出资义务的，人民法院应予支持。

公司债权人请求未履行或者未全面履行出资义务的股东在未出资本息范围内对公司债务不能清偿的部分承担补充赔偿责任的，人民法院应予支持；未履行或者未全面履行出资义务的股东已经承担上述责任，其他债权人提出相同请求的，人民法院不予支持。

第十八条第一款　有限责任公司的股东未履行或者未全面履行出资义务即转让股权，受让人对此知道或者应当知道，公司请求该股东履行出资义务、受让人对此承担连带责任的，人民法院应予支持；公司债权人依照本规定第十三条第二款向该股东提起诉讼，同时请求前述受让人对此承担连带责任的，人民法院应予支持。

《九民会议纪要》

第6条　在注册资本认缴制下，股东依法享有期限利益。债权人以公司不能清偿到期债务为由，请求未届出资期限的股东在未出资范围内对公司不能清偿的债务承担补充赔偿责任的，人民法院不予支持。但是，下列情形除外：

(1)公司作为被执行人的案件，人民法院穷尽执行措施无财产可供执行，已具备破产原因，但不申请破产的；

(2)在公司债务产生后，公司股东(大)会决议或以其他方式延长股东出资期限的。

《关于民事执行中变更、追加当事人若干问题的规定》

第十九条　作为被执行人的公司，财产不足以清偿生效法律文书确定的债务，其股东未依法履行出资义务即转让股权，申请执行人申请变更、追加该原股东或依公司法规定对该出资承担连带责任的发起人为被执行人，在未依法出资的范围内承担责任的，人民法院应予支持。

专家说法

股东未实缴出资即转让股权，实质是原股东将其对公司的债务转移给了股权受让人，是通过股权转让的方式对债务主体进行变更，且变更后的主体即股权受让人亦未补交出资，导致债权人的债权难以实现，超出了债权人的预期，债权不能实现的风险不应由债权人承担。在公司注册资本认缴制下，公司股东按照公司章程规定的期限缴纳所认缴的出资额，视为公司对股东享有附期限债权，公司的债权人对公司股东所认缴的出资享有期待利益。本案股东（公司）参与了案涉项目的开工以及保证金的退还等事项，其在转让股权时应当明知案涉工程债务已经形成且公司明显不具有清偿能力，却在未实际缴纳出资的情况下，又以0元对价将股权转让给另一股东，显然具有逃避出资债务的恶意。该股东明知公司存在偿债风险，在公司无力清偿债务的情况下，又恶意转让股权，增加公司注册资本实缴到位的风险，其行为严重损害了公司债权人的利益，其认缴出资的期限利益不应被保护。该股东应在其未出资范围内对股权转让前的案涉债务承担责任，其出资期限利益不应受保护。根据《公司法司法解释（三）》（2014年修正）第13条规定以及《九民会议纪要》第6条的规定精神，中旅西北公司依法应对沙苑公司债务不能清偿的部分在其认缴而未实际出资的本息范围内承担补充赔偿责任。

《公司法》第88条旨在明确出资期限未届满股权转让后的出资责任认定。《公司法》修订之前，公司或者公司债权人在知晓股东在出资期限届满之前便转让股权的，如通过公司法诉讼手段实现权利，可以直接起诉出资期限届满之前转让股权的股东及对该股权转让情况知道或者应当知道的股权受让人承担责任。转让股东和受让股东承担的责任类型不相同，出资期限未届满转让股权的股东承担出资义务的责任、股权受让人承担连带责任。

《公司法》修订后，股东转让已认缴出资但未届出资期限的股权的，由受让人承担缴纳该出资的义务；受让人未按期足额缴纳出资的，转让人对受让人未按期缴纳的出资承担补充责任。即针对出资期限未届满转让股权的，首先应当由股权受让方履行出资义务；受让人不履行出资义务的，转让人对受让人未按期缴纳的出资承担补充责任。该规定明确了股东未出资转让股权后的出资责任，即未届出资期限股权转让后出资义务由受让人承担，转让人承担补充责任的规则。

22 公司未通知小股东参加股东会的情况下转让主要资产，小股东能否要求公司回购股权？

案 例[①]

2010年3月5日，长江置业（湖南）发展有限公司（以下简称长江置业公司）形成股东会决议，明确由沈良、钟继光、袁朝晖三位股东共同主持工作，确认全部财务收支、经营活动和开支、对外经济行为必须通过申报并经全体股东共同联合批签才可执行，对重大资产转让要求以股东决议批准方式执行。但是，根据长江置业公司与袁朝晖的往来函件，在实行联合审批办公制度之后，长江置业公司对案涉二期资产进行了销售，该资产转让从定价到转让，均未取得股东袁朝晖的同意，也未通知其参加股东会。袁朝晖在2010年8月19日申请召开临时股东会，明确表示反对二期资产转让，要求立即停止转让上述资产，长江置业公司驳回了袁朝晖的申请，并继续对二期资产进行转让。长江置业公司《公司章程》规定，股东权利受到公司侵犯，股东可书面请求公司限期停止侵权活动，并补偿被侵权导致的经济损失。如公司经法院或公司登记机关证实：公司未在所要求的期限内终止侵权活动，被侵权的股东可

---

① 参见袁朝晖诉长江置业（湖南）发展有限公司请求公司收购股份纠纷案，最高人民法院（2014）民申字第2154号民事裁定书。

根据自己的意愿退股,其所拥有的股份由其他股东协议摊派或按持股比例由其他股东认购。长江置业公司在没有通知袁朝晖参与股东会的情况下,于2010年5月31日作出股东会决议,取消了袁朝晖的一切经费开支。袁朝晖提起诉讼,要求长江置业公司回购股权。

湖南省高级人民法院作出(2013)湘高法民二终字第91号民事判决书,支持袁朝晖诉请。长江公司不服,向最高人民法院申请再审。

最高人民法院认为,本案中,长江置业公司在没有通知袁朝晖参与股东会的情况下,于2010年5月31日作出股东会决议,取消了袁朝晖的一切经费开支,长江置业公司和其股东会没有保障袁朝晖作为股东应享有的决策权和知情权,侵犯了袁朝晖的股东权益,符合长江置业公司《公司章程》所约定的"股东权利受到公司侵犯"的情形。因此,袁朝晖有权根据《公司章程》的规定,请求公司以回购股权的方式让其退出公司。原审法院判决并无不当,驳回长江置业公司的再审申请。

法 条

新《公司法》

第八十九条　有下列情形之一的,对股东会该项决议投反对票的股东可以请求公司按照合理的价格收购其股权:

(一)公司连续五年不向股东分配利润,而公司该五年连续盈利,并且符合本法规定的分配利润条件;

（二）公司合并、分立、转让主要财产；

（三）公司章程规定的营业期限届满或者章程规定的其他解散事由出现，股东会通过决议修改章程使公司存续。

自股东会决议作出之日起六十日内，股东与公司不能达成股权收购协议的，股东可以自股东会决议作出之日起九十日内向人民法院提起诉讼。

公司的控股股东滥用股东权利，严重损害公司或者其他股东利益的，其他股东有权请求公司按照合理的价格收购其股权。

公司因本条第一款、第三款规定的情形收购的本公司股权，应当在六个月内依法转让或者注销。

原《公司法》

第七十四条　有下列情形之一的，对股东会该项决议投反对票的股东可以请求公司按照合理的价格收购其股权：

（一）公司连续五年不向股东分配利润，而公司该五年连续盈利，并且符合本法规定的分配利润条件的；

（二）公司合并、分立、转让主要财产的；

（三）公司章程规定的营业期限届满或者章程规定的其他解散事由出现，股东会会议通过决议修改章程使公司存续的。

自股东会会议决议通过之日起六十日内，股东与公司不能达成股权收购协议的，股东可以自股东会会议决议通过之日起九十日内向人民法院提起诉讼。

专家说法

为了保障公司决策机制的正常运行，《公司法》规定以“资本多数决”原则处理股东在公司重大事项决策上意见的分歧，但该原则有时不可避免地会严重损害中小股东的合法权益。持有多数股权的大股东，可能基于其对公司的控制力，滥用股东权利。作为中小股东权利救济体系的重要组成部分，股权回购是有效化解公司僵局的重要手段及替代机制，对保护中小股东权益具有重要意义。简单来说，就是对重大事项的股东会决议有异议的股东，可以要求公司回购他们的股权从而退出公司。

股东回购请求权是指，当股东大会作出对股东利益有重大影响的决议时，对该决议表明异议的股东，享有请求公司以公平的价格收买其所享有的股权，从而退出公司的权利。公司法对法定回购情形进行了规定，《公司法》第89条规定有限责任公司有下列情形之一的，对股东会该项决议投反对票的股东可以请求公司按照合理的价格收购其股权：“（一）公司连续五年不向股东分配利润，而公司该五年连续盈利，并且符合本法规定的分配利润条件；（二）公司合并、分立、转让主要财产；（三）公司章程规定的营业期限届满或者章程规定的其他解散事由出现，股东会通过决议修改章程使公司存续。”

从本案来看，袁朝晖未被通知参加股东会，无从了解股东会决议，因此无法针对股东会决议投反对票。从形式上来看，袁朝晖未参加股东会，未通过投反对票的方式表达对股东会决议的异议，因此，长江置业公司以此为理由认为袁朝晖并不符合《公司法》第89

条(原《公司法》第74条)的构成要件，因此不应当回购袁朝晖的股份。但是应当注意的是，原《公司法》第74条的立法精神在于保护异议股东的合法权益，之所以对投反对票作出规定，意在要求异议股东将反对意见向其他股东明示。因此，非因自身过错未能参加股东会的股东，虽未对股东会决议投反对票，但对公司转让主要财产明确提出反对意见的，其请求公司以公平价格收购其股权，法院应予支持。

本案也反映出目前在我国有限公司中，由于缺乏公开转让股权的市场，中小股东退出公司的渠道十分狭窄。因此，为了贯彻产权平等的政策要求、加强对中小股东的保护，《公司法》明确规定了公司的控股股东滥用股东权利，严重损害公司或者其他股东利益的，其他股东有权请求公司按照合理的价格收购其股权，而无须经过股东会决议程序，这样能够避免现行制度下股东维权时间周期长、举证难等问题，为受侵害的小股东提供更多的救济手段，方便其退出公司并获得合理收益。另外，此项规定也有利于缓和公司解散制度的适用，为当事人和法院处理公司僵局提供了更多解决机制。

23 记名股票的转让，是否以工商行政管理机关办理变更登记为对抗要件？

案 例[1]

2015年6月12日，河南诚德木业有限公司向中国农业发展银行长葛支行（以下简称长葛农发行）签订贷款1000万元的贷款合同，第三人大禹公司、案外人杜建业对上述贷款自愿承担连带保证责任。借款到期后，河南诚德木业有限公司未及时偿还借款本金及利息，大禹矿业与杜建业未履行保证责任，长葛农发行向长葛市人民法院提起诉讼。长葛市人民法院于2017年11月22日立案受理后，于2018年10月30日裁定冻结大禹矿业持有的汇浦银行10%股权（股权数额610万元）。2018年11月8日，长葛市人民法院判决大禹矿业、杜建业对河南诚德木业有限公司的借款本金962.85万元及利息承担连带清偿责任。后河南诚德木业有限公司、大禹矿业、杜建业不服该判决，上诉至许昌市中级人民法院。2019年3月4日，许昌市中级人民法院判决驳回上诉，维持原判。后长葛农发行向长葛市人民法院申请执行，原审法院于2019年6月10日裁定冻结、扣划、扣留、提取河南诚德木业有限公司、大禹

---

① 参见禹州市金恒贸易有限公司、中国东方资产管理股份有限公司河南省分公司执行异议之诉，河南省许昌市中级人民法院(2020)豫10民终1297号民事判决书。

矿业、杜建业的银行存款 10,860,000 元或查封、扣押其相同价值的财产。2019 年 11 月 4 日裁定对大禹公司在襄城汇浦村镇银行股份有限公司的股权 610 万元予以评估、拍卖。

2017 年 9 月 5 日，大禹矿业与金恒贸易签订了《股权转让协议》，约定大禹公司将其持有的在襄城汇浦村镇银行股份有限公司 10% 股权中的 3% 的股权以 183 万元的价格转让给金恒贸易。2017 年 9 月 27 日，金恒贸易以大禹矿业未按股权转让协议的约定办理股权变更登记为由，将大禹矿业起诉至禹州市人民法院请求确认合同效力。2017 年 12 月 18 日，禹州市人民法院作出(2017)豫 1081 民初 6048 号民事判决书，判决金恒贸易与大禹矿业签订的《股权转让协议》合法有效。襄城汇浦村镇银行股份有限公司不服禹州市人民法院作出的(2017)豫 1081 民初 6048 号民事判决书，向许昌市人民检察院申请监督。许昌市人民检察院指定建安区人民检察院审查。建安区人民检察院向禹州市人民法院提出再审建议。再审建议认为：金恒贸易和大禹矿业通过恶意串通、虚构事实、伪造证据的虚假诉讼行为，骗取了禹州市人民法院(2017)豫 1081 民初 6048 号民事判决书，系虚假诉讼。2019 年 12 月 6 日，禹州市人民法院作出(2019)豫 1081 民监 4 号民事裁定书，裁定(2017)豫 1081 民初 6048 号民事判决书确有错误，裁定该案由禹州市人民法院再审。

后原告金恒公司以案外人身份向原审法院提出了执行标的异议，原审法院于 2020 年 1 月 19 日作出(2020)豫 1082 执异 4 号执行裁定书，裁定驳回原告金恒贸易的异议请求。原告金恒贸易在法定期间内向原审法院提起执行异议之诉。

对于股份有限公司的股权转让，根据原《公司法》第八十一条和第九十二条的规定，公司应当将发起人向工商行政管理机关办理股东登记，将持有记名股票的非发起人股东按照原《公司法》第一百三十条的规定，记载于股东名册。股权尚未向工商行政管理机关或公司进行变更登记的，人民法院不予支持。股权转让合同实质是一种买卖合同，受让人享有的“物之交付请求权”仍然是一种债权，根据债权一律平等的原则，受让人的该债权，并不优先于申请执行人的金钱债权。由于股权是一种无形财产，无形财产采取有形财产物权变动的公示方法，公司法对股权转让采取了登记对抗的原则，被执行人转让股权尚未进行变更登记的，不得对抗第三人，申请执行人亦属于公司法所规范的第三人的范围。金恒贸易的上诉请求不能成立。

法 条

新《公司法》

第一百零二条　股份有限公司应当制作股东名册并置备于公司。股东名册应当记载下列事项：

（一）股东的姓名或者名称及住所；

（二）各股东所认购的股份种类及股份数；

（三）发行纸面形式的股票的，股票的编号；

（四）各股东取得股份的日期。

原《公司法》

第一百三十条　公司发行记名股票的，应当置备股东名册，记载下列事项：

（一）股东的姓名或者名称及住所；

（二）各股东所持股份数；

（三）各股东所持股票的编号；

（四）各股东取得股份的日期。

发行无记名股票的，公司应当记载其股票数量、编号及发行日期。

专家说法

根据《公司法》第159条的规定，股票的转让，由股东以背书方式或者法律、行政法规规定的其他方式进行；转让后由公司将受让人的姓名或者名称及住所记载于股东名册。股票的转让宜准用有限责任公司股权转让的相关规定，即发起人转让其股票的，以办理股东名册变更登记为生效要件，以向登记机关办理变更登记为对抗要件；股东转让其股票的，以办理股东名册变更记载为生效和对抗要件。综上，作为无形财产的股权，由于缺乏有体财产如动产和不动产所有权归属的法定公示方法，故应以权利外观作为判断标准，当事人转让股权的，应采取“生效要件”和“对抗要件”相结合的判断方法，受让人受让股权在股东名册进行变更记载的，受让人即取得该股权；但转让股权没有在登记机关进行变更登记，不得对抗第三人。值得注意的是，股权转让合同实质是一种买卖合同，在办理变更登记前，受让人享有的是债权，此债权并不优先于执行的金钱债权。

《公司法》第102条承继原《公司法》第130条对于股份有限公司股东名册置备的规定，并对部分规定进行了调整，以下简要阐释。首先，明确了股东名册置备于公司中的要求。其次，衔接类别股的规定，要求股东名册明确记载股份种类及相应数量。最后，基于现有股票登记结算无纸化的现状，对所涉规定进行了调整，删除了无记名股票的相关规定并明确了纸面形式股票的记录要求。立法在与时俱进的基础上，拟实现所有持股情况全面记录的规范目的。股东名册应当记载股东的姓名或名称及住所，各股东所认购的股份种类及股份数，发行纸面形式的股票的编号，以及各股东取得股份的日期。这些信息都是股东名册必须包含的重要内容，旨在确保股东名册的完整性和准确性。股东名册置备于公司，使股东可以方便地查阅和确认自己的股东身份和股份信息，从而保障了股东的知情权。同时，这也便于股东对公司的经营情况进行监督，维护自身的合法权益。《公司法》第102条对于规范股份有限公司的股东名册管理、保护股东的合法权益，以及促进公司的透明度和公开性具有重要的法律意义。

24 股权性投资还是债权性投资？

案 例[1]

2009 年 3 月 17 日，泰邦公司作为甲方与龙浩公司作为乙方签订《合作协议书》，约定：双方成立成安渝（项目）公司作为成安渝高速公路四川段项目 BOT 投资人招标的招标人。双方合作开展成安渝高速公路四川段项目。2016 年 1 月 26 日，四川省交通运输厅通过其网站发出《成安渝高速公路四川段项目投资人重新招标投标公告》，该公告称，鉴于成安渝公司严重违约，资阳、成都两市政府于 2016 年 1 月 19 日向成安渝公司发出《关于终止的通知》。2016 年 2 月 2 日，龙浩公司就其与泰邦公司之间的合作协议纠纷向深圳仲裁委员会申请仲裁。龙浩公司提出如下仲裁请求：(1) 确认龙浩公司与泰邦公司签署的《合作协议书》合法有效；(2) 确认龙浩公司对成安渝公司截至 2016 年 1 月 19 日成安渝高速公路四川段已完工工程享有投资总额共计为 15.94 亿元的投资权益；(3) 泰邦公司向龙浩公司赔偿律师费损失 550 万元；(4) 由泰邦公司承担本案仲裁费。

深圳仲裁委员会审理后认为，龙浩公司与泰邦公司签订的《合

---

① 参见龙浩公司诉成安渝公司合同纠纷案，最高人民法院（2018）最高法民终 108 号民事判决书。

作协议书》具有法律效力,根据该协议,龙浩公司在成安渝项目中已实际投入15.94亿元,并依法享有上述金额产生的投资权益。鉴于资阳、成都两市政府于2016年1月19日终止了《特许权协议》,龙浩公司主张其投资权益计算至2016年1月19日的请求合理,仲裁庭予以支持。深圳仲裁委员会于2016年6月24日作出(2016)深仲裁字第241号仲裁裁决,裁决如下:(1)确认龙浩公司与泰邦公司签署的《合作协议书》合法有效;(2)确认龙浩公司对成安渝公司截至2016年1月19日成安渝高速公路四川段已完工工程享有投资总额共计15.94亿元的投资权益;(3)泰邦公司补偿龙浩公司律师费200万元;(4)仲裁费8,706,015元由泰邦公司承担。

泰邦公司以仲裁程序违法、裁决事项超出仲裁协议范围等为由,于2016年2月2日向广东省深圳市中级人民法院申请撤销该仲裁裁决。2016年11月24日,广东省深圳市中级人民法院作出(2016)粤03民特442号民事裁定,驳回泰邦公司撤销仲裁裁决申请。

2016年10月20日,龙浩公司向成安渝公司、泰邦公司、资阳市政府、中电建渝蓉公司、中电建重庆公司、中电建集团公司、中电建股份公司发出通知称:由于泰邦公司资本金不到位、转移侵占项目建设资金等违法违约行为,2016年1月19日政府终止了《特许权协议》,收回项目公司特许经营权,导致《合作协议书》预期目的无法实现。自本函发出之日起,龙浩公司正式解除《合作协议书》及其全部衍生法律文件。项目公司及泰邦公司应于收函之日起7日内向龙浩公司返还全部投资款及资金占用利息。其余处置了龙浩公司投资项目形成的用益物权或者承接了该用益物权，却未支付合理对价或未作出合理补偿的相关各方，应当对龙浩公司上述投资款本息承担连带补偿(或清偿)责任。

龙浩公司主张，根据《合作协议书》约定，在政府同意或项目建成通车之前，龙浩公司不能取得成安渝公司股东身份；且项目业主方资阳、成都两市政府在《特许权协议》中亦对项目公司股权转让进行了限制，约定在取得交通主管部门签发的《公路工程竣工验收鉴定书》之前，项目公司股东不得转让股权。因此，在不具备上述条件前，龙浩公司不是成安渝公司的股东，龙浩公司对公司投资为债权性投资。《特许权协议》因成安渝公司的违约行为被项目业主方单方解除后，龙浩公司投资权益转换成股权的目的已不能实现，双方签订的投资协议应当解除，成安渝公司应当返还龙浩公司投资本金 15.94 亿元及相应资金利息。

成安渝公司则抗辩认为，其不应返还投资款及相应利息。理由：一是龙浩公司投入成安渝公司资金性质为股权投资，其出资自始是股权而非债权，不存在从债权转化为股权的过程，龙浩公司作为成安渝公司股东无权要求返还投资款；二是深圳仲裁委员会裁决书已确认龙浩公司对成安渝高速公路四川段已完工工程享有投资权益，成安渝公司无返还投资款的义务；三是《合作协议书》由龙浩公司与泰邦公司签署，合同是否解除及解除的后果均与成安渝公司无关。

根据既有的法律规定，结合查明的案件事实，龙浩公司关于成安渝公司应返还投资款及相应利息的诉请主张不能成立。

龙浩公司为成安渝公司股东，龙浩公司投入公司款项为股权性出资而非对公司的债权。龙浩公司与泰邦公司签订的《合作协议书》的合法有效性已经深圳仲裁委员会生效仲裁裁决确认,对双方均具有法律约束力。《合作协议书》第1.2.A条关于“甲乙双方共同负责组建项目公司,登记股东为甲方和中洲公司,项目公司注册资金全部由甲、乙双方负责出资。乙方负责中洲公司配合完成登记工作”、第2.1.A条关于“项目公司登记的股权结构将为甲方持60%,中洲公司持40%,此股权结构是为配合投标等工作的顺利进行而设定的,现双方确认项目公司中实际股权比例为:甲方持74%、乙方持26%;双方按实际股权比例享有项目公司权益、承担义务”约定内容,能够反映在项目公司设立之前,双方已就共同出资组建项目公司以及公司股权结构、各自出资比例等事宜形成合意,中洲公司虽登记为项目公司股东,但不实际出资和享有股东权益,只是协助配合泰邦公司和龙浩公司完成成安渝项目工程的投标工作,龙浩公司以隐名股东身份出资并享有相应的股东权益。协议履行过程中,经项目业主方资阳、成都两市政府批准同意,成安渝公司变更登记为泰邦公司全资子公司,根据约定,龙浩公司享有项目公司26%的股权则由泰邦公司代持。

龙浩公司通过泰邦公司转入项目公司的款项15.94亿元,用途均载明为“投资款”,项目公司成立后,龙浩公司又持续委派工作人员担任公司高管,表明龙浩公司已按约定履行出资义务并以股东身份参与公司的经营管理,实际行使了股东权利。泰邦公司、成安渝公司出具的收款收据、出资款确认书以及龙浩公司与泰邦公司之间的往来函件等证据,反映龙浩公司的股东身份及履行出资义务的事实亦得到公司及其他股东的确认。龙浩公司在与泰邦公司因合作协议申请仲裁裁决一案中，请求确认龙浩公司对成安渝公司享有投资权益且在对外发布的公开声明中声称龙浩公司为成安渝公司股东，表明龙浩公司自身也认可对成安渝公司存在出资行为从而享有公司股东身份。因此，基于前述分析，能够认定龙浩公司为成安渝公司股东，其投入的15.94亿元款项性质为股权出资。龙浩公司关于其出资是对公司形成的债权，事实与法律依据不足，不能成立。

法条

新《公司法》

第一百零七条　本法第四十四条、第四十九条第三款、第五十一条、第五十二条、第五十三条的规定，适用于股份有限公司。

专家说法

首先，是否偿还资金本息是债权性投资与股权性投资的根本区别。按照《企业所得税法实施条例》第119条的规定，权益性投资是指企业接受的不需要偿还本金和支付利息，投资人对企业净资产拥有所有权的投资。股权性投资属于典型的权益性投资。而债权性投资，是指为取得债权所作的投资，相当于借款给对方，没有参与企业经营管理和分红的权利，只是按照约定到期收回本息。

其次，股权性投资要按投资项目资本金确定出资义务。《公司法》第3条规定，公司是企业法人，有独立的法人财产，享有法人财产权。公司以其全部财产对公司的债务承担责任。一般而言，公司股东要根据公司法的规定及公司章程的约定履行出资义务,但对于设立项目法人的固定资产项目投资,还要遵照《国务院关于固定资产投资项目试行资本金制度的通知》等规范性文件的规定。该通知第2条规定:“在投资项目的总投资中,除项目法人(依托现有企业的扩建及技术改造项目,现有企业法人即为项目法人)从银行或资金市场筹措的债务性资金外,还必须拥有一定比例的资本金。投资项目资本金,是指在投资项目总投资中,由投资者认缴的出资额,对投资项目来说是非债务性资金,项目法人不承担这部分资金的任何利息和债务;投资者可按其出资的比例依法享有所有者权益,也可转让其出资,但不得以任何方式抽回。本通知中作为计算资本金基数的总投资,是指投资项目的固定资产投资与铺底流动资金之和,具体核定时以经批准的动态概算为依据。”

最后,项目法人收到的投资款应优先列入投资项目资本金。《公司法》第213条规定:“……国务院财政部门规定列入资本公积金的其他项目,应当列为公司资本公积金。”《企业会计制度》(财政部财会〔2000〕25号)第80条规定:“企业的实收资本是指投资者按照企业章程,或合同、协议的约定,实际投入企业的资本。”

本案中龙浩公司投的15.94亿元并未超出其法定或约定的出资义务范围。所以应当认定为出资款,其诉讼请求不能成立。

反之,如果该款项性质被认定为对公司形成的债权,则成安渝公司负有返还义务。那么泰邦公司、资阳市政府、中电建渝蓉公司、中电建重庆公司、中电建集团公司、中电建股份公司、资阳市交通局对成安渝公司的返还义务承担连带清偿责任。

《公司法》第107条新增引致条款,明示股份有限公司可以直接适用有限责任公司关于设立中公司的责任承担、公司资本充实的相关规定。针对公司资本充实，既有司法实践中法院已然类推适用，《公司法》修订后成文法的明确可以起到提示和背书的作用。具体规定包括股东的差额填补责任、损害赔偿责任及催缴失权机制，公司成立后董事会的核查、催缴义务及损害赔偿责任，抽逃出资的股东责任及过错董监高的连带责任。本案中，根据最高人民法院的判决可知，如果成安渝公司负有返还义务，那么相关股东应当承担连带责任。

25 小股东是否有权查阅会计凭证？

案 例[1]

智慧公司于2010年12月14日经注册登记成立，注册资本现为25,900万元，股东现为智高公司、宁波新同力投资发展有限公司、宁波和美置业有限公司，持股比例分别为20%、10%、70%。智慧公司设有董事会，其成员三人，设监事一人，未设监事会。2015年8月4日，智高公司委托浙江海泰律师事务所向智慧公司发出《律师函》称：智慧公司未按照公司章程和股东会决议的规定进行决策，未向智高公司充分披露公司经营情况，为全面了解智慧公司的运营及财务状况，维护自己的合法权益，智高公司请求查阅、复制智慧公司成立至今的公司章程、股东会会议记录、董事会会议决议、监事会会议决议和财务会计报告，并请求查阅智慧公司成立至今的会计账簿（含总账、明细账、日记账、其他辅助性账簿）和会计凭证（含记账凭证、相关原始凭证及作为原始凭证附件入账备查的有关资料）。2015年8月18日，智慧公司向智高公司书面回函称：(1)因智高公司未事先通知，智慧公司对《律师函》中所称受委托发函及要求的内容未贸然确认和回复，特予核实。(2)智

① 参见宁波智高投资有限公司诉宁波智慧物流软件园区开发有限公司股东知情权纠纷案，浙江省高级人民法院(2017)浙民再212号民事判决书。

慧公司一向依照公司法及公司章程的规定保障智高公司作为股东的合法权利，智慧公司召开股东会会议、董事会会议均通知了智高公司。近几年，由于智慧公司所在行业出现不景气，业绩不理想在所难免。如智高公司对智慧公司的经营有合理建议，或主张股东合法权利，正常的沟通渠道是畅通的。(3)智慧公司章程、财务会计报告均可查阅、复制，股东会会议记录、董事会会议决议、监事会会议决议(如有)亦可查阅。如智高公司需要查阅会计账簿和会计凭证，请自行书面提出请求并说明目的，智慧公司再予以决定和回复。2015 年 8 月 21 日，智高公司书面回函称：(1)智慧公司于 2015 年 8 月 5 日收到的《律师函》系受智高公司委托发出的；(2)智高公司已通过各种形式要求查阅智慧公司的财务资料，但智慧公司以各种理由未予配合，智高公司提出书面请求后，智慧公司仍未在规定期限内给予配合。2015 年 9 月 28 日，智慧公司召开股东会会议，对“是否提供账册供小股东查阅”等事项进行了表决，因大股东宁波和美置业有限公司投反对票，智高公司提出的要求查阅智慧公司的会计账簿、会计凭证的提案未获得通过。

法院支持了智高公司提出的第二项诉讼请求。依照原《公司法》第四条、第三十三条之规定，一审法院作出如下判决：(1)限智慧公司于判决生效之日起 10 日内提供自 2010 年 12 月 14 日起至判决确定的履行之日止的公司章程、股东会会议记录、董事会会议决议、监事文件和财务会计报告供智高公司查阅、复制；(2)限智慧公司于判决生效之日起 10 日内提供自 2010 年 12 月 14 日起至判决确定的履行之日止的公司会计账簿(含总账、明细账、日记账、其他辅助性账簿)和会计凭证(含记账凭证、相关原始凭证及作为原始凭证附件入账备查的有关资料)供智高公司查阅。

智高公司申请再审,法院再审认为,本案的争点为智高公司能否查阅智慧公司的会计凭证。依照原《公司法》第三十三条的规定,股东有权查阅、复制公司财务会计报告,可以查阅公司会计账簿。公司有合理根据认为股东查阅会计账簿有不正当目的,可能损害公司合法利益的,可以拒绝提供。本案一、二审判决均准许智高公司查阅智慧公司的会计账簿,双方当事人对此均无异议。根据《会计法》的相关规定,公司会计凭证是制作公司会计账簿的基础和依据,故会计凭证也应包含在公司股东知情权的范畴。本案中智高公司作为智慧公司占股20%的小股东,其已经提交《律师函》要求查阅公司会计账簿和会计凭证,未获智慧公司准许。而智慧公司在诉讼中始终未能提供证据证明智高公司具有自我交易、竞业禁止以及股东查阅是为了向他人通报等不正当目的。《公司法》设置股东的知情权是为了保障股东对公司享有的决策、经营管理的监督、分红等权利。故智高公司为保障自身权益,在无证据证明其具有不正当目的的情形下,法院应准许其对智慧公司的会计凭证进行查阅。法院最终认为智高公司的再审请求成立,予以采纳。

法条

新《公司法》

第一百一十条　股东有权查阅、复制公司章程、股东名册、股东会会议记录、董事会会议决议、监事会会议决议、财务会计报告,对公司的经营提出建议或者质询。

连续一百八十日以上单独或者合计持有公司百分之三以上股份的股东要求查阅公司的会计账簿、会计凭证的，适用本法第五十七条第二款、第三款、第四款的规定。公司章程对持股比例有较低规定的，从其规定。

股东要求查阅、复制公司全资子公司相关材料的，适用前两款的规定。

上市公司股东查阅、复制相关材料的，应当遵守《中华人民共和国证券法》等法律、行政法规的规定。

原《公司法》

第九十七条　股东有权查阅公司章程、股东名册、公司债券存根、股东大会会议记录、董事会会议决议、监事会会议决议、财务会计报告，对公司的经营提出建议或者质询。

专家说法

股东知情权是股东享有对公司经营管理等重要情况了解和掌握的权利，是股东依法参与重大决策和选择管理者等权利的基础性权利。《公司法》第 57 条第 2 款规定：“股东可以要求查阅公司会计账簿、会计凭证……”会计凭证查阅权是股东知情权的重要内容。股东对公司经营状况的知悉，最重要的内容之一就是通过查阅公司账簿了解公司财务状况。《会计法》第 9 条第 1 款规定：“各单位必须根据实际发生的经济业务事项进行会计核算，填制会计凭证，登记会计帐簿，编制财务会计报告。”第 14 条规定：“会计凭证包括原始凭证和记帐凭证。办理本法第十条所列的经济业务事项,必须填制或者取得原始凭证并及时送交会计机构……记帐凭证应当根据经过审核的原始凭证及有关资料编制。"第 15 条第 1 款规定:"会计帐簿登记,必须以经过审核的会计凭证为依据,并符合有关法律、行政法规和国家统一的会计制度的规定。会计帐簿包括总帐、明细帐、日记帐和其他辅助性帐簿。"可见,会计凭证包括原始凭证和记账凭证,会计凭证是制作会计账簿的基础和依据。因此,不应当将会计凭证排除在股东可以查阅的范围之外。据此,智高公司作为智慧公司的股东,应有权查阅智慧公司的会计凭证。

《公司法》第 110 条新增了股份有限公司股东查阅会计账簿、会计凭证的权利,实践中长期存在的争议点有望被彻底解决。司法实践中已有部分法院通过扩张解释对股东的相应诉求予以支持,本次《公司法》修订后相关裁判可得到成文法的背书。

26 公司拒绝将临时提案提交股东大会审议是否不当?

案例[1]

富浙公司是创新公司的股东,目前持有创新公司1828.52万股,占比4.02%。2020年10月30日,富浙公司(当时持有创新公司3.25%股份)与冯美娟(持有创新公司6.86%股份)、汇悦医疗基金(持有创新公司1.07%股份)作为合计持有创新公司10%以上股份的股东,向创新公司第五届董事会提请召开2020年第一次临时股东大会并进行董事会和监事会的换届选举。2020年11月10日,创新公司发布《第五届董事会2020年第二次临时会议决议公告》,主要内容为:审议通过《关于董事会换届选举暨提名公司第六届董事会非独立董事的议案》,同意提名陈海军、陈素琴、阮光寅、王松涛、何永吉为第六届董事会非独立董事候选人;审议通过《关于董事会换届选举暨提名公司第六届董事会独立董事的议案》,同意提名余景选、姚航平、陈珞珈为第六届董事会独立董事候选人;审议通过《关于提议召开2020年第一次临时股东大会的议案》。同日,创新公司发布《关于召

---

① 参见创新医疗管理股份有限公司、浙江富浙资本管理有限公司公司决议纠纷案,浙江省绍兴市中级人民法院(2021)浙06民终3045号民事判决书。

开2020年第一次临时股东大会的通知》,决定于2020年11月25日召开2020年第一次临时股东大会,会议拟表决三项议案,分别为:《关于董事会换届选举暨公司第六届董事会非独立董事的议案》《关于董事会换届选举暨选举公司第六届董事会独立董事的议案》《关于监事会换届选举暨选举公司第六届监事会股东监事的议案》。2020年11月12日,富浙公司(当时持有创新公司4.02%股份)与从菊林(持有创新公司2.22%股份)、汇悦医疗基金(持有创新公司1.07%股份)作为合计持有创新公司3%以上股份的股东,通过电子邮件向创新公司临时股东大会的召集人(第五届董事会)书面发送了临时提案,提请增加临时股东大会的临时提案(以下简称案涉临时提案):(1)提名游向东、张焱、沈梦怡、窦宏伟、周宏、王雷为第六届董事会非独立董事候选人;(2)提名俞乐平、何美云为第六届董事会独立董事候选人;(3)提名华晔宇、李楠为第六届监事会股东监事候选人。2020年11月13日,富浙公司将上述临时提案的纸质材料送至《关于召开2020年第一次临时股东大会的通知》中所写的股东大会召集人创新公司董事会办公室联系地址(位于浙江省诸暨市山下湖珍珠工业园区)。2020年11月18日,创新公司发布《关于收到股东临时提案的公告》《第五届董事会2020年第三次临时会议决议公告》,披露收到上述提案纸质材料的时间为2020年11月16日,第五届董事会以其收到上述临时提案纸质材料的时间(2020年11月16日)、距离2020年第一次临时股东大会召开日期2020年11月25日不足10日为由,认定该临时提案为无效提案,并决定不将该临时提案提交2020年第一次临时股东大会审议(以下简称案涉董事会决议)。创新公司在 2020 年 11 月 25 日召开了 2020 年第一次临时股东大会,会议并未增加富浙公司等提出的临时提案。

创新公司董事会拒绝将案涉提案提交股东大会审议,理由之一是富浙公司送达提案逾期。经查,富浙公司于 2020 年 11 月 12 日以电子邮件形式向季仕才、陈海军电子邮箱发送了临时提案的相关材料,上述人员及邮箱地址系创新公司公开的董事会秘书、证券事务代表及联系方式。此外,双方的陈述及证据显示,双方曾多次通过邮件沟通确认相关事项。原《合同法》第十一条规定,书面形式是指合同书、信件和数据电文(包括电报、电传、传真、电子数据交换和电子邮件)等可以有形地表现所载内容的形式。电子邮件作为书面形式的一种,已在商业交往中被广泛运用,加之双方的历史沟通习惯,应当认为富浙公司通过邮件提出临时提案是可行有效的。创新公司主张双方一贯以先电子后邮寄的方式来提交材料以否定电子送达的有效性,缺乏依据。

2020 年 11 月 13 日,富浙公司将纸质材料送至创新公司披露的董事会办公室办公地址。创新公司有义务为该地址能正常接收股东临时提案创造条件,并应确保公司的工作人员能在接收临时提案的时间内正常履职,但富浙公司在工作时间到达上述地址递交临时提案,却被拒绝进入,应当认为富浙公司已在临时提案提交的法定期限内到达创新公司的控制范围内递交纸质材料以供创新公司核实,对于创新公司未在 2020 年 11 月 13 日收到纸质材料等客观结果的出现,与创新公司未为股东递交临时提案材料创造积极条件有关,且创新公司的行为客观上导致富浙公司行使股东提案权受到阻碍,对此创新公司应承担不利后果。浙江证监局《关于对创新医疗管理股份有限公司及陈海军采取出具警示函措施的决定》亦确认富浙公司将临时提案纸质材料送至创新公司的时间为2020年11月13日。据此,法院认定富浙公司于2020年11月12日、2020年11月13日,通过电子邮件、现场送达等方式已经向创新公司有效送达了临时提案。

最高人民法院《关于民事诉讼证据的若干规定》第五十三条规定,诉讼过程中,当事人主张的法律关系性质或者民事行为效力与人民法院根据案件事实作出的认定不一致的,人民法院应当将法律关系性质或者民事行为效力作为焦点问题进行审理。但法律关系性质对裁判理由及结果没有影响,或者有关问题已经当事人充分辩论的除外。存在前款情形,当事人根据法庭审理情况变更诉讼请求的,人民法院应当准许并可以根据案件的具体情况重新指定举证期限。同时,对法律行为效力的认定,属于人民法院依职权应当审查的范畴,并不局限于当事人的诉讼请求。本案中,富浙公司在起诉时针对案涉董事会决议的效力已经提出诉请,双方就其效力问题也进行了充分辩论。综上所述,创新公司的请求不能成立,应予驳回。

法条

新《公司法》

第一百一十五条　召开股东会会议,应当将会议召开的时间、地点和审议的事项于会议召开二十日前通知各股东;临时股东会会议应当于会议召开十五日前通知各股东。

单独或者合计持有公司百分之一以上股份的股东，可以在股东会会议召开十日前提出临时提案并书面提交董事会。临时提案应当有明确议题和具体决议事项。董事会应当在收到提案后二日内通知其他股东，并将该临时提案提交股东会审议；但临时提案违反法律、行政法规或者公司章程的规定，或者不属于股东会职权范围的除外。公司不得提高提出临时提案股东的持股比例。

公开发行股份的公司，应当以公告方式作出前两款规定的通知。

股东会不得对通知中未列明的事项作出决议。

原《公司法》

第一百零二条　召开股东大会会议，应当将会议召开的时间、地点和审议的事项于会议召开二十日前通知各股东；临时股东大会应当于会议召开十五日前通知各股东；发行无记名股票的，应当于会议召开三十日前公告会议召开的时间、地点和审议事项。

单独或者合计持有公司百分之三以上股份的股东，可以在股东大会召开十日前提出临时提案并书面提交董事会；董事会应当在收到提案后二日内通知其他股东，并将该临时提案提交股东大会审议。临时提案的内容应当属于股东大会职权范围，并有明确议题和具体决议事项。

股东大会不得对前两款通知中未列明的事项作出决议。

无记名股票持有人出席股东大会会议的，应当于会议召开五日前至股东大会闭会时将股票交存于公司。

专家说法

股东的合法权益受法律保护。原《公司法》第102条规定了股东提出临时提案的法定要求:一是提出临时提案的股东必须符合一定的条件,即单独或者合计持有公司3%以上股份;二是临时提案的提出必须在股东大会召开10日前并应向董事会提交;三是临时提案的内容应当属于股东大会职权范围,并有明确议题和具体决议事项。如公司临时提案的内容是提名董事会、监事会候选人,属于股东大会职权范围,有明确议题和具体决议事项,也未违反法律、行政法规和公司章程的有关规定。

本次《公司法》修订主要针对临时提案权制度进行了规范,在保护股东权利和维护公司利益之间找到平衡。一方面,本次修订将股东持股比例的限制修改为"单独或者合计持有公司百分之一以上股份",降低了股东行权的门槛。同时着重强调了"公司不得提高提出临时提案股东的持股比例",进一步保障了中小股东的提案权。另一方面,针对股东临时提案权的限制也进行了具体化。在原本"属于股东大会职权范围"和"有明确议题和具体决议事项"的基础上,借鉴了《上市公司股东大会规则》的相关规定,增加了临时提案不得"违反法律、行政法规或者公司章程的规定"的限制。这些限制性规定避免了进入股东会审议的临时提案的数量泛滥,规范了股东临时提案权的行使,亦进一步优化了公司治理。除此之外,本次修订针对公开发行股份的公司增设了公告通知的要求,有利于促进外部投资者了解公司经营运作情况,及时、有效参与股东会会议,进一步解决信息不对称问题。

27 公司监事不能履行职责，是否可以辞去监事职位？

案例①

杰瑞公司成立于2020年8月17日，为自然人独资的有限责任公司，注册资本1万元，法定代表人、执行董事、经理、股东均为赵子曰，监事张怡杭。公司住所地广州市天河区科韵北路108号3楼D29，但杰瑞公司不在该址办公，亦无固定经营场所。杰瑞公司经营范围为工程和技术研究和试验发展，工程和技术基础科学研究服务，材料科学研究、技术开发，电子、通信与自动控制技术研究、开发，能源技术研究、技术开发服务，网络技术的研究、开发，计算机技术开发、技术服务，无人机软硬件的技术开发、应用环境科学技术研究服务。《杰瑞公司章程》第十四条载明，公司不设监事会，设监事一名，监事任期为三年，任期届满，可连选连任。董事、高级管理人员不得兼任监事。杰瑞公司目前处于技术研发阶段，没有员工，尚未盈利，亦未纳税。

张怡杭与赵子曰系高中同学，杰瑞公司成立时二人均在读大学本科（均已年满18周岁），赵子曰拟设立杰瑞公司，邀请张怡杭

---

① 参见张怡杭诉广州杰瑞科技研究有限公司与公司有关的纠纷案，广东省广州市天河区人民法院（2022）粤0106民初1858号民事判决书。

担任公司监事。赵子曰曾经设立过案外公司，张怡杭没有工作经历。杰瑞公司成立后，张怡杭在杰瑞公司处无办公场所，没有参与杰瑞公司经营管理，对杰瑞公司的经营状况不知情，没有领取过报酬，与杰瑞公司之间无劳动合同关系或者劳务关系，除担任公司监事外，与杰瑞公司没有其他关联关系或者合作关系。

2021 年 9 月张怡杭赴英国求学，目前仍在求学期间。2021 年 11 月 24 日，张怡杭与赵子曰通过微信沟通杰瑞公司更换公司监事事宜，赵子曰表示已经在找人接任。同日，杰瑞公司出具《关于张怡杭任广州杰瑞科技研究有限公司监事的情况说明》，称张怡杭在杰瑞公司任监事期间未认缴或实缴任何出资，未持股，未支付过公司运营相关费用，也没有领取过公司任何经济报酬，公司成立至今张怡杭未以公司名义对外销售过任何商品，也未与张怡杭父母所在单位（系统）直接发生过商品、劳务、服务等经济关系。

2022 年 1 月 4 日，张怡杭向杰瑞公司发出《监事辞职申请书》，称其受公司委托担任监事，因其已于 2021 年 9 月到英国伦敦国王学院攻读硕士学位，难以履行公司监事职责，决定辞去监事职务并已于 2021 年 11 月 24 日向公司辞职，公司已知悉并承诺配合完成监事变更工作，但目前公司尚未配合完成监事变更手续，望公司尽快找到合适人选来接替其工作并于 15 个工作日内办理完毕工商备案手续。

2022 年 1 月 11 日，杰瑞公司作出《关于张怡杭辞去广州杰瑞科技研究有限公司监事申请的股东决议》，称公司于 1 月 10 日收到张怡杭的《监事辞职申请书》，该申请为关于张怡杭辞去监事一职的首次正式申请，张怡杭自公司成立之日起开始担任监事职务，目前仍在监事任期内。由于公司目前没有合适人选接替张怡杭担任监事一职，且张怡杭在任期内辞去监事一职将导致公司监事人数低于法定人数，经股东充分研究作出决议，不同意张怡杭辞去杰瑞公司监事一职。

原《公司法》第三十七条规定："股东会行使下列职权……（二）选举和更换非由职工代表担任的董事、监事，决定有关董事、监事的报酬事项……"由该法律规定可知，公司监事由股东委任，代表股东对董事、高级管理人员执行职务负有监督职责，与股东之间形成委托关系，但该委托关系受公司法规范。张怡杭受其高中同学赵子曰的委托担任杰瑞公司监事，任职期间为大学本科在读学生，没有工作经验，不参与公司经营管理，也没有领取报酬，除被登记为公司监事外，与杰瑞公司没有劳动合同关系、劳务关系、合作关系或者其他关联关系，与杰瑞公司之间并无实质性利益关系，仅为挂名监事。原《公司法》第一百一十九条规定，"监事会每六个月至少召开一次会议"，因原告张怡杭目前仍在国外求学，无法履行监事职责，不适合继续挂名担任监事一职，张怡杭已向杰瑞公司请求辞去监事职务，向杰瑞公司提出辞去监事职务并要求办理工商变更登记，并已给杰瑞公司改选监事留出必要的准备时间。杰瑞公司系一人有限责任公司，其股东改选监事不存在时限上的障碍，然而，杰瑞公司至今未选任新的监事，不仅使公司监事制度流于形式、杰瑞公司监事机构形同虚设，有悖于公司法关于公司监事规定的立法宗旨，不利于杰瑞公司良性发展，客观上也造成张怡杭作为杰瑞公司名义上的监事却要依法承担作为监事的法律风险，权利义务不对等，显然有失公允。需要指出的是，尽管股东委任监事属于公司自治范畴，本案中双方调解不成，如前所述，考虑到张怡杭提出的监事变更诉求已无其他救济途径，故对于张怡杭请求涤除其作为杰瑞公司监事工商备案登记的合理诉求可予支持。遂判决被告广州杰瑞科技研究有限公司于本判决发生法律效力之日起10日内向公司登记机关办理公司监事变更备案，涤除原告张怡杭作为被告广州杰瑞科技研究有限公司监事的备案登记。

法 条

新《公司法》

第一百三十二条　监事会每六个月至少召开一次会议。监事可以提议召开临时监事会会议。

监事会的议事方式和表决程序，除本法有规定的外，由公司章程规定。

监事会决议应当经全体监事的过半数通过。监事会决议的表决，应当一人一票。

监事会应当对所议事项的决定作成会议记录，出席会议的监事应当在会议记录上签名。

原《公司法》

第一百一十九条　监事会每六个月至少召开一次会议。监事可以提议召开临时监事会会议。

监事会的议事方式和表决程序，除本法有规定的外，由公司章程规定。

监事会决议应当经半数以上监事通过。

监事会应当对所议事项的决定作成会议记录，出席会议的监事应当在会议记录上签名。

专家说法

监事会(监事)对于监督公司的运行、保护中小股东的权益均有较大的作用，因此，对于是否设立监事会(监事)应当慎重选择，对于不设立监事会(监事)的有限公司也应当通过完善公司章程实现对大股东的监督制约，以保护中小股东的权益。《公司法》将“监事会决议应当经半数以上监事通过”改为“全体监事的过半数通过”，增加“监事会决议的表决，应当一人一票”的规定。修订此内容的考虑可能是：第一，原《公司法》存在争议，“监事会决议应当经半数以上监事通过”此处的“监事”应当理解为全体监事还是出席会议的监事存疑，新规定消除了这种歧义，明确监事会决议应当经全体监事的过半数通过，使法律规定更加明确。第二，“过半数”比“半数以上”更严谨，因为过半数是指超过总数的一半，而半数以上则可能包括刚好一半的情况。对于监事会这种可能存在偶数成员的情况，过半数更能体现决策的公平性和严谨性。第三，一人一票落实监事会的民主管理，一人一票原则体现了监事会决策的民主性和平等性，每个监事都拥有同等的表决权，有利于保障监事会在公司治理中的作用得到充分发挥。

28 未取得股份登记函的股东是否具有股东资格？

案 例[1]

2015年9月9日，全国股转公司作出《关于同意一恒贞公司股票在股转系统挂牌的函》（股转系统函〔2015〕5973号），主要内容为：同意一恒贞公司股票在股转系统挂牌，转让方式为协议转让。一恒贞公司申请挂牌时股东人数未超过200人，按规定，中国证券监督管理委员会（以下简称中国证监会）豁免核准一恒贞公司股票公开转让，一恒贞公司挂牌后纳入非上市公众公司监管。截至2015年12月31日，一恒贞公司的股权结构如下：黄飞雪持股32.06%，张斌持股23.49%，张力人持股11.11%，其余123名股东持股33.33%。

2016年3月9日，一恒贞公司作为甲方（发行人）与金一公司（乙方）签订《股份认购协议》一份。2016年3月9日，金一公司与黄飞雪、张斌签订了《盈利预测补偿协议》。2016年6月，金一公司与黄飞雪、张斌签订了《盈利预测补偿协议之补充协议》，对《盈利预测补偿协议》第5条有关业绩补偿方式、第7.2条关于改组董事会等内容进行了修改。将第7.2条修改为：此次定增完成后，双

① 参见河南一恒贞珠宝股份有限公司与北京金一文化发展股份有限公司股东资格确认纠纷案，最高人民法院（2020）最高法民终1178号民事判决书。

方应在最短时间内促成董事会及股东大会的召开，重新改组董事会，改组后的目标公司董事会由五名董事组成，其中三名董事由金一公司提名，经股东大会投票选举确定。2016 年 1 月 9 日，金一公司发布关于签订《参与一恒贞公司定向发行股份意向协议》的公告（公告编号 2016 - 006）。2016 年 4 月 28 日，金一公司向一恒贞公司账户汇入股份认购款。2016 年 5 月 25 日，北京兴华会计师事务所出具《验资报告》，案涉股票发行至今未取得全国股转公司出具的股份登记函，未在中国结算进行股份登记。

2016 年 9 月 14 日，一恒贞公司与碧空龙翔公司签订《借款合同》，约定一恒贞公司向碧空龙翔公司借款 1.5 亿元用于生产经营，借款期限从 2016 年 9 月 14 日到 2016 年 10 月 13 日。一恒贞公司不得将借款用于从事违反国家法律法规的非法活动，不得用借款谋取非法收入，不得用于投资股票、期货、债券等国家监管部门禁止银行借款进入的领域，且不得用于注册企业和投资入股等股本权益性投资。2016 年 8 月 8 日，全国股转公司要求新三板公司定增股份时应当将定增资金存入专用账户，因此，一恒贞公司与金一公司为了共同完成股份登记事项，协商决定由一恒贞公司向碧空龙翔公司借款 1.49 亿元。全部借款事务由一恒贞公司与金一公司共同聘请的财务高管梁庆祥负责办理和管理资金。2016 年 10 月 25 日，金一公司向一恒贞公司发出《解除协议通知书》，一恒贞公司于 2016 年 10 月 27 日发布的关于收到解除协议通知书的公告的有关内容：2016 年 10 月 27 日，一恒贞公司收到金一公司的《解除协议通知书》，金一公司要求终止参与公司定向发行股票事项及相关协议，除此之外双方日常业务往来依约履行。

2018年11月30日,中国结算出具的一恒贞公司《证券持有人名册》中未记载金一公司的股份持有等信息。国家企业信用信息公示系统公示的一恒贞公司股东信息中没有金一公司。

金一公司已收到一恒贞公司转来的退还股份认购款。

一审原告金一公司诉讼请求:(1)确认金一公司、一恒贞公司于2016年3月9日签署的《股份认购协议》已于2016年10月27日解除;(2)确认金一公司不具有一恒贞公司的股东资格;(3)判令一恒贞公司承担本案一审案件诉讼费用(包括但不限于案件受理费、保全费、评估费、鉴定费等)。

一审被告一恒贞公司向一审法院提出反诉请求:(1)确认金一公司控股股东损害一恒贞公司利益的过错责任;(2)判令金一公司赔偿一恒贞公司100元(暂定,具体赔偿额以财务审计鉴定为准);(3)由金一公司承担诉讼费用。

一审法院判决支持金一公司的诉讼请求,一恒贞公司的反诉请求不予支持。一恒贞公司不服河南省高级人民法院判决,提起上诉。二审法院认为,金一公司不应向一恒贞公司承担损害赔偿责任。理由是:金一公司不具有一恒贞公司股东资格。而且,在一恒贞公司一直未取得股份登记函的情形下,按照《股份认购协议》的约定,金一公司有权请求退还股份认购款。本案中,金一公司收到一恒贞公司转来的退还股份认购款与《股份认购协议》之解除存在法律上的关系,金一公司获取退还的股份认购款之行为并不构成抽逃出资。一恒贞公司以金一公司抽逃出资为由请求其承担损害赔偿责任,缺乏法律依据,对其主张不应支持。

法 条

新《公司法》

第一百四十二条　公司的资本划分为股份。公司的全部股份，根据公司章程的规定择一采用面额股或者无面额股。采用面额股的，每一股的金额相等。

公司可以根据公司章程的规定将已发行的面额股全部转换为无面额股或者将无面额股全部转换为面额股。

采用无面额股的，应当将发行股份所得股款的二分之一以上计入注册资本。

原《公司法》

第一百二十五条　股份有限公司的资本划分为股份，每一股的金额相等。

公司的股份采取股票的形式。股票是公司签发的证明股东所持股份的凭证。

专家说法

《公司法》第142条是对原《公司法》第125条的新增与补充。传统观点认为，面额股具有保护债权人、维护股东平等、吸引投资者等积极功能，但是，在公司经营不佳又缺少流动资金的情况下，股票的价值早已低于票面价值。无面额股最大的功能在于灵活确定发行价格，便于融资，也是国际立法趋势。但无面额股制度是首次引入，现有的规则都是在面额股制度下设计、制定的，特别是上市公司的监管规则，基本上建立在每股面值1元的假定基础之上,比如根据交易所的上市规则,连续20个交易日的每日股票收盘价均低于1元的落入交易类强制退市的情形。《公司法》修订后,允许股份公司自由地选择面额股或无面额股,在公司自身层面转换操作比较简单,但是置于资本市场整个监管体系内,则需要配套基于面额股和无面额股的不同规则供给,毕竟面额股和无面额股的制度在底层逻辑、一些价值判断上是有差别的。如没有便捷可操作的配套规则,单一运用《公司法》第142条引入的无面额股制度,实践可操作性不强。

《公司法》中无面额股制度具有以下特点:(1)公司有自主选择权:公司可以根据自己的章程规定自主选择面额股还是无面额股。公司可以在面额股与无面额股之间转换。但不能同时有面额股和无面额股。(2)无面额股发行所得股款,二分之一以上应当计入注册资本,其余计入资本公积金。(3)每股发行价格灵活确定。理论上针对一家确定资产规模的公司,其资本可以划分为无数股份;《公司法》规定股份公司可以只有一名股东,也就是说其每股净资产值、每股收益可以是任何数字,那么对应其每股的发行价格就可以为任何数字,但是不等同于定任何价格。至少按照现行上市公司股票发行的发行价格确定的规定,即便是无面额股的上市公司,其股票发行价格也会是近期的一个市场公允价格,只是这个价格可以是非常灵活的数据,可以是0.01元/股,也可以是1000元/股。在无面额股制度下,发行股份总数与注册资本金脱离了必然的对应关系,股份数剩下了表征股东持股数量比例关系的功能。正如叶林教授所说:"面额股兼有资本单位符号和货币符号,无面额股仅有资本单位符号,两种股份的核心区别在于是否将货币符号从股份中剥离出来。”因此,《公司法》第 142 条的规定有利于公司股票更为灵活地发行,促进公司的发展。

29 限制性股票的回购价款是否应当按照普通股票价格回购?

案例[1]

2012年12月5日,三一重工董事会作出《三一重工股份有限公司股票期权与限制性股票激励计划(草案修订稿)》(以下简称《激励计划》),拟对包含该案程大海在内的2533人进行股票期权激励和限制性股票激励。2012年12月28日,三一重工与程大海签订《三一重工股份有限公司限制性股票协议书》。该协议书约定:程大海是三一重工员工,现担任北京桩机制造本部总监助理一职。经三一重工薪酬与考核委员会按照甲方《激励计划》的有关规定进行评定,确认程大海具备获授限制性股票的资格,程大海获授限制性股票激励额度为44,100股。程大海在编号为207的《借款协议书》上签名。《借款协议书》的甲方为三一集团有限公司,乙方为程大海。因劳动争议纠纷,程大海将北京市三一重机有限公司(以下简称三一重机)诉至北京市昌平区人民法院。2015年7月7日,三一重工董事会作出《三一重工股份有限公司第五届董事会第十八次会议决议公告》,2016年7月27日,三一重工董事会

---

① 参见三一重工股份有限公司与程大海请求公司收购股份纠纷案,湖南省长沙市中级人民法院(2020)湘01民终5918号民事判决书。

作出《三一重工股份有限公司第六届董事会第三次会议决议公告》，三一重工系案外人三一集团的关联公司，三一集团为三一重工的股东。2017 年三一集团以民间借贷纠纷为由将程大海诉至一审法院，要求程大海偿还借款 206,829 元。后三一集团向一审法院申请撤诉，一审法院予以准许。

一审原告三一重工向一审法院提出的诉讼请求：(1)程大海向三一重工返还 44,100 股限制性股票，并配合办理限制性股票回购注销手续；(2)程大海承担一审诉讼费用。

一审被告程大海向一审法院提出的反诉请求：(1)三一重工依法回购 44,100 股限制性股票，向程大海返还置换等同数量股票的劳动报酬 882,478.11 元，支付给程大海 2011 年 1 月至今计 8 年的延期利息；(2)三一重工承担(2018)湘 0121 民初 4035 号合同纠纷案、本反诉案的诉讼费；(3)三一重工向程大海支付(2017)湘 0121 民初 5105 号借贷纠纷案、(2018)湘 0121 民初 4035 号合同纠纷案、本反诉案共 3 个案件中程大海应诉期间的直接财产损失(请假扣工资、路费住宿费、打印邮寄费及取证费等)100,935.68 元；(4)三一重工在《中国证券报》《北京晚报》刊登关于 10 项涉嫌欺诈、背信法庭及向程大海的道歉信，并责令三一重工不得撤诉。

一审法院判决：(1)程大海应于判决发生法律效力之日起 10 日内，协助三一重工股份有限公司办理程大海持有的 44,100 股限制性股票的回购注销手续；(2)三一重工股份有限公司应于判决发生法律效力之日起 10 日内支付程大海 44,100 股限制性股票的回购款 206,829 元；(3)驳回程大海的其他反诉请求。三一重工、程大海均不服湖南省长沙市中级人民法院判决，提起上诉。

二审法院判决:三一重工、程大海的上诉请求均不能成立,应予驳回;一审认定事实清楚,适用法律正确,应予维持。

法 条

新《公司法》

第一百四十四条 公司可以按照公司章程的规定发行下列与普通股权利不同的类别股:

(一)优先或者劣后分配利润或者剩余财产的股份;

(二)每一股的表决权数多于或者少于普通股的股份;

(三)转让须经公司同意等转让受限的股份;

(四)国务院规定的其他类别股。

公开发行股份的公司不得发行前款第二项、第三项规定的类别股;公开发行前已发行的除外。

公司发行本条第一款第二项规定的类别股的,对于监事或者审计委员会成员的选举和更换,类别股与普通股每一股的表决权数相同。

原《公司法》

第一百三十一条 国务院可以对公司发行本法规定以外的其他种类的股份,另行作出规定。

专家说法

当前"股东同质化"的假设与实践中股东的多元需求样态严重不符,面对市场日益多元化的需求,普通股的"一股一权"及"股东同质化”假设无法再满足现实需求。因此,《公司法》第 144 条吸收了 2013 年《国务院关于开展优先股试点的指导意见》的相关规则,正式引入类别股的发行规则,明确规定股份公司可以发行的财产分配型类别股、表决权型类别股、限制转让型类别股以及国务院规定的其他类别股,并限定公开发行股份的公司可发行的类别股种类。同时,第 144 条还进一步规定公司发行表决权型类别股时,享有此类股份的股东在监事和审计委员会的选任上无法行使其特权。

股份公司类别股是与普通股相对的概念。我国公司治理长期坚持同股同权的理念,尤其是股份公司。公司经营实践中,不同股东诉求并不相同,如财务投资人可能更关注优先分红、优先转让、优先清算等收益性权益,而创始人则更关心公司投票权等控制性权益。虽然原《公司法》仍实行股份公司同股同权制度,但公司治理实践中已经出现了股份公司优先股、双层股权结构等同股不同权的案例,甚至有些双层股权结构的股份公司已在科创板上市,如优刻得(股票代码:688158)。基于公司经营的客观需求,《公司法》在股份公司中引入了类别股,为公司经营提供更大的制度空间。需要指出的是:上述类别股仅适用于未公开发行的股份公司;公开发行股份的股份公司不得发行类别股,但公开发行前已发行的除外。

30 违反类别股股东表决权行使规则造成的损失由谁承担？

案 例[1]

2010年6月28日，山东振泉资产评估有限公司出具鲁振评报字(2010)第21号《山东烟草投资管理有限公司拟收购莱阳弘丰置业有限公司股权项目资产评估报告书》，该资产评估报告书载明：山东振泉资产评估有限公司接受烟草公司的委托，根据有关法律、法规和资产评估准则、资产评估原则，按照必要的评估程序，对烟草公司拟收购弘丰公司股权事宜所涉及的弘丰公司全部资产和负债进行评估，以确定该公司股东全部权益在评估基准日的市场价值。

2010年6月29日，烟草公司与金山公司签订的《股权转让协议》约定：股权出让方金山公司(甲方)，股权受让方烟草公司(乙方)；鉴于甲方为弘丰公司之现有股东，于本协议签署之日持有弘丰公司100%股权；甲方愿意以332,419,000元对价及本协议所规定的其他条款和条件将其持有的弘丰公司100%股权转让给乙方，乙方愿意在本协议条款所规定的条件下受让上述转让之股权

① 参见山东烟草投资管理有限公司诉烟台金山旅游开发有限公司股权转让纠纷案，山东省高级人民法院(2018)鲁民终1826号民事判决书。

及权益。乙方以转让价收购转让股权，包括转让股权所包含的各种股东权益。该股东权益指依附于转让股权的所有现时和潜在的权益，包括但不限于弘丰公司拥有的全部动产和不动产、有形和无形资产。烟草公司向一审法院提交税务机关代开统一发票（地税）一宗共计8张显示：2010年6月12日、2010年6月13日、2010年6月21日，以弘丰公司为付款方，案外人为收款方，加盖山东省莱阳市地方税务局代开发票专用章，项目内容为工程款的税务机关代开统一发票（地税）8张，共计132,524,531元。金山公司认可工程施工合同是虚构的，但是工程量不是虚构的，开具发票也是与烟草公司商量好的。烟草公司对实际工程量和协商过不予认可。

一审原告向一审法院提出诉讼请求：（1）判令金山公司赔偿烟草公司股权转让款损失132,524,531元。（2）判令金山公司赔偿烟草公司股权转让款损失的利息，利息计算方法为：以132,524,531元为本金，自2010年8月2日起至股权转让款损失全部付清之日止，按人民银行同期同类贷款利率计算。暂算至起诉之日为53,142,845元。（3）判令金山公司赔偿烟草公司违约金3,324,190元。（4）判令金山公司赔偿烟草公司税务罚款损失50万元。（5）判令金山公司赔偿烟草公司律师费损失255万元，以上合计192,041,566元。（6）判令案件受理费、保全费等诉讼费用由金山公司承担。

二审上诉人上诉请求：（1）撤销一审判决，改判支持烟草公司一审诉讼请求；（2）一、二审案件受理费和保全费由金山公司负担。

二审被上诉人金山公司辩称:(1)一审判决认定金山公司在本案中不存在违约是正确的。(2)一审判决认定案涉发票记载的土地平整费没有对资产评估报告结论产生影响,对股权价格也没有产生影响是正确的。(3)烟草公司是以购买弘丰公司全部股权的方式购买弘丰公司名下土地及房地产开发项目,在确定土地价格时,只会考虑项目用地是否符合“三通一平”或“七通一平”建设用地条件,而不会考虑各项土地开发成本。

一审法院判决驳回烟草公司的诉讼请求。烟草公司不服山东省济南市中级人民法院判决,提起上诉。

二审法院判决:烟草公司的上诉理由不能成立,应予驳回;一审判决认定事实清楚,适用法律正确,应予维持。

法 条

新《公司法》

第一百四十六条　发行类别股的公司,有本法第一百一十六条第三款规定的事项等可能影响类别股股东权利的,除应当依照第一百一十六条第三款的规定经股东会决议外,还应当经出席类别股股东会议的股东所持表决权的三分之二以上通过。

公司章程可以对需经类别股股东会议决议的其他事项作出规定。

专家说法

《公司法》第146条引入类别股股东表决权的行使规则。损害类别股股东权利时的表决规则在我国的起源可追溯至2013年通过的《优先股试点管理办法》(2023年已修订)和《国务院关于开展优先股试点的指导意见》。

类别表决权可以抑制普通股股东滥用权力侵害类别股股东的可能,但类别表决权同样存在滥用的空间。因此,《公司法》第146条特别规定,发行类别股的公司有修改公司章程、增加或者减少注册资本、公司合并、分立、解散或者变更公司形式等可能损害类别股股东的决议事项时的特别决议规则。此举意在明确类别表决权适用的典型情形。需要注意的是,此条规范并非公司法上的强制性规定。

31 未经公司章程或者股东会授权，董事会发行的股份效力如何？

案 例[1]

1994年7月11日，海南太平洋石油实业股份有限公司（以下简称太平洋公司）与亚太石油国际有限公司（以下简称亚太公司）在泰国曼谷签订了亚太公司参股太平洋公司的合同，约定：太平洋公司股本3亿元，每股面值1元，将其中占股本总额25.5%即7650万股以每股1.2元的价格转让给亚太公司，总值9180万元。太平洋公司应尽力着手注册资金更改及与合同有关股权的登记，太平洋公司准备关于注册的必需文件供亚太公司签署，亚太公司则应按太平洋公司的要求签订所有的文件，使太平洋公司能够着手注册资金的修改。如果亚太公司不能够支付合同规定的股份金额或太平洋公司已全部支付了股份但不能提供注册及股份修改，则双方同意合同失效，太平洋公司立即归还亚太公司支付的股份金额。1997年6月16日、9月22日、12月22日亚太公司分别致函太平洋公司称：泰国国家银行已同意提出退股，请求尽快处理退股事宜。1997年12月9日，海南省合作厅以琼经资字第〔1997〕

---

① 参见亚太石油国际有限公司诉海南太平洋石油实业股份有限公司等中外合资经营合同纠纷案，最高人民法院（1999）经终字第283号民事判决书。

33号文件报告外经贸部称：太平洋公司依据公司法和合资法的规定进行了章程修改，要求予以审批。1998年1月20日，亚太公司致函外经贸部称：亚太公司参股太平洋公司一事，外经贸部外资司曾于1996年3月28日复函海南省合作厅提出8条意见，至今，亚太公司只知道该项目未得到批准，能否得到批准，亚太公司不能不知道，要求答复。1998年4月22日和5月19日，亚太公司同太平洋公司领导进行了会晤，商定太平洋公司尽快办理审批手续，亚太公司在申报期间暂不提出退股要求，投资事宜双方协商不能解决时，任何一方有权向法院起诉或仲裁解决。1998年7月20日，海南省合作厅以琼经贸外字〔1998〕59号文件报告外经贸部，再次要求审批太平洋公司转为外商投资股份有限公司。1998年7月23日、8月10日，亚太公司两次致函太平洋公司称：不同意年底前完成注册的意见，坚持要求退股。1998年8月3日，中化公司、机场公司、中航油公司联合致函亚太公司称：作为发起人，希望亚太公司支持太平洋公司完成中外合资企业的注册工作，共同将太平洋公司推向新的发展阶段。因太平洋公司未能获得外经贸部的批准，亚太公司遂起诉到法院。

一审法院判决：(1)太平洋公司10日内返还亚太公司人民币9180万元及利息(17,682,795.3元从1994年7月22日起、35,625,357.06元从1994年9月2日起、53,622,249.06元从1994年12月9日起、9180万元从1995年4月6日起，按中国人民银行同期1年期定期存款利率计算利息至判决确定的付清之日止)，逾期履行则加倍支付迟延履行期间的债务利息。(2)中国化工进出口总公司、三亚凤凰国际机场总公司、中国航空油料总公司对太平洋公司所欠亚太公司的债务本息承担连带清偿责任。太平洋公司、中化公司、机场公司、中航油公司均不服海南省高级人民法院判决，提起上诉。

二审法院判决：(1)撤销海南省高级人民法院(1998)琼经初字第66号民事判决；(2)中国化工进出口总公司、三亚凤凰国际机场总公司、中国航空油料总公司在本判决生效10日内共同连带返还亚太公司人民币9180万元及70%的利息(17,682,795.3元从1994年7月22日起至1994年9月2日止；35,625,357.06元从1994年9月2日起至1994年12月9日止；53,622,249.06元从1994年12月9日起至1995年4月6日止；9180万元从1995年4月6日起至实际支付日止，按中国人民银行同期1年期定期存款利率计算利息至判决确定的付清之日止)。

法 条

新《公司法》

第一百五十二条　公司章程或者股东会可以授权董事会在三年内决定发行不超过已发行股份百分之五十的股份。但以非货币财产作价出资的应当经股东会决议。

董事会依照前款规定决定发行股份导致公司注册资本、已发行股份数发生变化的，对公司章程该项记载事项的修改不需再由股东会表决。

专家说法

本案例虽然年份较早，但是典型，具有重要借鉴意义。《公司法》第 152 条引入授权资本制。第 1 款允许股份公司的章程或者股东会将股份发行的权限授予董事会，并细化规定授权期限、授权比例，同时明确由股东会审查非货币财产作价出资方式。第 2 款则规定董事会发行股份后修改关于公司章程中的注册资本和已发行股份数的相关事项不需要股东会表决。

授权资本制的优势在于：公司不必一次发行全部资本、股份，减轻了公司设立的难度；授权董事会自行决定发行资本，不需要经股东会决议并变更公司章程，简化了公司增资程序；董事会根据公司经营情况发行资本，既灵活适应了公司经营的需要，又避免了资金的冻结、闲置，提高了投资效率。

本案中，太平洋公司与亚太公司缔约是一种代表行为，其代表行使股东大会的决议，而股东大会的主要股东即为发起人股东；由于发起人股东是股东大会的主要代表，因此发起人股东应当依据 1994 年《公司法》第 97 条的规定承担外商投资股份有限公司未能成立的责任。以上是依据参股合同的性质而得出的结论，即中化公司、机场公司和中航油公司应直接承担对亚太公司的还款责任。

1994 年《公司法》出于保护公司相对人利益的目的，采用严格的资本维持原则，太平洋公司的注册资本包括亚太公司投入的 9180 万元人民币，即太平洋公司增资扩股已经完成，并已在工商机关注册。但是出资人亚太公司却无法确立股东地位，其已经收购的股份就应当由主体适格的人受让，从而维持太平洋公司的注册资本金。除非公司股东外的其他人收购，否则这部分股份就应当由作出增资扩股决议的股东来收购，从这个意义上来说，三发起人股东亦应首先承担向亚太公司支付股本金的义务。否则，太平洋公司收购这笔股份，必然导致公司注册资本金减少，违反了1994年《公司法》的资本维持原则。

32 限售期内股东转让股票的效力如何?

案例[1]

2014年11月25日,皇氏集团股份有限公司(以下简称皇氏集团)发布《广西皇氏甲天下乳业股份有限公司发行股份及支付现金购买资产并募集配套资金暨关联交易实施情况及新增股份上市报告书》(注:2014年12月皇氏集团中文名称由“广西皇氏甲天下乳业股份有限公司”变更为“皇氏集团股份有限公司”),2017年10月12日,北京市第二中级人民法院出具(2017)京02执546号执行裁定书,裁定书载明冻结、划拨皇氏集团股东李某某的银行存款等,且东方证券股份有限公司(以下简称东方证券)有权将被执行人李某某出质的58,410,000股“皇氏集团”股票(证券代码002329)以折价或拍卖、变卖所得价款优先受偿。2018年1月17日,北京市第二中级人民法院向皇氏集团出具协助执行通知书要求其协助法院查明上述质押股份是否达到解除限售条件,若达到解除限售条件,协助法院办理对上述股份的解除限售手续。2018年9月7日,东方证券作为信息披露义务人,发布了《皇氏集团股份有限公司简式权益变动报告书》,披露了上述股票抵债情况,并

---

① 参见东方证券股份有限公司与皇氏集团股份有限公司损害股东利益责任纠纷案,上海市高级人民法院(2021)沪民终514号民事判决书。

提到李某某所持股份对应的所有业绩承诺已完成,上述股票满足解除限售相关条件,可委托上市公司董事会申请办理解除质押的相关手续。2018 年 9 月 18 日,皇氏集团发布关于股东被执行法院裁定的股份完成司法过户的公告,该公告载明东方证券已按照裁定办理完成股份的司法过户手续,5841 万股皇氏集团股票(首发后限售股)已于 2018 年 9 月 12 日过户至东方证券名下。2020 年 7 月 24 日东方证券正式向皇氏集团发送一封要求办理股票解禁手续的公函,要求皇氏集团收函后 3 日内办理解禁手续。

2020 年 8 月 13 日,皇氏集团向深圳证券交易所发出《关于对公司股东东方证券股份有限公司限售股解除限售相关事宜的报告》,提及了李某某承诺函的内容,认为承诺函相关条件尚未完成,该部分股票尚未达到解禁的条件。该报告同日上传至深圳证券交易所中小板上市公司专区。2020 年 8 月 14 日,皇氏集团回函东方证券,提及李某某承诺函,认为东方证券理应自行承担抵债后对应股票暂不能流通的风险。2020 年 10 月 26 日,皇氏集团董事会出具李某某承诺事项的说明,载明李某某欠付个人税费 8715 万元。

2020 年 4 月至本案起诉之时即 2020 年 11 月,皇氏集团股价经历了先涨后跌的过程。其中就 2020 年股价而言,4 月 23 日收盘价为 6.13 元,7 月 13 日收盘价为 7.50 元,7 月 31 日收盘价为 5.93元,10 月 30 日收盘价为 4.97 元。起诉后,股价先跌后涨,2021 年 2 月 1 日收盘价为 3.79 元,2021 年 6 月股价为 6 元左右。

东方证券向一审法院起诉请求:(1)判令皇氏集团停止对东方证券股东权利的侵害,并立即为东方证券所持有的全部“皇氏集团”股票共计 58,410,000 股限售股办理解除限售手续;(2)判令皇氏集团赔偿因延迟解除限售而给东方证券造成的损失50,000,000元；(3)判令皇氏集团承担本案律师费合计300,000元；(4)判令皇氏集团承担本案全部诉讼费及其他费用。

一审法院判决：(1)皇氏集团应于本判决生效之日起10日内为东方证券所持的皇氏集团共计58,410,000股限售股办理解除限售手续；(2)皇氏集团应于本判决生效之日起10日内赔偿东方证券因延迟解除限售造成的损失5,000,000元；(3)皇氏集团应于本判决生效之日起10日内支付东方证券律师费180,000元；(4)驳回东方证券的其余诉讼请求。上诉人皇氏集团不服上海金融法院判决，提起上诉。

二审法院判决皇氏集团的上诉请求不能成立，应予驳回；一审判决认定事实清楚，判决结果应予维持。

法　条

新《公司法》

第一百五十七条　股份有限公司的股东持有的股份可以向其他股东转让，也可以向股东以外的人转让；公司章程对股份转让有限制的，其转让按照公司章程的规定进行。

原《公司法》

第一百三十七条　股东持有的股份可以依法转让。

专家说法

《公司法》第 157 条进一步细化原《公司法》第 137 条股份有限公司转让的原则性规定,不仅可以对内转让,也可以对外转让。同时,《公司法》第 157 条还明确公司章程可以规定限制股权转让条款。

股份自由转让的功能在于:其一,股东借此便利地实现投资收益;其二,小股东大多“用脚投票”,这对公司管理层形成资本市场的外部压力,促使公司经营管理水平提高;其三,在全社会范围内促进资金在各公司、各行业、各地区的流动,实现资金这一最稀缺资源的市场配置。《公司法》于第 157 条肯定公司章程限制股份转让的正当性在于衔接《公司法》第 144 条的类别股规则。

33 股东内部协议对股东之间股份转让有何影响?

案例[1]

南京金浦房地产开发有限责任公司(以下简称金浦房地产公司)诉郭金林、南京金东房地产开发有限公司(以下简称金东房地产公司)损害股东利益责任纠纷一案,由江苏省南京市中级人民法院于2015年4月3日作出(2014)宁商初字第94号民事调解书,确认双方达成如下协议:(1)金浦房地产公司将其持有的金东房地产公司100%的股权转让给郭金林,将其持有的南京金浦东部房地产开发有限公司(以下简称金浦东部公司)100%的股权转让给郭金东,郭金东和郭金林在接受资产范围内对金浦房地产公司的对外债务承担责任。(2)金东房地产公司名下开发的"海德北岸"1~4期房地产项目的销售、管理和收益权归金浦房地产公司,该项目涉及的所有债权债务均由金浦房地产公司享有和承担,金东房地产公司对该项目不承担任何债权债务。(3)各方在本调解协议签订后一周内由金浦房地产公司负责牵头组织清算小组,金东房地产公司派2~3人参加,共同对金东房地产公司名下开发的"海德北岸"1~4期房地产项目进行资金、工程项目等各项工作的

---

① 参见郭金林与郭金东等股权转让纠纷案,江苏省高级人民法院(2019)苏民终940号民事判决书。

审计清算。(4)截至 2014 年 4 月 8 日,金浦东部公司对南京金陵塑胶化工有限公司(以下简称金陵塑胶公司)负债 173,926.71 万元,郭金东和郭金林确认由郭金东负责归还 130,012.55 万元,郭金林负责归还 43,914.16 万元,债务利息按照年利率 7% 由双方根据上述确认的各自债务本金数额承担。(5)本调解协议签订后一周内,郭金林以与原发函相同的方式向已发函单位撤回所有函件,并撤回对金浦投资控股集团有限公司(以下简称金浦集团公司)的所有诉讼案件。(6)协议自双方签字后生效。

2016 年 6 月 28 日,郭金林以金浦房地产公司未履行前述民事调解书为由向江苏省南京市中级人民法院申请强制执行,2016 年 7 月 5 日,金浦房地产公司亦就该民事调解书申请强制执行。

2017 年 11 月 10 日,郭金林、郭金东、金浦集团公司、金浦新材料股份有限公司(以下简称金浦新材料公司)、金陵塑胶公司、金浦房地产公司签订全面和解协议,约定,鉴于:第一,郭金林、郭金东均为金浦集团公司股东,两人合计持有金浦集团公司 100% 股权。第二,郭金林、郭金东均为金浦新材料公司股东。经双方充分友好协商,现就金浦集团公司及金浦新材料公司股权纠纷达成全面和解协议如下:(1)郭金东同意以税后3.1亿元的价格受让郭金林在金浦集团公司、金浦新材料公司所持有的全部股权。(2)“海德北岸”1~4 期工程由郭金林、郭金东双方委派财务人员核清账目。清算完毕后,结余资金用于缴纳金东房地产公司在“海德北岸”项目上应缴纳的税款,缴纳税款后如有结余部分归还金浦房地产公司,税款不足部分由金浦房地产公司承担。(3)金陵塑胶公司免除郭金林对其所负担的全部债务。(4)各方同意自本协议签字盖章生效后撤销所有针对相互之间的诉讼案件及执行程序。(5)金浦集团公司及郭金东同意授权郭金林及其关联企业无条件使用“金浦”系列商标及品牌。协议签署后，双方互相支持、各自发展，共同创造美好未来。潘学宝在见证人处签字确认。一审中，双方一致确认，全面和解协议存在笔误，应为郭金林、郭金东均为金浦新材料公司股东，郭金林持有1953.72万元股权，郭金东持有4883.8176万元股权。

2017年11月10日，郭金林、金浦房地产公司各自向江苏省南京市中级人民法院撤回执行申请，该院于11月21日裁定终结执行。

2018年1月，郭金东草拟补充协议，各方均未在该协议上签字盖章。其后，郭金林亦草拟补充协议，各方亦未在该协议上签字盖章。郭金林向法院起诉请求判令：(1)郭金东向其支付股权转让款3.1亿元，并支付自2018年4月30日起至股权转让款实际支付完毕之日止的银行同期贷款利息；(2)在郭金东全额支付上述股权转让款及利息后，金浦集团公司、金浦新材料公司办理股权的工商变更登记手续；(3)由郭金东、金浦集团公司、金浦新材料公司负担本案诉讼费和保全费。

一审法院判决：(1)郭金东应于判决生效之日起30日内支付郭金林股权转让款3.1亿元；(2)金浦集团公司、金浦新材料公司应于郭金东履行完第一项付款义务后15日内，分别将郭金林持有的金浦集团公司25.264%股权、金浦新材料公司1953.72万元股权变更登记至郭金东名下，郭金林、郭金东应协助办理相关工商变更登记手续；(3)驳回郭金林的其他诉讼请求。

郭金东、金浦集团公司、金浦新材料公司不服江苏省南京市中级人民法院判决,提出上诉。二审法院认为:(1)涉案全面和解协议属于已成立的本约合同。(2)涉案全面和解协议并未违反法律、行政法规的效力性强制规定,合法有效。(3)涉案全面和解协议能够实际履行。(4)郭金东主张受让标的股权包括郭金林所持的金三环公司、金浦香港公司的股权缺乏事实依据。(5)金浦集团公司、金浦新材料公司系本案适格的诉讼主体。(6)郭金林有权就涉案全面和解协议所涉纠纷提起本案诉讼。综上,郭金东、金浦集团公司、金浦新材料公司的上诉请求缺乏事实和法律依据,不予支持。维持一审判决。

法 条

新《公司法》

第一百六十条 公司公开发行股份前已发行的股份,自公司股票在证券交易所上市交易之日起一年内不得转让。法律、行政法规或者国务院证券监督管理机构对上市公司的股东、实际控制人转让其所持有的本公司股份另有规定的,从其规定。

公司董事、监事、高级管理人员应当向公司申报所持有的本公司的股份及其变动情况,在就任时确定的任职期间每年转让的股份不得超过其所持有本公司股份总数的百分之二十五;所持本公司股份自公司股票上市交易之日起一年内不得转让。上述人员离职后半年内,不得转让其所持有的本公司股份。公司章程可以对公司董事、监事、高级管理人员转让其所持有的本公司股份作出其他限制性规定。

股份在法律、行政法规规定的限制转让期限内出质的，质权人不得在限制转让期限内行使质权。

原《公司法》

第一百四十一条　发起人持有的本公司股份，自公司成立之日起一年内不得转让。公司公开发行股份前已发行的股份，自公司股票在证券交易所上市交易之日起一年内不得转让。

公司董事、监事、高级管理人员应当向公司申报所持有的本公司的股份及其变动情况，在任职期间每年转让的股份不得超过其所持有本公司股份总数的百分之二十五；所持本公司股份自公司股票上市交易之日起一年内不得转让。上述人员离职后半年内，不得转让其所持有的本公司股份。公司章程可以对公司董事、监事、高级管理人员转让其所持有的本公司股份作出其他限制性规定。

专家说法

原《公司法》第141条规定对发起人、董事、监事、高级管理人员持有的本公司股份以及公司公开发行股份前已发行的股份转让限制规则。《公司法》第160条则进一步限制上市公司股东和实际控制人的股份转让，并新设一款“质押股份的限制转让”规则，此内容为任意性规范。

上市公司内部治理问题多半与控股股东和实际控制人有关。“双控人”有诸多滥用权利的先例，如直接或间接控制股东大会、董事会、监事会等公司内部治理机构，损害公司、少数股东和其他利益相关者的合法权益，以牟取个人私利。因此，《公司法》在原有规则的基础上进一步增设“实际控制人”的股份转让限制规则，以保证公司的健康稳定发展和经济秩序。

34 公司通过财务资助方式签订的协议效力如何？

案 例[1]

2016年8月9日，方正东亚信托有限责任公司(以下简称方正东亚信托公司)作为B类受益人，与受托人国民信托有限公司(以下简称国民信托公司)签订信托合同，约定方正东亚信托公司认购信托单位并交付认购资金于国民信托公司，由国民信托公司将信托资金委托金元顺安基金管理有限公司(以下简称金元顺安基金公司)进行专户理财，信托计划通过投资金元顺安基金公司恺英定增1号资产管理计划，投资于国内上市公司恺英网络股份有限公司(以下简称恺英网络公司)(股票代码002517)非公开发行的股票。保管人为浙商银行股份有限公司杭州分行。信托资金规模为13.822亿元，其中B类信托资金预计募集3.31亿元。2016年8月9日，方正东亚信托公司作为甲方与王悦作为乙方，签订差额补足协议，2017年5月24日，方正东亚信托公司企业名称变更为国通信托有限责任公司(以下简称国通信托公司)。2018年2月12日为预期信托计划终止日，由于非现金信托财产(股票)尚未变现完毕，信托计划自动进入清算期。2019年1月17日，王悦向

---

① 参见国通信托有限责任公司与王悦合同纠纷案，最高人民法院(2021)最高法民终423号民事判决书。

国通信托公司发出延后履行差额补足义务申请,称由于资金周转,请求延期12个月履行本应于2019年2月11日前向国通信托公司履行的差额补足义务。国通信托公司于2019年3月29日向王悦发出通知函,要求王悦按照差额补足协议约定向国通信托公司承担差额补足义务。因前述通知函发出后,王悦未按照约定履行差额补足义务,国通信托公司提起本案诉讼。

国通信托公司向一审法院起诉请求:(1)判令王悦履行差额补足义务,向国通信托公司支付差额补足款320,437,759.40元及逾期付款违约金(从2019年2月12日起开始计算,此后按应付未付款项金额按年利率24%支付违约金至全部金额清偿之日止);(2)判令国通信托公司对王悦质押的恺英网络公司(股票代码002517)股票7,080,000股及质押后产生的孳息(包括但不限于现金分红、送股等)享有优先受偿权;(3)本案全部诉讼费用、保全费及国通信托公司为实现本案债权支出的律师费30万元全部由王悦承担。

一审法院判决:(1)王悦于判决生效之日起10日内向国通信托公司支付差额补足款320,380,523.39元,并以320,380,523.39元为基数,按年利率24%的标准支付自2019年4月5日起至款项清偿之日止的违约金;(2)王悦于判决生效之日起10日内向国通信托公司支付律师费30万元;(3)若王悦未履行判决主文上述第一、二项义务,国通信托公司有权以王悦提供质押的7,080,000股恺英网络公司股票(股票代码002517)及派生权益折价或拍卖、变卖所得价款优先受偿;(4)驳回国通信托公司的其他诉讼请求。

王悦因不服湖北省高级人民法院判决,提起上诉。

二审法院判决王悦的上诉请求部分成立。判决如下：(1)维持一审法院判决第二项；(2)撤销一审法院判决第三、四项；(3)变更一审法院判决第一项为，王悦于本判决生效之日起10日内向国通信托公司支付差额补足款320,380,523.39元，并以320,380,523.39元为基数，按一年期贷款市场报价利率4倍的标准支付自2019年4月5日起至款项清偿之日止的违约金；(4)若王悦未履行本判决主文上述第一、三项义务，国通信托公司有权以王悦提供质押的7,080,000股恺英网络公司股票(股票代码002517)及派生权益折价或拍卖、变卖所得价款优先受偿；(5)驳回国通信托公司的其他诉讼请求。

法 条

新《公司法》

第一百六十三条　公司不得为他人取得本公司或者其母公司的股份提供赠与、借款、担保以及其他财务资助，公司实施员工持股计划的除外。

为公司利益，经股东会决议，或者董事会按照公司章程或者股东会的授权作出决议，公司可以为他人取得本公司或者其母公司的股份提供财务资助，但财务资助的累计总额不得超过已发行股本总额的百分之十。董事会作出决议应当经全体董事的三分之二以上通过。

违反前两款规定，给公司造成损失的，负有责任的董事、监事、高级管理人员应当承担赔偿责任。

专家说法

原《公司法》未明确规定公司能否实行财务资助,本次修订新增了该条文,一是原则上公司不得实行财务资助,例外情况是公司实施员工持股计划。一审稿原规定金融机构开展正常经营业务属于除外情形,但正式稿已被修改删除。二是特定情形下允许公司实行财务资助,但要求股东会决议或授权董事会决议,且受到总额的限制。

《公司法》在吸收《深圳证券交易所上市公司自律监管指引第1号——主板上市公司规范运作》第6.1.1条、《深圳证券交易所上市公司自律监管指引第2号——创业板上市公司规范运作》第7.1.1条等规定的同时,未对公司实行财务资助的财源或净资产作出要求,例外允许的情形过于狭窄而可能与交易所的相关规定冲突,且该条款也未能将实际控制人纳入责任范围之中,未规定违规的财务资助行为的效力。

35 国有独资公司的全资子公司是否为一人公司？

案 例[1]

2017年9月28日，贵州峰兴矿业有限公司兴仁县兴利煤矿(以下简称兴利煤矿)与无锡华瀚能源装备科技有限公司(以下简称华瀚公司)签订合同编号为HH2B-ZJ-20170928的产品买卖合同，约定由华瀚公司向兴利煤矿出卖EBZ180型号的悬臂式掘进机2台，单价1,880,000元/台，合同总价款3,760,000元(含运费，含税，含总价3%的备品配件)。付款方式为兴利煤矿在合同签订之日起3个工作日内支付合同总金额的30%即1,128,000元作为首付款，余款合同总金额的70%即2,632,000元由兴利煤矿办理2年期银行按揭贷款。

2017年10月28日，因兴利煤矿无法如约通过银行按揭方式向华瀚公司支付剩余货款，兴利煤矿与华瀚公司签订补充协议，该协议约定并载明以下内容：华瀚公司依兴利煤矿邀请，自行通过银行或非银行类金融机构进行融资，用以冲抵兴利煤矿所欠华瀚公司的剩余货款，兴利煤矿依据本协议约定按月向华瀚公司支付剩余货款和融资利息，直至清偿全部剩余货款及融资利息为止。

---

① 参见无锡华瀚能源装备科技有限公司与福兴集团有限公司等买卖合同纠纷案，江苏省无锡市中级人民法院(2021)苏02民终5321号民事判决书。

合同签订后，华瀚公司于2018年3月向兴利煤矿交付2台掘进机，兴利煤矿分别于2018年3月20日、2018年7月17日确认该2台掘进机验收合格。2020年4月30日，华瀚公司向兴利煤矿及其负责人杨建、贵州峄兴矿业有限公司（以下简称峄兴公司）及其法定代表人许朋德致律师函，告知兴利煤矿截至2020年4月1日已拖欠设备款910,441.25元，要求兴利煤矿在收函后3日内向华瀚公司支付910,441.25元，并支付资金占用期间的利息。

根据工商登记信息，福兴集团有限公司（以下简称福兴公司）由枣庄市峄城区国有资产事务中心投资设立，企业性质为有限责任公司（国有独资企业）。峄兴公司由福兴公司投资设立，企业性质为有限责任公司（国有独资企业）。兴利煤矿为峄兴公司下属无独立法人资格的分支机构，企业性质为有限责任公司分公司（国有独资）。

华瀚公司向一审法院起诉请求：（1）判令兴利煤矿支付到期货款并支付逾期付款违约金；（2）判令峄兴公司对上述付款义务承担连带责任；（3）判令福兴公司对峄兴公司、兴利煤矿的上述债务承担连带责任。一审法院判决支持华瀚公司的诉讼请求，判令兴利煤矿支付货款及违约金；峄兴公司承担补充清偿责任；福兴公司对峄兴公司的付款义务承担连带清偿责任。

福兴公司不服一审判决提起上诉，认为其公司不是本案适格被告主体，与涉案合同无关，一审法院以法人人格否定为由判决其公司对峄兴公司的债务承担连带责任，混淆了国有独资公司、子公司和一人公司之间的区别，系适用法律错误。

二审法院认为：峄兴公司并非公司法意义上的国有独资公司。

根据原《公司法》第六十四条第二款的规定，公司法意义上的国有独资企业是指国家单独出资、由国务院或者地方人民政府授权本级人民政府国有资产监督管理机构履行出资人职责的有限责任公司。只有国家直接出资设立的公司才能被称为公司法意义上的"国有独资公司"。峄兴公司系由福兴公司全资出资，并非国家单独出资，也非当地人民政府授权的国有资产监督管理机构出资。

福兴公司及其全资子公司未能提交公司资产独立于股东资产的财务审计等材料，一审法院按照一人有限责任公司的规定，要求一人有限责任公司股东福兴公司承担峄兴公司财产独立于自己财产的举证责任并无不当。故判决驳回福兴公司的上诉请求，维持原判。

法 条

新《公司法》

第一百六十八条　国家出资公司的组织机构，适用本章规定；本章没有规定的，适用本法其他规定。

本法所称国家出资公司，是指国家出资的国有独资公司、国有资本控股公司，包括国家出资的有限责任公司、股份有限公司。

第一百六十九条　国家出资公司，由国务院或者地方人民政府分别代表国家依法履行出资人职责，享有出资人权益。国务院或者地方人民政府可以授权国有资产监督管理机构或者其他部门、机构代表本级人民政府对国家出资公司履行出资人职责。

代表本级人民政府履行出资人职责的机构、部门，以下统称为履行出资人职责的机构。

第一百七十一条　国有独资公司章程由履行出资人职责的机构制定。

原《公司法》

第六十四条　国有独资公司的设立和组织机构，适用本节规定；本节没有规定的，适用本章第一节、第二节的规定。

本法所称国有独资公司，是指国家单独出资、由国务院或者地方人民政府授权本级人民政府国有资产监督管理机构履行出资人职责的有限责任公司。

第六十五条　国有独资公司章程由国有资产监督管理机构制定，或者由董事会制订报国有资产监督管理机构批准。

专家说法

根据《公司法》规定，国有独资公司属于国家出资公司，由国务院或者地方人民政府分别代表国家依法履行出资人职责，享有出资人权益。国务院或者地方人民政府可以授权国有资产监督管理机构或者其他部门、机构代表本级人民政府对国家出资公司履行出资人职责。国有独资公司不设股东会，由履行出资人职责的机构行使股东会职权。

原《公司法》第63条规定："一人有限责任公司的股东不能证明公司财产独立于股东自己的财产的，应当对公司债务承担连带责任。"据此，作为国有独资企业的福兴公司应就其与全资子公司峄兴公司之间的财产相互独立承担举证责任，如未能提供证据证明财产相互独立,应当对公司债务承担连带责任。

这也体现了公司法对市场主体的公平对待。国有独资企业经营管理着国有资产,应当诚实守信,依法经营,更好地维护市场经济秩序,以实现国有资产的保值增值。同时,国有独资企业也应当建立规范完善的财务制度,为市场其他经营主体作出表率。

36 国有独资公司由谁行使股东会职权？

案　例①

2010年4月30日，目标公司（甲方）与交通产业（乙方）、紫金基金（乙方）、北京汇金立方投资管理中心（有限合伙）（以下简称汇金立方中心）（乙方）、江苏瑞华投资发展有限公司（乙方），南京报业集团有限责任公司（以下简称报业集团）（丙方）、南京时代传媒投资有限责任公司（以下简称时代投资公司）（丙方）签订增资协议，约定增发4000万新股，增加的注册资本为人民币4000万元。增发完成后，甲方的股本总额变更为12,000万股（以下简称本次增发新股）。乙方同意以现金方式认购本次增发新股，丙方同意乙方以上述方式认购甲方本次增发新股，本次增发新股完成后，乙方占甲方总股本的比例将为33.33%。丙方同意放弃认购甲方本次增发新股。本次增发新股价格为6.8元/股。增资协议第1.5条约定：本协议签订后5日内，乙方应将本协议第1.3款所述现金汇入甲方指定银行账户。第9.4条约定：本协议经各方签署且经相关部门审批后生效。

---

① 参见北京汇金立方投资管理中心（有限合伙）与南京报业集团有限责任公司、南京时代传媒投资有限责任公司等合同纠纷案，最高人民法院（2022）最高法民申232号民事裁定书。

同日，上述三方签订备忘录一份。备忘录第2条约定：乙方入股甲方后，不参与甲方的日常经营管理。第3条约定：甲方预计将于本备忘录签署后3年内实现上市，如在本备忘录签署3年后甲方未实现上市，则乙方应将其持有的甲方的全部股权转让给丙方。丙方承诺转让价格为：[乙方认购股份时支付的对价+按照同期银行贷款基准利率加算的利息]-[乙方持股期间的历次分红+乙方收到历次分红日至股份被回购日按照同期银行贷款基准利率加算的利息]。第5条约定：本备忘录一式捌份，于各方签署且各方签署于2010年4月30日的增资协议经相关部门审批后生效，本备忘录与增资协议具有同等法律效力。

2013年7月1日，报业集团向汇金立方中心发出《关于南京时代传媒股份有限公司股份回购的函》，内容为：报业集团准备回购汇金立方中心所持的目标公司8.33%股权，由于报业集团是国有企业，在实践操作中必须遵循如下原则：一是定价原则，按照国务院国有资产监督管理委员会《企业国有资产评估管理暂行办法》，非上市公司国有股东股权比例变动的，应当对相关资产进行评估，收购价格与评估价的偏差也有严格规定。二是报备原则，报业集团回购民营股份，须向国有资产管理部门备案，符合国有资产管理要求。三是方便操作原则，相关文件对于回购的方式、操作流程等并未作具体规定，有待双方进一步协商。

2013年10月17日，汇金立方中心向报业集团、时代投资公司发出关于催告履行协议义务的函，称因目标公司未按协议约定实现上市，根据备忘录约定，报业集团、时代投资公司应当履行回购义务，要求报业集团、时代投资公司在接函后立即按照上述备忘录的约定履行回购义务，支付全部投资本金及利息。

二审法院认为：涉案备忘录不属于法律、行政法规规定应当办理批准、登记等手续才能生效的合同，其在备忘录约定的生效条件成就时即已生效，报业集团、时代投资公司应当依约履行支付股权回购款的义务。

再审申请人报业集团、时代投资公司不服二审判决向最高人民法院申请再审，认为：(1)涉案股权回购属于国有资产重大交易，根据原《公司法》第六十六条、《企业国有资产法》第三十条及《企业国有资产监督管理暂行条例》第二十三条的规定，涉案股权转让合同未经审批，依法属于未生效合同。江苏省盐业集团有限责任公司股权转让系列案件，与本案情形完全一致，但判决结果为股权转让合同未生效。故本案二审判决认定涉案备忘录已生效，不仅适用法律错误，且与在先判例的裁判结果相反，属于同案不同判。(2)对赌协议由投资条款和回购条款共同组成，两个条款共同构成整体交易行为中的价格条款，应作为一个整体进行审批，不审批回购条款将构成对国有资产监管的规避。国有资产监管部门亦明确股权回购需要审批，价格要评估，本案回购条款由于未经审批而未生效。

再审法院认定涉案股权回购事宜既无法律规定需要审批，也无合同约定需要办理审批手续。故，该合同无须审批已经生效，二审判令报业集团、时代投资公司支付涉案股权回购款及利息损失事实认定清楚，适用法律正确，驳回报业集团、时代投资公司的再审申请。

法 条

新《公司法》

第一百七十二条　国有独资公司不设股东会，由履行出资人职责的机构行使股东会职权。履行出资人职责的机构可以授权公司董事会行使股东会的部分职权，但公司章程的制定和修改，公司的合并、分立、解散、申请破产，增加或者减少注册资本，分配利润，应当由履行出资人职责的机构决定。

第一百七十三条　国有独资公司的董事会依照本法规定行使职权。

国有独资公司的董事会成员中，应当过半数为外部董事，并应当有公司职工代表。

董事会成员由履行出资人职责的机构委派；但是，董事会成员中的职工代表由公司职工代表大会选举产生。

董事会设董事长一人，可以设副董事长。董事长、副董事长由履行出资人职责的机构从董事会成员中指定。

原《公司法》

第六十六条　国有独资公司不设股东会，由国有资产监督管理机构行使股东会职权。国有资产监督管理机构可以授权公司董事会行使股东会的部分职权，决定公司的重大事项，但公司的合并、分立、解散、增加或者减少注册资本和发行公司债券，必须由国有资产监督管理机构决定；其中，重要的国有独资公司合并、分立、解散、申请破产的，应当由国有资产监督管理机构审核后，报本级人民政府批准。

前款所称重要的国有独资公司,按照国务院的规定确定。

第六十七条　国有独资公司设董事会,依照本法第四十六条、第六十六条的规定行使职权。董事每届任期不得超过三年。董事会成员中应当有公司职工代表。

董事会成员由国有资产监督管理机构委派;但是,董事会成员中的职工代表由公司职工代表大会选举产生。

董事会设董事长一人,可以设副董事长。董事长、副董事长由国有资产监督管理机构从董事会成员中指定。

专家说法

根据权利基础的不同,股权回购分为以《公司法》第 89 条为依据的法定回购,和以股东与公司间协议为依据的约定回购。

《公司法》第 89 条第 1 款规定了法定回购的条件:“有下列情形之一的,对股东会该项决议投反对票的股东可以请求公司按照合理的价格收购其股权:(一)公司连续五年不向股东分配利润,而公司该五年连续盈利,并且符合本法规定的分配利润条件;(二)公司合并、分立、转让主要财产;(三)公司章程规定的营业期限届满或者章程规定的其他解散事由出现,股东会通过决议修改章程使公司存续。”第 2 款规定:“自股东会决议作出之日起六十日内,股东与公司不能达成股权收购协议的,股东可以自股东会决议作出之日起九十日内向人民法院提起诉讼。”第 3 款规定:“公司的控股股东滥用股东权利,严重损害公司或者其他股东利益的,其他股东有权请求公司按照合理的价格收购其股权。”第 4 款规定:“公司因本条第一款、第三款规定的情形收购的本公司股权，应当在六个月内依法转让或者注销。”

约定回购并非法律直接赋予股东的救济途径，而是股东与公司双方自愿达成的回购协议，触发回购的条款常见于业绩对赌、公司侵犯股东权利、股东退出或公司架构发生变化等。其效力只要不违反强制性规定原则上均有效，但该类协议的实际履行仍存在诸多裁判疑点。本案中即涉及约定回购，《公司法》第 89 条并未禁止有限责任公司与股东达成股权回购的约定。《九民会议纪要》的理解与适用中亦提到，有限责任公司与股东可以约定公司回购股东的股权，但不得违反股东不得抽逃出资的效力性强制规定，公司必须先履行减资的义务。

本案中，《公司法》第 172 条仅规定公司章程的制定和修改，公司的合并、分立、解散、申请破产、分配利润等情形，应当由履行出资人职责的机构决定，并不涉及股权回购事宜。即使是原《公司法》第 66 条也仅规定国有独资公司的合并、分立、解散等情形，必须由国有资产监督管理机构决定及报批，同样不涉及股权回购事宜。《企业国有资产法》第 30 条规定国家出资企业的合并、分立、增减注册资本、进行重大投资等重大事项，应遵守相关规定，不得损害出资人和债权人的权益，并无关于股权回购需经审批的规定。《企业国有资产监督管理暂行条例》第 23 条系关于国有股权转让的规定，若致使国家不再拥有控股地位，则须经政府批准；第 21 条、第 24 条等规定的情形，均无股权回购须经批准的规定。根据上述法律法规的规定，针对国有独资公司股东会的相关职权依法可以授权董事会行使，对于公司合并、分立、增减注册资本、分配利润、重大股权转让事宜,需要报国有资产监督管理机构审批同意,否则相应的行为不发生法律效力。但是,针对具体需要审批生效的事项,在保护国有资本安全、保值增值的前提下,法律法规又充分考虑了债权人利益以及公平交易原则。法律法规对此均作出了明确的规定,严格限定了范围,防止损害交易安全。综上,本案涉案备忘录不属于法律、行政法规规定应当办理批准、登记等手续才能生效的合同,系当事人自愿对协议效力作出了安排。在约定的生效条件成就时,涉案备忘录即已生效,报业集团、时代投资公司应当依约履行支付股权回购款的义务。

37 未经审批同意，国有独资公司哪些人不得在其他公司或经济组织兼职？

案 例[1]

2019年3月23日，陈占斌到上诉人甘肃电星电子科技有限公司从事销售工作，双方未签订书面劳动合同，未办理社会保险手续和缴纳社保费用。陈占斌在甘肃电星电子科技有限公司处上班至2020年4月21日。2019年4月29日、2019年5月27日、2019年6月27日、2019年7月29日、2019年8月28日、2019年9月27日、2019年10月28日、2019年11月29日、2019年12月30日，公司法定代表人孙本平通过个人银行账号共9次向陈占斌每次转账3000元。2020年1月17日、2020年4月28日，孙本平通过个人银行账号分别向陈占斌转账2490元、2000元。陈占斌认可公司以现金方式向其支付2020年3月工资2000元。陈占斌的月平均工资为3000元。2019年6月18日、6月21日，甘肃电星电子科技有限公司分别向陈占斌出具委托书各一份，主要内容均为："致：甘肃省农业职业技术学院：本委托书声明：甘肃电星电子科技有限公司委托陈占斌为我公司的授权代表人，参与'甘肃省农业职业技

---

① 参见陈占斌与甘肃电星电子科技有限公司劳动争议纠纷案，甘肃省兰州市中级人民法院(2022)甘01民终2485号民事判决书。

术学院电教机房UPS电源品牌供货资质邀标’的活动，全权代理陈述UPS电源品牌特点和提供相应资质及相关材料等一切事务。特签字如下，以资证明。”两份委托书上均加盖公司印章和法定代表人孙本平的个人印章。

陈占斌自2001年至今一直担任甘肃中广影视新闻中心的法定代表人一职，该中心的唯一股东为甘肃省音像出版社有限责任公司，该公司为国有独资公司。甘肃中广影视新闻中心经甘肃省市场监督管理局核准登记为集体所有制企业。2020年4月29日，陈占斌以甘肃电星电子科技有限公司为被申请人向兰州市城关区劳动人事争议仲裁委员会申请仲裁，其仲裁请求为：(1)请求确认申请人与被申请人劳动关系成立；(2)请求裁令被申请人支付申请人2019年3月23日至3月27日二倍工资1379.3元；(3)请求裁令被申请人支付申请人2019年3月28日至2020年4月27日二倍工资，工资差额36,000元；(4)请求裁令被申请人支付申请人2019年3月23日至2020年4月27日休息日二倍加班工资30,896.6元；(5)请求裁令被申请人支付申请人2020年2月2日至3月1日工资3000元；(6)请求裁令被申请人支付申请人2020年3月28日至4月27日工资差额1000元；(7)请求裁令被申请人支付申请人2020年3月2日至27日工资差额358.6元；(8)请求裁令被申请人支付申请人2019年3月23日至2020年4月27日二倍经济补偿金9000元。2021年2月23日，该仲裁委员会作出兰城劳人仲裁字〔2020〕138号仲裁裁决书，裁定驳回申请人的仲裁请求。陈占斌不服该仲裁裁决，遂诉讼到一审法院，一审法院判决：(1)确认陈占斌与甘肃电星电子科技有限公司之间存在劳动关系；(2)甘肃电星电子科技有限公司于判决生效之日起 10 日内一次性向陈占斌支付 2020 年 3 月 28 日至 2020 年 4 月 21 日的工资差额 1000 元；(3)驳回陈占斌的其他诉讼请求。陈占斌不服一审提起上诉，请求：(1)撤销一审判决；(2)判令被上诉人支付上诉人：应发工资差额 2510 元；拖欠工资 3956.5 元；不订立劳动合同二倍的工资差额 36,000 元，不订立无固定期限劳动合同二倍的工资 6000 元，两项共计 42,000 元；休息日工作二倍的工资 30,896.6 元；克扣及拖欠工资的经济赔偿金 6475.5 元；法定年休假三倍工资 2069 元；出差补助及返程车票 500 元；(3)判令被上诉人承担一、二审诉讼费 20 元。以上二、三项共计 88,427.6 元。

甘肃电星电子科技有限公司也不服一审判决，提起上诉，请求撤销一审判决，确认上诉人与陈占斌之间不存在劳动关系，驳回陈占斌全部诉讼请求。

二审法院依法作出判决，确认双方存在劳动关系；并判令甘肃电星电子科技有限公司于判决生效之日起 10 日内向陈占斌支付工资差额 5510 元，支付未签订劳动合同的二倍工资差额 33,000 元。

法 条

新《公司法》

第一百七十五条　国有独资公司的董事、高级管理人员，未经履行出资人职责的机构同意，不得在其他有限责任公司、股份有限公司或者其他经济组织兼职。

原《公司法》

第六十九条　国有独资公司的董事长、副董事长、董事、高级管理人员，未经国有资产监督管理机构同意，不得在其他有限责任公司、股份有限公司或者其他经济组织兼职。

专家说法

本案的关键焦点问题在于认定双方是否存在劳动合同关系，本案中双方并未签订书面劳动合同书。因此，认定劳动合同关系的建立，除了需要劳动者举证证明入职提供劳动、工作的相关事实，还需要证明双方主体适格，不存在违反法律禁止性规定的情况，也不存在其他劳务或者合伙等法律关系，在法律上能够被认定为劳动合同关系。

作为用人单位的公司从仲裁阶段到二审期间，始终坚持认为：双方系劳务合作关系而非劳动合同关系，且上诉人陈占斌不具备劳动者的主体资格。陈占斌为甘肃省音像出版社有限责任公司独资组建的甘肃中广影视新闻中心法定代表人，该中心虽为集体所有制，但不改变国有独资企业的性质；并且根据 2016 年 2 月 6 日国务院《关于修改部分行政法规的决定》第二次修订的《中华人民共和国城镇集体所有制企业条例》第 64 条的规定，“集体所有制的各类公司的管理，按照国家有关公司的法律、法规执行”。因此，该中心同样属于国有独资公司，陈占斌系高级管理人，根据原《公司法》第 69 条的规定，其不具备以劳动者的身份与其他用人单位建立劳动关系的主体资格。

但是，集体所有制企业和国有独资公司在企业登记、出资、所有者权益方面乃至法律性质上等均存在明显区别。原《公司法》明确规定的董事及高级管理人员未经国有资产监督管理机构同意，不得在其他有限责任公司、股份有限公司或者其他经济组织兼职。仅限定于国有独资公司，而并未包括其他国有出资公司或集体所有制公司。因此，一审、二审法院适用原《公司法》时并未对相关法律规定作出扩大解释，而是严格依照法律条文本身正确地理解和适用法律。

38 公司监事能否不经监事会决议直接提起代表诉讼？

案 例[1]

成都蓉联水泥有限公司(以下简称蓉联公司)监事陈道明提起代表诉讼,称蓉联公司董事长兼法定代表人黄四九作为公司法定代表人,未履行忠实、勤勉义务,将公司出售资产的款项挪作他用,严重损害了蓉联公司的合法权益。陈道明明确其是以蓉联公司监事身份提起的本案诉讼,提起本案诉讼未形成监事会决议。

法院认为,蓉联公司设立了监事会,对董事、高级管理人员提起诉讼,应当属于监事会的职权,由监事会决定。陈道明陈述其作为监事会主席,提起本案诉讼并未经过监事会决议。故陈道明提起本案诉讼,不符合法律规定。

法 条

新《公司法》

第七十八条　监事会行使下列职权:

(一)检查公司财务;

---

① 参见成都蓉联水泥有限公司与黄四九损害公司利益责任纠纷案,四川省高级人民法院(2021)川民终663号民事裁定书。

（二）对董事、高级管理人员执行职务的行为进行监督，对违反法律、行政法规、公司章程或者股东会决议的董事、高级管理人员提出解任的建议；

（三）当董事、高级管理人员的行为损害公司的利益时，要求董事、高级管理人员予以纠正；

（四）提议召开临时股东会会议，在董事会不履行本法规定的召集和主持股东会会议职责时召集和主持股东会会议；

（五）向股东会会议提出提案；

（六）依照本法第一百八十九条的规定，对董事、高级管理人员提起诉讼；

（七）公司章程规定的其他职权。

第一百八十八条　董事、监事、高级管理人员执行职务违反法律、行政法规或者公司章程的规定，给公司造成损失的，应当承担赔偿责任。

第一百八十九条　董事、高级管理人员有前条规定的情形的，有限责任公司的股东、股份有限公司连续一百八十日以上单独或者合计持有公司百分之一以上股份的股东，可以书面请求监事会向人民法院提起诉讼；监事有前条规定的情形的，前述股东可以书面请求董事会向人民法院提起诉讼。

监事会或者董事会收到前款规定的股东书面请求后拒绝提起诉讼，或者自收到请求之日起三十日内未提起诉讼，或者情况紧急、不立即提起诉讼将会使公司利益受到难以弥补的损害的，前款规定的股东有权为公司利益以自己的名义直接向人民法院提起诉讼。

他人侵犯公司合法权益,给公司造成损失的,本条第一款规定的股东可以依照前两款的规定向人民法院提起诉讼。

公司全资子公司的董事、监事、高级管理人员有前条规定情形,或者他人侵犯公司全资子公司合法权益造成损失的,有限责任公司的股东、股份有限公司连续一百八十日以上单独或者合计持有公司百分之一以上股份的股东,可以依照前三款规定书面请求全资子公司的监事会、董事会向人民法院提起诉讼或者以自己的名义直接向人民法院提起诉讼。

原《公司法》

第五十三条　监事会、不设监事会的公司的监事行使下列职权:

(一)检查公司财务;

(二)对董事、高级管理人员执行公司职务的行为进行监督,对违反法律、行政法规、公司章程或者股东会决议的董事、高级管理人员提出罢免的建议;

(三)当董事、高级管理人员的行为损害公司的利益时,要求董事、高级管理人员予以纠正;

(四)提议召开临时股东会会议,在董事会不履行本法规定的召集和主持股东会会议职责时召集和主持股东会会议;

(五)向股东会会议提出提案;

(六)依照本法第一百五十一条的规定,对董事、高级管理人员提起诉讼;

(七)公司章程规定的其他职权。

第一百四十九条　董事、监事、高级管理人员执行公司职务时违反法律、行政法规或者公司章程的规定，给公司造成损失的，应当承担赔偿责任。

第一百五十一条　董事、高级管理人员有本法第一百四十九条规定的情形的，有限责任公司的股东、股份有限公司连续一百八十日以上单独或者合计持有公司百分之一以上股份的股东，可以书面请求监事会或者不设监事会的有限责任公司的监事向人民法院提起诉讼；监事有本法第一百四十九条规定的情形的，前述股东可以书面请求董事会或者不设董事会的有限责任公司的执行董事向人民法院提起诉讼。

监事会、不设监事会的有限责任公司的监事，或者董事会、执行董事收到前款规定的股东书面请求后拒绝提起诉讼，或者自收到请求之日起三十日内未提起诉讼，或者情况紧急、不立即提起诉讼将会使公司利益受到难以弥补的损害的，前款规定的股东有权为了公司的利益以自己的名义直接向人民法院提起诉讼。

他人侵犯公司合法权益，给公司造成损失的，本条第一款规定的股东可以依照前两款的规定向人民法院提起诉讼。

《九民会议纪要》

第25条　根据《公司法》第151条的规定，股东提起代表诉讼的前置程序之一是，股东必须先书面请求公司有关机关向人民法院提起诉讼。一般情况下，股东没有履行该前置程序的，应当驳回起诉。但是，该项前置程序针对的是公司治理的一般情况，即在股东向公司有关机关提出书面申请之时，存在公司有关机关提起诉讼的可能性。如果查明的相关事实表明，根本不存在该种可能性的，人民法院不应当以原告未履行前置程序为由驳回起诉。

专家说法

监事代表诉讼是当公司董事、高级管理人员损害公司利益时，公司监事会或监事应股东书面请求，代表公司起诉的诉讼制度。此类诉讼的原告为公司，被告为损害公司利益的董事、高级管理人员，监事作为公司的诉讼代表人参加诉讼。

《公司法》第 189 条第 1 款的规定："董事、高级管理人员有前条规定的情形的，有限责任公司的股东、股份有限公司连续一百八十日以上单独或者合计持有公司百分之一以上股份的股东，可以书面请求监事会向人民法院提起诉讼；监事有前条规定的情形的，前述股东可以书面请求董事会向人民法院提起诉讼。"因此，监事提起诉讼必须由符合要求的股东提出书面请求。

在本案中，生效法院判决认为，设有监事会的公司，应以监事会身份提起诉讼，不能直接以监事个人名义提起诉讼；监事会提起诉讼前，必须要先履行前置程序。蓉联公司未在提起诉讼前完成前置程序。因此，蓉联公司以其在提起诉讼后已履行了法律规定的程序为由主张原审裁判错误，无事实和法律依据，不予支持。

那么，如果监事会、监事或董事会、执行董事在收到股东的书面请求后，一直不提起诉讼，股东该如何处理呢？《公司法》第 189 条第 2 款规定："监事会或者董事会收到前款规定的股东书面请求后拒绝提起诉讼，或者自收到请求之日起三十日内未提起诉讼，或者情况紧急、不立即提起诉讼将会使公司利益受到难以弥补的损害的，前款规定的股东有权为公司利益以自己的名义直接向人民法院提起诉讼。"也就是说，股东向监事会、监事或者董事会、执行董事提出书面申请，如果是被拒绝，或者自请求之日起 30 日内未提起诉讼，股东有权直接向人民法院提起诉讼。在这种情况下，就可以视为股东已经履行了法律规定的前置程序，具备了提起股东代表诉讼的条件。

当然还有一种例外情况，如果情况紧急，不立即提起诉讼将会使公司利益受到难以弥补的损害的情况，譬如相关人员转移公司财产，不立即提起诉讼将导致诉讼时效超出等情况，股东也有权直接向法院提起诉讼。此外，根据《九民会议纪要》的规定，在“根本不存在提起诉讼的可能性”的情况下，股东也可以在不履行前置程序的情况下向法院提起诉讼。最典型的情况是，公司董事、监事本身就是被告，这种情形下董事、监事当然不可能提起诉讼。

39 上市公司董事在证券虚假陈述案中应如何担责?

案例[1]

2015年10月28日,上海中毅达股份有限公司(以下简称中毅达公司)发布中毅达公司董事长辞职公告,称中毅达公司董事会于2015年10月26日收到公司董事长吴邦兴的书面辞职报告,吴邦兴辞去董事会董事、董事长和法定代表人及公司董事会战略委员会主任职务,根据公司章程,辞职自辞职报告送达董事会之日起生效。

根据中毅达公司第六届董事会第十二次会议的会议记录,中毅达公司于2015年10月27日召开董事会审议公司2015年第三季度报告及摘要,全票通过,参会董事包括任鸿虎、陈国中,吴邦兴未参会。同日,中毅达公司召开监事会,秦健智在监事会决议上签字。

2015年10月28日,中毅达公司发布2015年第三季度报告,其中重要提示部分载明:公司负责人吴邦兴先生、主管会计工作负责人林旭楠先生及会计机构负责人(会计主管人员)秦思华先生

---

① 参见李淑芬与任鸿虎、林旭楠等证券虚假陈述责任纠纷案,上海市高级人民法院(2020)沪民终550号民事判决书。

保证季度报告中财务报表的真实准确完整。该报告中的合并资产负债表、合并利润表等均由吴邦兴作为法定代表人签字。2016 年 1 月 14 日，中毅达公司法定代表人由吴邦兴变更为刘效军。

任鸿虎决定将井冈山国际山地自行车赛道景观配套项目中已由其他企业完工的约 80% 工程收入违规计入中毅达公司 2015 年第三季度报告，具体由公司副总经理、财务总监林旭楠等人实施。2020 年 4 月 10 日，上海市第三中级人民法院作出(2020)沪 03 刑初 4 号刑事判决，认定中毅达公司 2015 年第三季度报告虚增业绩，任鸿虎、林旭楠的行为均已构成违规披露重要信息罪。

基于对中毅达公司披露信息的信任，原告李淑芬在虚假陈述实施日至虚假陈述揭露日期间购买了中毅达公司股票，因此产生的损失，应由中毅达公司依法予以赔偿，公司高级管理人员亦应承担连带责任。故原告李淑芬提起诉讼，请求：(1)判令中毅达公司赔偿投资差额损失、佣金及印花税损失、利息损失合计人民币 1,208,812.01元(以下币种同)；(2)判令被告林旭楠、任鸿虎、吴邦兴、秦健智、陈国中对中毅达公司前述赔偿义务承担连带清偿责任。

一审判决如下：(1)被告中毅达公司于本判决生效之日起 10 日内赔偿原告李淑芬投资差额损失 93,486.74 元，佣金及印花税损失 186.98 元，以及以 93,673.72 元为基数，自 2015 年 11 月 23 日起至 2016 年 4 月 28 日止，按银行同期活期存款利率计算的利息损失；(2)被告任鸿虎、林旭楠、陈国中、秦健智、吴邦兴对被告中毅达公司依本判决第一项所负的义务承担连带清偿责任。被告任鸿虎、林旭楠、秦健智、吴邦兴以其不应承担赔偿责任为由提起上诉。二审法院判决驳回上诉、维持原判。

法条

新《公司法》

第一百八十条　董事、监事、高级管理人员对公司负有忠实义务，应当采取措施避免自身利益与公司利益冲突，不得利用职权牟取不正当利益。

董事、监事、高级管理人员对公司负有勤勉义务，执行职务应当为公司的最大利益尽到管理者通常应有的合理注意。

公司的控股股东、实际控制人不担任公司董事但实际执行公司事务的，适用前两款规定。

第一百八十一条　董事、监事、高级管理人员不得有下列行为：

(一)侵占公司财产、挪用公司资金；

(二)将公司资金以其个人名义或者以其他个人名义开立账户存储；

(三)利用职权贿赂或者收受其他非法收入；

(四)接受他人与公司交易的佣金归为己有；

(五)擅自披露公司秘密；

(六)违反对公司忠实义务的其他行为。

第一百八十六条　董事、监事、高级管理人员违反本法第一百八十一条至第一百八十四条规定所得的收入应当归公司所有。

第一百八十八条　董事、监事、高级管理人员执行职务违反法律、行政法规或者公司章程的规定，给公司造成损失的，应当承担赔偿责任。

第一百九十一条　董事、高级管理人员执行职务，给他人造成损害的，公司应当承担赔偿责任；董事、高级管理人员存在故意或者重大过失的，也应当承担赔偿责任。

原《公司法》

第一百四十七条　董事、监事、高级管理人员应当遵守法律、行政法规和公司章程，对公司负有忠实义务和勤勉义务。

董事、监事、高级管理人员不得利用职权收受贿赂或者其他非法收入，不得侵占公司的财产。

第一百四十八条　董事、高级管理人员不得有下列行为：

（一）挪用公司资金；

（二）将公司资金以其个人名义或者以其他个人名义开立账户存储；

（三）违反公司章程的规定，未经股东会、股东大会或者董事会同意，将公司资金借贷给他人或者以公司财产为他人提供担保；

（四）违反公司章程的规定或者未经股东会、股东大会同意，与本公司订立合同或者进行交易；

（五）未经股东会或者股东大会同意，利用职务便利为自己或者他人谋取属于公司的商业机会，自营或者为他人经营与所任职公司同类的业务；

（六）接受他人与公司交易的佣金归为己有；

（七）擅自披露公司秘密；

（八）违反对公司忠实义务的其他行为。

董事、高级管理人员违反前款规定所得的收入应当归公司所有。

第一百四十九条　董事、监事、高级管理人员执行公司职务时违反法律、行政法规或者公司章程的规定，给公司造成损失的，应当承担赔偿责任。

专家说法

我国《公司法》规定了董事、监事、高级管理人员违反忠实、勤勉义务，给公司造成损失的，应当承担赔偿责任。从公司法上来看，董事、监事、高级管理人员违反忠实、勤勉义务给公司造成损失的，需向公司承担赔偿责任，而本案中涉诉董事、监事并没有向公司承担赔偿责任，而是向第三人承担连带清偿责任。原《公司法》时期，对于董事、监事、高级管理人员因违反忠实、勤勉义务是否要向第三人承担赔偿责任这个问题，尚存在争议。再结合此前的立法和司法解释来看，为维护第三人利益和市场秩序，往往存在一些特别的规定，如违反忠实、勤勉义务的董事、监事、高级管理人员直接向第三人承担赔偿责任。本案即属于此种情形。在本案审理时，主要引用的法律条文为最高人民法院《关于审理证券市场因虚假陈述引发的民事赔偿案件的若干规定》(现已废止)第21条："发起人、发行人或者上市公司对其虚假陈述给投资人造成的损失承担民事赔偿责任。发行人、上市公司负有责任的董事、监事和经理等高级管理人员对前款的损失承担连带赔偿责任。但有证据证明无过错的，应予免责。"以及第28条："发行人、上市公司、证券承销商、证券上市推荐人负有责任的董事、监事和经理等高级管理人员有下列情形之一的，应当认定为共同虚假陈述，分别与发行人、上市公司、证券承销商、证券上市推荐人对投资人的损失承担连带责任：（一）参与虚假陈述的；（二）知道或者应当知道虚假陈述而未明确表示反对的；（三）其他应当负有责任的情形。”

但是在该规定废止后，对于董事侵害第三人权益的行为似乎难以规制。为解决实践中已经大量发生的公司董事侵害第三人权益，而受害人无法得到有效救济的现象，回应第三人起诉公司和董事承担连带赔偿责任的司法需求，同时统合实定法上零散的董事对于第三人承担赔偿责任的情形，《公司法》第 191 条吸收了此类特殊规定，新增了董事、高级管理人员执行职务时因故意或重大过失对第三人造成损害的应当承担赔偿责任的规定，剥夺董事通过违法行为而获得的利益，以强化公司董事责任，提升公司治理水平。

40 如何判断董事、监事、高级管理人员的勤勉义务？

案 例[①]

2009 年 9 月至 2010 年 6 月，被告张彦涛担任原告北京卓越华盛供热投资管理有限公司（以下简称华盛公司）总经理，任职期间主要负责公司的生产运营事务。张彦涛任职期间发现华盛公司位于某处的锅炉房设备老化，导致大气污染物排放物超标，但其并未运用公司赋予的总经理职权采取措施进行有效处理，导致锅炉排放长期处于超标状态。2010 年 1 月 26 日，原北京市环境保护局对原告超标排放行为作出行政处罚。原告后诉至法院，认为被告怠于履行职责。

一审法院认为，依据原《公司法》的规定，公司高级管理人员应当遵守法律、行政法规和公司章程，对公司负有忠实义务和勤勉义务，诚信地履行对公司的职责，尽到普通人在类似的情况和地位下谨慎的合理注意义务，为实现公司最大利益努力工作，不得积极侵占或消极损害公司财产利益；高级管理人员执行公司职务行为时违反法律、行政法规和公司章程，给公司造成损失的，应当承担赔偿责任。本案的公司损失与被告的消极行为之间存在因果关

---

① 参见北京卓越华盛供热投资管理有限公司与张彦涛损害公司利益赔偿案，北京市第一中级人民法院（2011）一中民终字第 14843 号民事判决书。

系，故一审法院判决被告承担赔偿责任。二审法院维持原判。

法　条

新《公司法》

第一百八十条　董事、监事、高级管理人员对公司负有忠实义务，应当采取措施避免自身利益与公司利益冲突，不得利用职权牟取不正当利益。

董事、监事、高级管理人员对公司负有勤勉义务，执行职务应当为公司的最大利益尽到管理者通常应有的合理注意。

公司的控股股东、实际控制人不担任公司董事但实际执行公司事务的，适用前两款规定。

原《公司法》

第一百四十七条　董事、监事、高级管理人员应当遵守法律、行政法规和公司章程，对公司负有忠实义务和勤勉义务。

董事、监事、高级管理人员不得利用职权收受贿赂或者其他非法收入，不得侵占公司的财产。

专家说法

勤勉义务，从字面上看，具有课以公司董事、监事、高级管理人员努力不懈，谨慎小心，克服懒惰、无责任心的意思，是防止其懈怠渎职的一种义务。该义务要求经营权主体在做出经营决策时，其行为标准必须是以公司的利益为出发点，以适当的方式并尽合理的注意义务履行职责。但是与忠实义务不同的是，无论是原《公司法》还是本次修订的《公司法》均未进行细化规定,使得司法实践缺乏明确的指引,并且对董事、监事、高级管理人员应当承担的勤勉义务缺乏相应的判断标准。

实践中是采取主观标准还是客观标准抑或“主观+客观”标准?主观标准说是指,以董事、监事、高级管理人员自身的主观心态以及自身的知识水平情况为衡量标准。该标准认为,董事、监事、高级管理人员是否尽到勤勉义务的判断标准在于董事、监事、高级管理人员的主观心理状态,即善意。但是这也是主观标准最大的弊端,即认知水平越高的董事、监事、高级管理人员责任越大,而认知水平越低的则责任越小。客观标准说认为判断董事、监事、高级管理人员勤勉义务的标准在于其行为是否达到了类似职位和普通情况下的一般人所具有的注意程度,也就是说对于董事、监事、高级管理人员是否尽到勤勉义务的判断标准在于董事、监事、高级管理人员的行为。因为主观标准容易在具有较强能力和较弱能力的人之间产生不公平,即高能力意味着高要求,这对于能力较高的董事、监事、高级管理人员来说不公平。主客观结合说是指将董事、监事、高级管理人员的主观心理状态和其客观的行为相结合,将董事、监事、高级管理人员是否具有善意和其客观行为结合起来进行判断。勤勉义务应该以普通谨慎之人在相同或者类似环境和职位中所拥有的注意程度为标准,但对于某些特殊行业的董事、监事、高级管理人员以及能力较高的董事、监事、高级管理人员而言,应以其自身经验以及能力来判断其是否诚实善意地尽到了其职责。但是该标准在适用的过程中很难对董事、监事、高级管理人员的主观心态进行举证,从而给案件的实践判断造成一定的困难。

如前所述，客观判断标准采取的是社会平均水平，能够契合大部分董事、监事、高级管理人员的知识水平以及能力，而且由于不同主体的主观心理状态存在差异，在判断标准中加入主观的因素会存在这样一个问题，即对于主观心态存在难以判断的问题。因此以客观判断标准为原则能够减少司法实践对于当事人的主观心态难以判断的情况。

目前，大多数国家正在将董事、监事、高级管理人员勤勉义务标准规定为客观标准。我国也应该将董事、监事、高级管理人员勤勉义务的判断标准规定为客观标准。采取客观标准不仅能够避免主观标准的弊端，而且可以顺应世界的立法潮流。本案中，一审法院的解释遵循了客观标准，即认为公司高级管理人员尽到普通人在类似的情况和地位下谨慎的合理注意义务，为实现公司最大利益努力工作，不得积极侵占或消极损害公司财产利益；张彦涛作为公司的高级管理人员，具有与其相对应的特殊职责，但是张彦涛却在明知锅炉房长期超标排放的情况下采取了放任的态度，属于消极的不作为，并且该行为与其后公司因违法经营被环保部门责令立即停止违法行为并处10万元罚款存在因果关系。因此，张彦涛应当承担相应的赔偿责任。在法院的判决理由中，高级管理人员勤勉义务的标准有了一个明确的定义，即“尽到普通人在类似的情况和地位下谨慎的合理注意义务，为实现公司最大利益努力工作”。《公司法》中对董事、监事、高级管理人员勤勉义务的规定也采纳了司法实践中的意见，其中表明：“董事、监事、高级管理人员对公司负有勤勉义务，执行职务应当为公司的最大利益尽到管理者通常应有的合理注意。”这是《公司法》首次对董事、监事、高级管理人员的勤勉义务作出界定，这一界定将进一步接受公司治理实践和司法实践的检验。

41 董事是否应对未及时开会恢复公司正常运营承担责任?

案 例[1]

衡阳市南东有色金属有限公司(以下简称南东公司)与湖南安化渣滓溪矿业有限公司(以下简称渣滓溪公司)于2006年共同设立溆浦县华能矿业有限公司(以下简称华能公司),双方各持50%股份,华能公司董事会5人,由渣滓溪公司委派3人,南东公司委派2人,董事长由渣滓溪公司法定代表人兼任。2008年开始,全球钨价下跌等导致华能公司陷入停产。华能公司停产期间,从2009年下半年开始,钨的市场行情上涨,华能公司生产存在盈利的可能;但华能公司从2008年10月6日到2013年5月28日,没有召开过公司董事会,更没有提出恢复生产的方案。南东公司在2009年4月7日和10月22日、2010年、2011年8月、2012年7月和8月等多次到渣滓溪公司协商,要求召开华能公司董事会讨论恢复生产问题。从2009年6月开始,南东公司分别于2012年4月1日和5月3日、2013年1月25日和4月7日等多次致函渣滓溪公司,要求召开华能公司董事会讨论恢复生产问题,渣滓溪公司均未采纳。

---

① 参见衡阳市南东有色金属有限公司与湖南安化渣滓溪矿业有限公司侵害股东利益责任纠纷案,湖南省高级人民法院(2014)湘高法民二终字第73号民事判决书。

南东公司起诉主张:(1)依法确认华能公司矿井恢复生产需投入资金699万元,以及设备更换、维修及供水供电场地清理需投入资金430万元均由渣滓溪公司承担;(2)停产后华能公司开支共计237万元由渣滓溪公司负担;(3)渣滓溪公司支付南东公司向股东借资222万元的利息损失1,703,135元;(4)渣滓溪公司赔偿因停产给南东公司造成的可得利润损失1828.1万元。

一审法院认为,在2009年下半年钨市场价行情上涨的情况下,华能公司董事会未能尽早恢复生产。由于南东公司董事会实际上由渣滓溪公司控制,因而渣滓溪公司应当承担恢复生产的资金。渣滓溪公司不服一审法院判决,认为干预了公司自治,故提起上诉。二审法院审理认为,股东作为公司出资者,在履行出资义务后,不再承担其他义务。同时,公司董事作为由股东选举产生的公司管理者,对公司事务具有独立的决定权,有权依照其对公司经营状况的判断独立做出相应的经营决策。只要该经营决策没有故意损害其他人的合法权益,即使该经营决策事后被证明对公司造成了损害,董事的该种基于公司经营状况做出商业决策的权利也应受到法律的保护,而无须承担责任,这也即所谓的公司管理者的商业判断规则。本案中,华能公司是否恢复生产属于商业判断,一审判决以事后判断代替了公司经营者的商业判断,应予纠正。

法 条

新《公司法》

第一百八十条 董事、监事、高级管理人员对公司负有忠实义务，应当采取措施避免自身利益与公司利益冲突，不得利用职权牟取不正当利益。

董事、监事、高级管理人员对公司负有勤勉义务，执行职务应当为公司的最大利益尽到管理者通常应有的合理注意。

公司的控股股东、实际控制人不担任公司董事但实际执行公司事务的，适用前两款规定。

第一百八十八条　董事、监事、高级管理人员执行职务违反法律、行政法规或者公司章程的规定，给公司造成损失的，应当承担赔偿责任。

原《公司法》

第一百四十七条　董事、监事、高级管理人员应当遵守法律、行政法规和公司章程，对公司负有忠实义务和勤勉义务。

董事、监事、高级管理人员不得利用职权收受贿赂或者其他非法收入，不得侵占公司的财产。

第一百四十九条　董事、监事、高级管理人员执行公司职务时违反法律、行政法规或者公司章程的规定，给公司造成损失的，应当承担赔偿责任。

专家说法

各国的公司法都设定了董事应当承担勤勉义务，并赋予董事广泛的商业经营判断权限，以鼓励其及时决策与商业创新。公司董事的勤勉义务履行与否，是公司治理成败与优化营商环境的关键所在。《公司法》第 180 条虽有公司董事勤勉义务之名，但缺乏精准判断董事是否履行义务之实,进而引发司法裁判的无所适从。域外公司诉讼产生了商业判断规则,商业判断规则也称经营判断法则或业务判断规则,是指董事本着善意(没有损害公司的意图),基于合理的信息和一定的理性做出经营决策,可以被认定并未违反合理注意义务,从而有效地免受法律责难,即便从公司角度看这些决定是糟糕的甚至是灾难性的。这一规则的核心要义在于将董事的决策置于优位,而法院自我拘束地介入。该规则既激励董事勇于合理决策,又克制司法不当介入,成为各国公司法纷纷效仿采纳的法律规则。实践表明,一些裁判者已经尝试运用商业判断规则的法理,填补董事勤勉义务标准缺失的漏洞。

从实践来看,我国虽然已经引进了商业判断规则,《公司法》第 180 条已经明确"执行职务应当为公司的最大利益尽到管理者通常应有的合理注意",但还需明确举证责任。举证责任不宜完全交给一方,而应当先由股东初步举证,后由董事承担更高的举证责任,以强化董事的忠实勤勉义务;并细化司法审查,先审查董事决策程序。由此,可以判断董事是否为获取决策所必要的信息作出了充分的努力,以排查董事不负责任、轻率的决策。如果程序有违法律、公司章程的规定,则必须对决策内容进行实质审查,综合考量董事是否有积极履行职责的行为,以及主观上是否善意、合理地相信其所为乃基于公司利益等因素;若符合,则可暂且推定董事尽到忠实勤勉义务,但这种推定亦可被推翻,必要情况下可对决策内容进行形式审查,特殊情况下还可进行实质审查。

42 如何认定自我交易的效力及行使归入权?

案例[1]

原告谢虎与被告冷佳峰于2015年投资创立重庆云创置业发展有限公司(以下简称云创公司),注册资本为2000万元,各自持股50%。冷佳峰为云创公司的法定代表人,任执行董事兼经理,谢虎任云创公司的监事。云创公司经营过程中,冷佳峰负责公司日常管理经营,谢虎不参与。2016年1月至3月,冷佳峰将自有资金假借夏小平、陶俊、李正容的名义借给云创公司使用,合计1240万元。后云创公司按照约定日利率5‰至6‰的利息,共向冷佳峰支付利息合计883.2万元。

谢虎作为原告将冷佳峰起诉至法院,云创公司被列为第三人,诉讼请求为:冷佳峰向云创公司支付非法利息收入13,583,386元的资金占用损失。一审审理中,谢虎主张云创公司共计支付夏小平、陶俊、李正容利息13,583,386元。云创公司出纳李正容的农业银行借记卡交易明细记载,截至2016年11月,除公安机关侦查认定云创公司支付了利息8,832,060.66元外,云创公司在2017年仍继续支付利息,以上共计13,583,386元。云创公司出示云创

---

① 参见谢虎与冷佳峰借款合同纠纷案,重庆市高级人民法院(2020)渝民终543号民事判决书。

公司领(借)款申请单和费用报销单等证据,证明云创公司按照借条约定,向夏小平、陶俊、李正容偿还全部借款本金和利息,其中,支付利息共计 14,840,435 元。

一审法院认为,冷佳峰行为违反了原《公司法》第一百四十八条的规定,违反忠实义务,依据该条关于归入权的规定,该笔利息应当全部归还给云创公司。冷佳峰不服,上诉至重庆市高级人民法院,称根据 2015 年《民间借贷规定》(已被修改)第二十六条的规定,年利率不超过 36% 部分的借款利息收入不应当返还公司,只需偿还扣减后的金额。二审法院认为,冷佳峰作为公司的执行董事兼经理,理应履行对公司的忠实义务。根据原《公司法》第一百四十八条第二款的规定,关于冷佳峰提出其应当收取 2015 年《民间借贷规定》(已被修改)允许范围内的利息的上诉意见,于法无据,不予支持。重庆市高级人民法院判决驳回上诉,维持原判。

法 条

新《公司法》

第一百八十二条　董事、监事、高级管理人员,直接或者间接与本公司订立合同或者进行交易,应当就与订立合同或者进行交易有关的事项向董事会或者股东会报告,并按照公司章程的规定经董事会或者股东会决议通过。

董事、监事、高级管理人员的近亲属,董事、监事、高级管理人员或者其近亲属直接或者间接控制的企业,以及与董事、监事、高级管理人员有其他关联关系的关联人,与公司订立合同或者进行交易，适用前款规定。

第一百八十六条　董事、监事、高级管理人员违反本法第一百八十一条至第一百八十四条规定所得的收入应当归公司所有。

原《公司法》

第一百四十八条　董事、高级管理人员不得有下列行为：

（一）挪用公司资金；

（二）将公司资金以其个人名义或者以其他个人名义开立账户存储；

（三）违反公司章程的规定，未经股东会、股东大会或者董事会同意，将公司资金借贷给他人或者以公司财产为他人提供担保；

（四）违反公司章程的规定或者未经股东会、股东大会同意，与本公司订立合同或者进行交易；

（五）未经股东会或者股东大会同意，利用职务便利为自己或者他人谋取属于公司的商业机会，自营或者为他人经营与所任职公司同类的业务；

（六）接受他人与公司交易的佣金归为己有；

（七）擅自披露公司秘密；

（八）违反对公司忠实义务的其他行为。

董事、高级管理人员违反前款规定所得的收入应当归公司所有。

专家说法

自我交易就是指董事、监事、高级管理人员在为公司实施行为时知道自己或者其关联人是该交易的另一方当事人或者与该交易存在经济利益或者与该交易存在密切的关系,并且使人有理由相信该种利益的存在将会对该董事、监事、高级管理人员的判断产生影响。

自我交易的效力问题是自我交易案件判断以及公司是否行使归入权的核心与前提问题。我国原《公司法》第 148 条第 1 款第 4 项采取的办法是程序性规定,即根据公司章程规定或者经股东会、股东大会同意。需要注意的是,如果既没有在公司章程中规定,也没有取得股东会、股东大会的同意,该自我交易的效力又该如何?从本案处理来看,冷佳峰系云创公司的法定代表人,且任执行董事兼经理,冷佳峰的出借行为即以虚构他人的名义贷款给公司。可见,冷佳峰对公司具有实质控制的权力,因此,其利用自身职务便利与公司签订了借款合同。该交易行为并未经过股东会同意,且其他股东即谢虎对此并不知情,也不予追认,同时该公司章程也未授予冷佳峰该项权力。可以说,冷佳峰向云创公司出借款项的行为,已经违反我国原《公司法》第 148 条第 1 款第 4 项的程序性规定。从交易实质内容来看,冷佳峰与公司签订的借款合同约定的利率为日利率 5‰至 6‰(月利率高达 18% 或 15%)。可以看出,该自我交易实质是冷佳峰通过与公司签订借款合同收取高额利息,从而损害公司、其他股东(谢虎)以及债权人利益。从商业判断规则来看,该交易也属于不正当交易,系冷佳峰利用自身职务便利向自己输送利益。因此,可以认定本案所涉自我交易的借款合同无效。

所谓归入权,是指对因公司的利益相关者违反法律规定或者公司章程的规定实施某些交易而取得的溢出利益，公司享有主张收归公司所有的法定权利。之所以规定公司的归入权，实质上是由自我交易性质及其基础合同效力决定的。只有在自我交易合同无效的情况下，才可以行使归入权。因为合同有效则董事、监事、高级管理人员的利益应受保护。在本案中，冷佳峰出借给其所任职的云创公司的借款合同无效，因此具备归入权行使的前提条件。作为云创公司法定代表人兼执行董事和经理的冷佳峰，通过出借款项给云创公司并收取高额利息的行为在损害公司利益的同时使自己获取不正当利益，该不正当利益依据原《公司法》第 148 条第 2 款的规定应归公司所有。

43 高级管理人员的竞业禁止义务应如何理解?

案 例[1]

原告北京志远数存科技有限公司(以下简称志远数存公司)成立于2004年3月9日,主要经营范围为数据磁带、磁带机、条形码的销售、磁带检测、磁带销毁消磁。股东为赵双京、王健伟、张宏及杨韬,各持股25%。王健伟担任志远数存公司经理职务,负责国外大客户的交往、国内磁带销售和检测业务。后王健伟于2015年7月离职。

北京智存融远科技有限公司(以下简称智存融远公司)成立于2013年9月5日,王健伟持股60%,周瑾(系王健伟妻子)持股40%,法定代表人现变更为王淑贤(系王健伟母亲)。在智存融远公司成立后,王健伟利用其担任志远数存公司经理的职务便利,用其邮箱向其负责的客户发送了公司业务变更的说明,公开向其负责的客户告知部分业务转至智存融远公司,将志远数存公司部分业务转入智存融远公司。

志远数存公司以王健伟违反竞业禁止义务,智存融远公司共同侵权为由,向一审法院提起诉讼,请求判令:(1)判令王健伟、智

---

① 参见北京志远数存科技有限公司与王健伟等损害公司利益责任纠纷案,北京市第一中级人民法院(2018)京01民终8010号民事判决书。

存融远公司立即停止经营与志远数存公司经营业务同类的业务；(2)请求判令王健伟、智存融远公司立即将2013年至2016年年底，损害志远数存公司利益的全部收入所得共计2,570,678.77元返还给志远数存公司。

一审法院判决：(1)王健伟、智存融远公司立即停止经营数据磁带、磁带机、条形码的销售、磁带检测、磁带销毁消磁业务。(2)王健伟、智存融远公司于判决生效之日起10日内共同向志远数存公司返还收入所得1,916,367.64元及利息。(3)驳回志远数存公司其他诉讼请求。王健伟及智存融远公司不服一审判决，提起上诉。二审法院经审理，认为一审判决认定事实清楚，适用法律不当，改判如下：(1)维持一审判决第二项；(2)撤销一审判决第一、三项；(3)驳回志远数存公司其他诉讼请求。

法 条

新《公司法》

第一百八十四条　董事、监事、高级管理人员未向董事会或者股东会报告，并按照公司章程的规定经董事会或者股东会决议通过，不得自营或者为他人经营与其任职公司同类的业务。

第一百八十六条　董事、监事、高级管理人员违反本法第一百八十一条至第一百八十四条规定所得的收入应当归公司所有。

第一百八十八条　董事、监事、高级管理人员执行职务违反法律、行政法规或者公司章程的规定，给公司造成损失的，应当承担赔偿责任。

原《公司法》

第一百四十八条　董事、高级管理人员不得有下列行为：

（一）挪用公司资金；

（二）将公司资金以其个人名义或者以其他个人名义开立账户存储；

（三）违反公司章程的规定，未经股东会、股东大会或者董事会同意，将公司资金借贷给他人或者以公司财产为他人提供担保；

（四）违反公司章程的规定或者未经股东会、股东大会同意，与本公司订立合同或者进行交易；

（五）未经股东会或者股东大会同意，利用职务便利为自己或者他人谋取属于公司的商业机会，自营或者为他人经营与所任职公司同类的业务；

（六）接受他人与公司交易的佣金归为己有；

（七）擅自披露公司秘密；

（八）违反对公司忠实义务的其他行为。

董事、高级管理人员违反前款规定所得的收入应当归公司所有。

第一百四十九条　董事、监事、高级管理人员执行公司职务时违反法律、行政法规或者公司章程的规定，给公司造成损失的，应当承担赔偿责任。

专家说法

《公司法》第184条规定："董事、监事、高级管理人员未向董事会或者股东会报告，并按照公司章程的规定经董事会或者股东会决议通过，不得自营或者为他人经营与其任职公司同类的业务。”第186条规定：“董事、监事、高级管理人员违反本法第一百八十一条至第一百八十四条规定所得的收入应当归公司所有。”根据以上两条规定可见，竞业禁止义务的行为主体为董事、监事、高级管理人员，其承担竞业禁止义务的期间，应从任职之时开始，在离职之时结束；行为表现方式为利用职务便利，篡夺本应属于公司的商业机会；行为后果是将违反竞业禁止义务所得的收入归公司所有。虽然，《公司法》规定了董事、监事、高级管理人员对公司负有竞业禁止义务，但是，对于如何认定违反竞业禁止义务，以及违反后公司行使归入权的对象及范围并没有进行详细的规定，因此还需对此进行解释。

判断股东是否负有竞业禁止义务，司法认定采取的是实质标准，此外应当注意的是，除作为董事、监事、高级管理人员的股东本人自身违反忠实义务，董事、高级管理人员利用其配偶、父母、子女等关联人规避其应当履行的忠实义务，利用关联人从事违反竞业禁止等义务的行为也应当视为董事、监事、高级管理人员的行为。判断是否存在违背竞业禁止义务的行为，同样采取实质标准，认定董事及高级管理人员是否利用职务便利谋取属于所任职公司的商业机会，或者经营与所任职公司同类的业务，存在两个前提条件：一是担任公司董事及高级管理人员并实际从事公司的经营决策等管理行为；二是没有经过股东会的同意而实施相关行为。

因此，公司若要追究董事、监事及高级管理人员违反竞业禁止义务的责任，不但要证明侵权人具有董事、监事及高级管理人员之名，还要证明董事、监事及高级管理人员存在从事经营管理之实。

因为董事、监事及高级管理人员若不参与公司的经营管理和决策，也就不能接触公司的核心业务、商业秘密等信息，即使其开展同类业务，也不存在利益冲突和不正当竞争关系，不构成对公司的侵权。值得注意的是，董事、监事及高级管理人员如已不再实际履行董事、监事和高级管理人员的职责，不再从事董事、监事和高级管理人员的经营管理行为，此时董事、监事和高级管理人员就不再承担竞业禁止义务了。若终身禁止其在该领域从业，有悖于《宪法》赋予公民的劳动权利和选择职业的权利。

此外，在司法审判的过程中，对归入权的计算采用的方法通常分为以下两种：第一种方法，通过账户往来金额计算董事、监事、高级管理人员因违反竞业禁止义务所得的实际收入，该方法适用于账户直接进行结算的情形；第二种方法，计算经营同类业务的利润，具体包含下面两种情形，一种指的是根据业务收入扣除相应的成本进行的计算，另一种指的是在收入无法计算的情况下，根据公平合理的原则，按照被告在公司的相关持股比例等情况进行酌定测算。如果董事、监事、高级管理人员不仅仅是非法占有原本归属于公司的利益，而且还可能对公司造成可得利益以外的侵害，则根据我国相关法律规定可知，只要董事、监事、高级管理人员给公司带来了一定的损害后果，公司就有权利向董事、监事、高级管理人员主张相应的赔偿。司法实践中，针对两者的竞合，一般的裁判思路是：首先，原告需要证明被告的行为违反了竞业禁止义务，并因此获得了一定的利益；其次，如果原告行使了归入权仍然不足以填补其全部损失，那么，对剩余没有获得弥补的那一部分损失，才可以要求相应的赔偿。

44 不经前置程序是否能够直接提起损害公司利益的股东代表诉讼?

案　例[1]

湖南汉业房地产开发有限公司(以下简称湖南汉业公司)股东构成情况:周长春出资人民币250万元,持股比例10%;新时代投资有限公司出资人民币2250万元,持股比例90%。

湖南汉业公司《中外合资经营企业章程》第十五条规定:董事会由5名董事组成,其中1名由周长春出任,新时代投资有限公司委派4名,董事长由新时代投资有限公司指定。2011年12月29日,湖南汉业公司法定代表人由范小汉变更为李世慰。湖南汉业公司董事会由李世慰(董事长)、彭振傑、庄学农、李美心、周长春组成。此外,湖南汉业公司未设立监事会或监事。

周长春未履行前置程序,直接提起股东代表诉讼,诉称2005年9月至2016年,李世慰(董事长)、彭振傑及庄士中国投资有限公司(以下简称庄士中国公司)利用其对湖南汉业公司的控制和管理地位,通过关联关系低价处置等方式,损害湖南汉业公司利益。请求判令:(1)庄士中国公司、李世慰、彭振傑共同赔偿湖南

---

① 参见周长春与庄士中国投资有限公司、李世慰、彭振傑及第三人湖南汉业房地产开发有限公司损害公司利益责任纠纷案,最高人民法院(2019)最高法民终1679号民事裁定书。

汉业公司人民币750.825万元。(2)庄士中国公司、李世慰、彭振傑共同赔偿湖南汉业公司经济损失32,210,138.92元。(3)庄士中国公司、李世慰、彭振傑赔偿因低价折抵湖南汉业公司资产,侵占湖南汉业公司商业机会,而造成的经济损失5000万元。

一审法院认为,周长春未履行股东代表之诉的前置程序,驳回其起诉。周长春不服提起上诉。二审法院认为,周长春主张可以不经股东代表诉讼前置程序直接提起本案诉讼的上诉理由成立,撤销一审民事裁定,指令湖南省高级人民法院审理。

法 条

新《公司法》

第一百八十九条　董事、高级管理人员有前条规定的情形的,有限责任公司的股东、股份有限公司连续一百八十日以上单独或者合计持有公司百分之一以上股份的股东,可以书面请求监事会向人民法院提起诉讼;监事有前条规定的情形的,前述股东可以书面请求董事会向人民法院提起诉讼。

监事会或者董事会收到前款规定的股东书面请求后拒绝提起诉讼,或者自收到请求之日起三十日内未提起诉讼,或者情况紧急、不立即提起诉讼将会使公司利益受到难以弥补的损害的,前款规定的股东有权为公司利益以自己的名义直接向人民法院提起诉讼。

他人侵犯公司合法权益,给公司造成损失的,本条第一款规定的股东可以依照前两款的规定向人民法院提起诉讼。

公司全资子公司的董事、监事、高级管理人员有前条规定情形，或者他人侵犯公司全资子公司合法权益造成损失的，有限责任公司的股东、股份有限公司连续一百八十日以上单独或者合计持有公司百分之一以上股份的股东，可以依照前三款规定书面请求全资子公司的监事会、董事会向人民法院提起诉讼或者以自己的名义直接向人民法院提起诉讼。

原《公司法》

第一百五十一条　董事、高级管理人员有本法第一百四十九条规定的情形的，有限责任公司的股东、股份有限公司连续一百八十日以上单独或者合计持有公司百分之一以上股份的股东，可以书面请求监事会或者不设监事会的有限责任公司的监事向人民法院提起诉讼；监事有本法第一百四十九条规定的情形的，前述股东可以书面请求董事会或者不设董事会的有限责任公司的执行董事向人民法院提起诉讼。

监事会、不设监事会的有限责任公司的监事，或者董事会、执行董事收到前款规定的股东书面请求后拒绝提起诉讼，或者自收到请求之日起三十日内未提起诉讼，或者情况紧急、不立即提起诉讼将会使公司利益受到难以弥补的损害的，前款规定的股东有权为了公司的利益以自己的名义直接向人民法院提起诉讼。

他人侵犯公司合法权益，给公司造成损失的，本条第一款规定的股东可以依照前两款的规定向人民法院提起诉讼。

专家说法

我国股东代表诉讼制度是为防止公司董事、监事、高级管理人员等的失职行为损害公司利益,保护中小投资者而设置的重要措施。根据《公司法》第189条的规定,我国股东代表诉讼需履行法定的前置程序,即原告股东需首先书面请求监事会或监事向人民法院提起诉讼;如果是监事侵害公司权益,则向董事会或执行董事提出上述请求。相关公司机关收到前述书面请求后拒绝提起诉讼,或者自收到请求之日起30日内未提起诉讼,股东方可以自己名义提起股东代表诉讼。股东代表诉讼前置程序体现的原则为股东应首先依赖公司内部的救济途径,在穷尽内部救济机制无法达到预期效果时,才可以提起股东代表诉讼,否则法院应当驳回起诉。前置程序设置的目的,一是充分尊重公司内部治理机制,二是能够防止少数股东滥用诉权。但若一概僵化适用股东代表诉讼的前置程序,又将在一定程度上对某些特殊个案进入诉讼程序形成阻碍,反而对股东和公司维护合法权益带来消极影响。因此《公司法》及《九民会议纪要》均在一般情形的基础上,对股东代表诉讼的前置程序规定了特殊的豁免情形。主要分为两种情况:

第一,紧急情况下的前置程序豁免。根据《公司法》第189条第2款的规定,情况紧急、不立即提起诉讼将会使公司利益受到难以弥补的损害的,股东有权为公司利益以自己的名义直接向人民法院提起诉讼。根据该款规定,股东有权为了公司利益以自己的名义直接向人民法院起诉。

第二,公司治理失灵情况下的前置程序豁免。《九民会议纪要》第 25 条规定："根据《公司法》第 151 条的规定，股东提起代表诉讼的前置程序之一是，股东必须先书面请求公司有关机关向人民法院提起诉讼。一般情况下，股东没有履行该前置程序的，应当驳回起诉。但是，该项前置程序针对的是公司治理的一般情况，即在股东向公司有关机关提出书面申请之时，存在公司有关机关提起诉讼的可能性。如果查明的相关事实表明，根本不存在该种可能性的，人民法院不应当以原告未履行前置程序为由驳回起诉。"

本案即属于第二种情况，庄士中国公司不属于湖南汉业公司董事、监事或者高级管理人员，因湖南汉业公司未设监事会或者监事，周长春针对庄士中国公司提起股东代表诉讼的前置程序应当向湖南汉业公司董事会提出。但是，根据查明的事实，湖南汉业公司董事会由李世慰、彭振傑、庄学农、李美心、周长春组成。除周长春外，湖南汉业公司其他 4 名董事会成员均为庄士中国公司董事或高级管理人员，与庄士中国公司具有利害关系，基本不存在湖南汉业公司董事会对庄士中国公司提起诉讼的可能性。在这种情况下，再要求周长春完成对庄士中国公司提起股东代表诉讼的前置程序已无必要。

45 公司债券违约兑付的法律后果如何？

案例[1]

2014年9月18日，吉林利源精制股份有限公司（以下简称利源精制公司）发布公开发行公司债权募集说明书，公开发行公司债券10亿元，债券名称为“吉林利源精制股份有限公司2014年公司债券”（以下简称“14利源债”）。该募集说明书就违约责任规定，若发行人未按时支付本次债券本金和/或利息，对于逾期未付的利息或者本金，公司将根据逾期天数按逾期利率向债券持有人支付逾期利息，逾期利息为本次债券票面利率上浮30%。2018年9月25日，利源精制公司发布“14利源债”无法按时付息的公告称，本次付息日为2018年9月25日，资金周转困难，不能按期支付利息，本次债券构成实质违约，并申请公司债券停牌。2018年9月25日，原告中欧基金管理有限公司（以下简称中欧基金）向法院提起诉讼，起诉状上记载解除合同系其首次通知被告解除合同事宜。

原告中欧基金诉称：(1)确认双方达成的《吉林利源精制股份有限公司公开发行公司债券募集书》于2018年9月25日解除；(2)返还原告管理的7个资产管理计划持有的“14利源债”全部本

---

① 参见中欧基金管理有限公司与吉林利源精制股份有限公司公司债券交易纠纷案，上海市高级人民法院(2018)沪民初82号民事判决书。

金，并判令被告赔偿损失；(3)赔偿律师费、财产保全保险费。被告利源精制公司辩称：(1)原告不是持券人，不是适格的诉讼主体；(2)因为约定的还本日期尚未届满，被告仅是一期利息支付义务未履行，故没有归还本金的义务；(3)被告对解除存在异议，原告的解除通知不能发生解除效力；(4)原告要求赔偿额外的律师费和保全保险费，缺乏法律依据。

法院作出民事判决，被告利源精制公司应于本判决生效之日起10日内归还原告中欧基金管理的6个资产管理计划所持有“14利源债”对应的本金和利息，以及逾期支付利息和逾期归还本金的损失。

法条

新《公司法》

第一百九十四条　本法所称公司债券，是指公司发行的约定按期还本付息的有价证券。

公司债券可以公开发行，也可以非公开发行。

公司债券的发行和交易应当符合《中华人民共和国证券法》等法律、行政法规的规定。

原《公司法》

第一百五十三条　本法所称公司债券，是指公司依照法定程序发行、约定在一定期限还本付息的有价证券。

公司发行公司债券应当符合《中华人民共和国证券法》规定的发行条件。

《证券法》

第二条第一款　在中华人民共和国境内,股票、公司债券、存托凭证和国务院依法认定的其他证券的发行和交易,适用本法;本法未规定的,适用《中华人民共和国公司法》和其他法律、行政法规的规定。

专家说法

公司债券,是指公司发行的约定按期还本付息的有价证券。《公司法》第194条所称“公司”包括《公司法》规定的股份有限公司和有限责任公司,其他企业对外发行的债权性权利凭证,不属于公司法上的公司债券,不适用《公司法》第194条的规定。所谓有价证券,是指设定和证明特定财产权利并且能够流通的书面凭证。有价证券的范围广泛,种类繁多,并不表示特定资格或身份,也不限于特定目的的使用。公司债券根据发行方式不同,可以分为公开发行的公司债券和非公开发行的公司债券,《公司法》新增公司债券的非公开发行。所谓公开发行,是指向不特定对象发行或者向特定对象发行证券累计超过200人,以及法律、行政法规规定的其他发行行为。公开发行以外的属于非公开发行,非公开发行证券不得采用广告、公开劝诱和变相公开方式。原《公司法》第153条仅规定公司债券的发行应当符合《证券法》规定的发行条件;《公司法》第194条规定公司债券的交易行为也需遵守《证券法》等法律、行政法规的规定,以便与《证券法》第2条相衔接。

公司债券是公司向公司债券认购人出具的债务凭证,是公司债券持有人向公司行使债权的依据。公司债券以实物券方式发行的，应当对表明公司与债券持有人之间债权债务关系的内容作出清楚明确的记载，以便债券持有人行使权利。公司以实物券方式发行公司债券的，应当在债券上载明公司名称、债券票面金额、利率、偿还期限等事项，并由法定代表人签名，公司盖章。债券所载事项构成发行人与债券持有人之间合同关系的基本内容，对于发行人具有法律约束力。债券上载明的事项应当依据公司股东会或者董事会所作决议，与公司债券募集办法、公司债券存根簿上记载的内容保持一致。

本案中，被告发行公司债券后，认购人交付资金并取得证券，双方因此形成法律关系。但此种法律关系是以交付证券为标的的合同关系，而不是由认购人单独就每一份债券与发行人签订借款合同。该证券上市交易后，证券卖出方和买入方之间就形成了买卖证券的合同关系，也是以证券本身为买卖标的物，而不是卖出方将借款合同转让给买受人。因此，原告管理的资产管理计划不论是认购抑或买入债券，其主要义务都是支付证券对应的价金，而发行人或卖出人的义务则是交付证券本身。证券、资金交割结算完毕后，合同双方的权利义务也就全部履行完毕。因该合同已经全部履行完毕，被告在履行交付证券义务时也没有违约行为，原告也就无权解除上述合同。由于兑付日已经届满，被告有义务按期归还本金。被告不履行上述按期还本义务的，应当根据合同约定自2019年9月23日起以欠付的本金为基数按逾期利率支付逾期利息。

值得注意的是，原《公司法》第156条规定："公司债券，可以为记名债券，也可以为无记名债券。"《公司法》第197条对原有规定作出更改，公司债券只能是记名债券，不再包含无记名债券。记名债券，是指在券面上记载权利人姓名或者名称的公司债券，债券权利只能由记载的权利人行使。当公司债券持有人是自然人时，记名债券记载的是该自然人的姓名。当公司债券持有人是公司或者其他法人时，记名债券记载的就是法人的名称。

46 律师费是否在公司债券违约的赔偿范围内?

案 例[1]

2016 年 10 月 24 日,华泰汽车集团有限公司(以下简称华泰公司)发布募集说明书,主要内容为:经中国证券监督管理委员会核准,华泰公司获准公开发行公司债券,债券名称为“华泰汽车集团有限公司公开发行 2016 年公司债券(第三期)”(以下简称“16 华泰 03”)。2019 年 9 月 9 日,华泰公司发布《华泰汽车集团有限公司关于“16 华泰 03”公司债券回售实施的公告》,主要内容为:根据募集说明书中设定的投资者回售选择权,投资者有权选择在投资者回售登记期内进行登记,将持有的本期债券按面值全部或部分回售给发行人,或选择继续持有本期债券。2019 年 9 月 10 日,天弘基金管理有限公司(以下简称天弘公司)申请回售其所持全部“16 华泰 03”债券。2020 年 8 月 20 日,东莞农村商业银行股份有限公司、天弘公司与北京大成律师事务所就本案诉讼签订委托代理协议,东莞农村商业银行股份有限公司为此向北京大成律师事务所支付律师费 40,000 元。天弘公司认为,华泰公司未依约履行回售债券的付款义务,构成实质违约。天弘公司为此支出的

---

① 参见华泰汽车集团有限公司与天弘基金管理有限公司公司债券交易纠纷案,北京市高级人民法院(2021)京民终 172 号民事判决书。

律师费用为市场合理价格,属于实现债权的合理支出,华泰公司应当赔偿天弘公司为提起诉讼所产生的律师费损失40,000元。华泰公司认为无需赔偿天弘公司的律师费。

一审法院判决华泰公司向天弘公司支付债券回售本金和逾期利息,并赔偿天弘公司律师费损失40,000元,驳回天弘公司的其他诉讼请求。二审法院判决驳回上诉,维持原判。

法 条

新《公司法》

第一百九十五条　公开发行公司债券,应当经国务院证券监督管理机构注册,公告公司债券募集办法。

公司债券募集办法应当载明下列主要事项:

(一)公司名称;

(二)债券募集资金的用途;

(三)债券总额和债券的票面金额;

(四)债券利率的确定方式;

(五)还本付息的期限和方式;

(六)债券担保情况;

(七)债券的发行价格、发行的起止日期;

(八)公司净资产额;

(九)已发行的尚未到期的公司债券总额;

(十)公司债券的承销机构。

原《公司法》

第一百五十四条　发行公司债券的申请经国务院授权的部门核准后，应当公告公司债券募集办法。

公司债券募集办法中应当载明下列主要事项：

（一）公司名称；

（二）债券募集资金的用途；

（三）债券总额和债券的票面金额；

（四）债券利率的确定方式；

（五）还本付息的期限和方式；

（六）债券担保情况；

（七）债券的发行价格、发行的起止日期；

（八）公司净资产额；

（九）已发行的尚未到期的公司债券总额；

（十）公司债券的承销机构。

专家说法

公司债券发行申请获得监管机构的核准后，应当依法公开公司债券募集办法，以便向市场充分、公平地披露投资者作出价值判断和投资决策所必需的信息，有序开展公司债券发行活动。公司债券募集办法的公告，必须采用法定的公开披露方式，并将该文件置于指定场所供公众查阅。发行证券的信息依法公开前，任何知情人不得公开或者泄露该信息。只有依法公告公司债券募集办法后，发行人才能开展公司债券发行活动。债券募集办法不仅是公司发行公司债券必须提交的法律文件,也构成公司债券违约兑付时认定公司责任的基本依据。

本案中,华泰公司与天弘公司之间形成公司债券买卖合同关系,华泰公司与天弘公司均应依约履行各自的义务。根据华泰公司发布的募集说明书,天弘公司作为“16 华泰 03”债券的投资者享有回售选择权,如天弘公司选择行使回售权,华泰公司应于规定时间向天弘公司兑付天弘公司所持“16 华泰 03”债券本金及欠付利息。但华泰公司于 2019 年 9 月 9 日发布回售实施公告后,并未按照回售实施公告约定的时间向天弘公司兑付“16 华泰 03”债券本金及欠付利息,构成违约。据此,华泰公司应依约向天弘公司支付相应的逾期利息。由于华泰公司未依约履行付款义务,构成违约。尽管募集说明书没有明确约定律师费的负担,但涉案律师费 40, 000 元是华泰公司不履行合同,天弘公司为维护其债权额外支出的必要费用,且在合理范围内。因此,华泰公司应当赔偿天弘公司因本案诉讼产生的律师费损失 40, 000 元。

需要说明的是,《公司法》第 195 条将原《公司法》第 154 条中公开发行债券的注册机构从“国务院授权的部门”修改为“国务院证券监督管理机构”,代表着债券发行的集中统一管理。

47 股东是否有权查看公司债券存根簿？

案例[1]

2010年7月30日，福建华正新能源科技股份有限公司（以下简称华正公司）经宁德市市场监督管理局核准成立，陈景笑等13位自然人及华正塑料集团有限公司为发起人。公司注册资本为10,000万元，陈景笑认缴112.5万元，并于2010年7月20日实缴45万元。公司章程约定，华正公司以发起设立的方式设立，由全体发起人认购公司应发行的全部股份。2013年7月18日经工商变更登记，华正公司变更注册资本为6000万元，陈景笑变更认缴额为67.5万元，并于同日已实际出资67.5万元。2018年9月5日，陈景笑向华正公司邮寄了请求查阅、复制有关资料的函，要求：(1)查阅、复制华正公司成立以来的公司章程、所有股东会会议记录、所有董事会会议决议及所有财务会计报告。(2)查阅公司会计账簿及原始凭证。华正公司未进行答复，亦未提供财务账簿、财务会计报告等资料供陈景笑查阅。诉讼中，陈景笑为证明华正公司已收到上述函件，向一审法院提供了邮政快递回执单，快递回执单上载明收件人为赵美娟，邮寄地址为华正公司福鼎市工业园区

---

① 参见陈景笑与福建华正新能源科技股份有限公司股东知情权纠纷案，福建省宁德市中级人民法院(2019)闽09民终1050号民事判决书。

双岳项目区,该信件于2018年9月12日由华正公司法定代表人赵美娟签收。另查明,2019年1月,华正公司董事陈如远在浙江省苍南县人民法院起诉陈景笑,要求确认双方之间于2017年12月26日签订的股权转让协议有效,判令陈景笑继续履行协议,同时判令陈景笑及华正公司协助办理股权变更登记手续。据此,华正公司向一审法院申请中止审理本案知情权纠纷。还查明,华正公司自成立以来并未发行公司债券。

陈景笑起诉请求:(1)判令华正公司提供其成立至今,所有的公司章程、股东名册、公司债券存根、股东会会议记录、董事会会议记录、监事会会议记录和财务会计报告,供原告查阅、复制;(2)判令华正公司提供华正公司成立至今,所有的会计账簿(包括公司总账、明细账、日记账和其他辅助性账册)和会计凭证(含记账凭证、相关原始凭证及作为原始凭证附件入账备查的有关资料),供原告查阅;(3)判令华正公司承担本案的诉讼费用(包括但不限于案件受理费、公告费、保全费、鉴定费等)。

一审法院认为本案无须中止诉讼。本案系股东知情权纠纷,知情权是股东基于其股东身份而享有的知悉公司经营管理情况的权利。陈景笑系华正公司的发起人、工商登记及公司章程中的华正公司在册股东。至于陈景笑与案外人陈如远股权转让协议纠纷案的处理结果,可能对华正公司此后的股东名册产生影响,但不影响陈景笑当前的股东身份。陈景笑目前的股东身份,不因另案的处理结果而处于待定状态,本案没有必要以另案的处理结果为依据,故对华正公司提出的中止诉讼申请,不予采纳。关于陈景笑的股东知情权行使范围,由于华正公司系依法设立的股份有限公司,华正公司与其股东的权利义务关系应按照公司法的规定及华正公司章程的相关规定进行调整。华正公司的章程并未对股东行使知情权的范围进行规定，因此，陈景笑应按照公司法的规定确定其作为华正公司股东行使知情权的范围。原《公司法》第九十七条规定："股东有权查阅公司章程、股东名册、公司债券存根、股东大会会议记录、董事会会议决议、监事会会议决议、财务会计报告，对公司的经营提出建议或者质询。"故对于陈景笑要求查阅华正公司的公司章程、股东名册、股东会会议记录、董事会会议决议、监事会会议决议、财务会计报告的主张，予以支持。关于陈景笑要求复制上述文件并查阅华正公司会计账簿的主张，因原《公司法》明确规定股份有限公司股东行使知情权的方式表现为查阅权，查阅的范围限于该法第九十七条列举的项目，因此，陈景笑的该项请求超出了法律规定的股份有限公司股东行使知情权的范围，不予支持。同时，原《公司法》第一百五十七条规定："公司发行公司债券应当置备公司债券存根簿……"因华正公司并未发行公司债券，陈景笑未能提供证据证明华正公司有置备公司债券存根，陈景笑请求查阅、复制华正公司债券存根，缺乏事实依据，亦不予支持。

华正公司不服一审法院判决，提出上诉。二审法院认为，陈景笑作为华正公司的股东，具有行使股权知情权的权利，即有权按照原《公司法》第九十七条的规定，查阅公司章程、股东名册、股东会会议记录、董事会会议决议、监事会会议决议、财务会计报告等文件。二审法院驳回上诉，维持原判。

法条

新《公司法》

第一百九十八条　公司发行公司债券应当置备公司债券持有人名册。

发行公司债券的，应当在公司债券持有人名册上载明下列事项：

（一）债券持有人的姓名或者名称及住所；

（二）债券持有人取得债券的日期及债券的编号；

（三）债券总额，债券的票面金额、利率、还本付息的期限和方式；

（四）债券的发行日期。

原《公司法》

第一百五十七条　公司发行公司债券应当置备公司债券存根簿。

发行记名公司债券的，应当在公司债券存根簿上载明下列事项：

（一）债券持有人的姓名或者名称及住所；

（二）债券持有人取得债券的日期及债券的编号；

（三）债券总额，债券的票面金额、利率、还本付息的期限和方式；

（四）债券的发行日期。

发行无记名公司债券的，应当在公司债券存根簿上载明债券总额、利率、偿还期限和方式、发行日期及债券的编号。

专家说法

股东知情权是股东的一项重要权利，它包括股东对公司的财务状况和经营情况等信息的知情权。这个权利对于股东来说非常重要，因为它可以帮助股东了解公司的经营状况、财务状况以及公司的决策过程，从而更好地行使自己的投票权、分红权等其他权利。股东知情权是股东行使其他权利的基础，如果股东无法了解公司的经营状况和财务状况，股东就无法做出正确的决策，也无法评估公司的表现和决定是否分红。因此，股东知情权是股东行使其他权利的基础和前提。股东知情权可以保护股东的利益，股东知情权的存在可以防止公司管理层隐瞒或误导股东，保护股东的利益不受侵害。同时，如果股东无法了解公司的经营状况和财务状况，也无法了解公司的经营风险和潜在危机，就可能给股东的投资带来风险。股东知情权还可以促进公司的发展，股东可以通过了解公司的经营状况和财务状况来发现公司存在的问题和机遇，提出建设性的意见和建议，促进公司的发展和进步。本案中陈景笑的诉讼请求在法律上是有依据的，华正公司应当提供相关的公司章程、股东名册、财务会计报告、会计账簿和会计凭证供陈景笑查阅。

与原《公司法》相比，《公司法》在公司债券发行过程中取消了关于置备债券存根簿的规定，改为设置债券持有人名册，这也是适应公司债券无纸化实践发展的需要，纸质版的存根簿并无当然保留的必要。其同时取消了无记名债券的规定，目的在于保障新增设的债券持有人会议能够有效召开,保证会议顺利表决,确保决议效力的完整性。无记名债券会使债券持有人会议的召开过程产生较大的不确定性,故而未许可其发行。

48 债券受托管理人是否可以代表各债券持有人提起诉讼？

案　例[①]

2015年10月8日，民生证券股份有限公司（以下简称民生证券）与正源房地产开发有限公司（以下简称正源房地产）签订《正源房地产开发有限公司2015年非公开发行公司债券之受托管理协议》，约定：正源房地产聘请民生证券担任其发行的正源房地产2015年非公开发行公司债券的债券受托管理人。2016年7月，正源房地产作为发行人签署了《正源房地产开发有限公司2016年度公开发行公司债券（第一期）募集说明书（面向合格投资者）》，公开发行正源房地产2016年度公司债券（第一期）（以下简称"16正源01"）；2016年7月，正源房地产作为发行人签署了《正源房地产开发有限公司2016年度公开发行公司债券（第二期）募集说明书（面向合格投资者）》，公开发行正源房地产2016年度公司债券（第二期）（以下简称"16正源02"）；2019年7月8日，正源房地产向"16正源01"债券持有人发出《关于"16正源01"的债务清偿方案的承诺函》，就债务清偿安排、补充增信措施、其他承诺与保证、

---

① 参见民生证券股份有限公司与正源房地产开发有限公司、湖南正源尚峰尚水房地产开发有限公司等公司债券交易纠纷案，辽宁省高级人民法院（2022）辽民终305号民事判决书。

违约责任等作出承诺。2019年9月19日,正源房地产发布《正源房地产开发有限公司关于“16正源01”票面利率调整的公告》,公告事宜包括:本期债券在存续期内前3年(2016年7月15日至2019年7月14日)票面年利率为7.3%,在债券存续期内前3年固定不变;在本期债券存续期的第3年末,发行人选择调整票面利率,即本期债券存续期第4年、第5年票面利率调整为8.0%,并在本期债券存续期后2年(2019年7月15日至2021年7月14日)固定不变。2019年7月8日,正源房地产向“16正源02”债券持有人发出《关于“16正源02”的债务清偿方案的承诺函》,就债务清偿安排、补充增信措施、其他承诺与保证、违约责任等作出承诺。2019年9月19日,正源房地产发布《正源房地产开发有限公司关于“16正源02”票面利率调整的公告》,公告事宜包括:本期债券在存续期内前3年(2016年7月26日至2019年7月25日)票面年利率为7.0%,在债券存续期内前3年固定不变;在本期债券存续期的第3年末,发行人选择调整票面利率,即本期债券存续期第4年、第5年票面利率调整为8.0%,并在本期债券存续期后2年(2019年7月26日至2021年7月25日)固定不变。2019年7月8日,湖南正源尚峰尚水房地产开发有限公司(以下简称湖南正源)向签署同意函的“16正源01”债券持有人及签署同意函的“16正源02”债券持有人出具两份担保函,内容均为:本公司现承诺对正源房地产“16正源01”(“16正源02”)债务清偿事宜向贵司提供无条件的不可撤销的连带责任保证担保。2020年7月17日,正源房地产发出《正源房地产开发有限公司关于召开“正源房地产开发有限公司2016年公开发行公司债券(第一期)16正源01”

2020年第一次债券持有人会议的通知》及《正源房地产开发有限公司关于召开“正源房地产开发有限公司2016年公开发行公司债券(第二期)16正源02”2020年第一次债券持有人会议的通知》，会议召集人民生证券召集“16正源01”(“16正源02”)债券持有人于2020年7月23日召开2020年第一次债券持有人会议。2020年7月27日，正源房地产发出《正源房地产开发有限公司2016年公开发行公司债券(第一期)2020年第一次债券持有人会议决议公告》及《正源房地产开发有限公司2016年公开发行公司债券(第二期)2020年第一次债券持有人会议决议公告》，公告内容包括2020年债券持有人会议审议通过了《关于“16正源01”的债务清偿方案的议案》《关于“16正源02”的债务清偿方案的议案》《关于授权受托管理人采取相关行动以及相关费用安排的议案》。

民生证券向一审法院起诉请求判令：(1)正源房地产支付“16正源01”债券本金、利息、逾期利息和违约金，暂计算至2020年12月31日共计人民币1,020,451,098.95元。(2)正源房地产支付“16正源02”债券本金、利息、逾期利息和违约金，暂计算至2020年12月31日共计人民币1,131,913,286.68元。(3)湖南正源、大连海汇房地产开发有限公司、富彦斌对上述第一、二项诉讼请求承担连带清偿责任。(4)各被告承担本案保全担保费1,506,655.07元，律师费398,946.20元。

一审法院认为，《证券法》第九十二条第三款规定：“债券发行人未能按期兑付债券本息的，债券受托管理人可以接受全部或者部分债券持有人的委托，以自己名义代表债券持有人提起、参加民事诉讼或者清算程序。”民生证券作为涉案“16 正源 01”“16 正源 02”债券的受托管理人,接受债券持有人委托,以自己名义代表上述债券持有人提起本案诉讼,符合上述法律规定。正源房地产不服一审法院判决,提起上诉。二审法院认为,关于正源房地产是否应给付民生证券保全担保费 1,506,655.07 元的问题,《关于“16 正源 01”的债务清偿方案的议案》《关于“16 正源 02”的债务清偿方案的议案》第四条“违约责任”部分约定“发行人违约致使持有人采取法律措施实现债权的,发行人应承担持有人为此支付的实现债权的合理费用,包括但不限于诉讼费、保全费、律师费、差旅费,以及债权实现过程中发生的其他费用等”。一审法院依据此项约定及《民事诉讼法》第一百条第二款及最高人民法院《关于人民法院办理财产保全案件若干问题的规定》第八条的规定,认定保全担保费系民生证券为实现债权支出的合理费用并无不当,应予维持。

法 条

新《公司法》

第二百零四条　公开发行公司债券的,应当为同期债券持有人设立债券持有人会议,并在债券募集办法中对债券持有人会议的召集程序、会议规则和其他重要事项作出规定。债券持有人会议可以对与债券持有人有利害关系的事项作出决议。

除公司债券募集办法另有约定外,债券持有人会议决议对同期全体债券持有人发生效力。

第二百零五条　公开发行公司债券的，发行人应当为债券持有人聘请债券受托管理人，由其为债券持有人办理受领清偿、债权保全、与债券相关的诉讼以及参与债务人破产程序等事项。

第二百零六条　债券受托管理人应当勤勉尽责，公正履行受托管理职责，不得损害债券持有人利益。

受托管理人与债券持有人存在利益冲突可能损害债券持有人利益的，债券持有人会议可以决议变更债券受托管理人。

债券受托管理人违反法律、行政法规或者债券持有人会议决议，损害债券持有人利益的，应当承担赔偿责任。

专家说法

《公司法》第206条针对公司债券持有人权益的保护增设了债券受托管理人的聘任以及债券持有人会议的召集，其3条规定系统地吸收了《证券法》第92条，《公司债券发行与交易管理办法》第63条，《上海证券交易所公司债券上市规则》第4.3.2条、第4.3.3条、第4.3.11条，《上海证券交易所公司债券存续期业务指南第1号——公司债券持有人会议规则》第2.2条、第3.1.1～3.1.3条、第3.3.1条、第4.1.1条等规定。其为公司债券持有人基本被排除出公司治理框架，相关知情权无法得到有效行使提供了相应的制度供给，但是相关规定仍然较为模糊，债券持有人会议的职权过于笼统，相关会议表决方式与决议效力的规则需要相关部门规章配合发布。《公司法》第205条规定了债券受托管理人的职权范围，第206条明确了债券受托管理人的勤勉义务以及违反后果。

49 股东应当对公司未建立健全的财务会计制度承担何种法律责任？

案　例[1]

上海灿坤实业有限公司(以下简称灿坤公司)与上海唐海投资有限公司(以下简称唐海公司)于2011年12月28日签订厂房租赁合同。唐海公司向灿坤公司交付了租赁押金36万元,并自2013年8月起每月向灿坤公司支付32万元租金至2015年1月10日。2018年11月15日,上海市嘉定区市场监督管理局作出行政处罚决定书,因查明唐海公司成立后无正当理由超过6个月未开业,或者开业后自行停业连续6个月以上,故作出吊销营业执照的行政处罚。2021年11月9日,《法制日报》刊发了唐海公司解散公告。灿坤公司主张:唐海公司的股东李某、于某未依法限时清算的行为造成灿坤公司债权无法受偿的事实,应对灿坤公司未实现的债权承担连带赔偿责任。李某、于某辩称,灿坤公司主张的金额于法无据。

一审法院判决认为,李某、于某对仲裁裁决书中确定的唐海公司对灿坤公司的债务应承担赔偿责任。二审法院驳回上诉,维持原判。

---

① 参见上海灿坤实业有限公司与李某等股东损害公司债权人利益责任纠纷案,上海市第二中级人民法院(2022)沪02民终10918号民事判决书。

法　条

新《公司法》

第二百零七条　公司应当依照法律、行政法规和国务院财政部门的规定建立本公司的财务、会计制度。

专家说法

公司应当确定内部财务管理体制，建立健全财务管理制度，控制财务风险，从而合理筹集资金，有效营运资产，控制成本费用。公司应当建立包括财务决策制度、财务风险管理制度、财务预算管理制度等在内的财务管理体制，做到资本权属清晰、财务关系明确，符合法人治理结构要求。公司必须根据实际发生的经济业务事项进行会计核算，填制会计凭证，登记会计账簿，编制财务会计报告。

本案中，唐海公司被吊销营业执照后，李某、于某作为公司股东，直至3年后才进行了非实质清算，也未通知灿坤公司，未对公司资产去向作出说明，无法证明公司财产的独立性。唐海公司在破产程序中提供的财务资料的完整性以及财产能否查明尚不得知，无法证明李某、于某作为股东的诚实守信。因此，法院认为李某、于某应当对唐海公司的债务承担赔偿责任。

公司必须依法编制财务会计报告。财务会计报告，是指企业对外提供的反映企业某一特定日期财务状况和某一会计期间经营成果、现金流量的文件。财务会计报告的目标是向财务会计报告使用者提供与企业财务状况、经营成果和现金流量等有关的会计信息,反映企业管理层受托责任履行情况,有助于财务会计报告使用者作出经济决策。财务会计报告使用者包括投资者、债权人、政府及其有关部门和社会公众等。财务会计报告应当根据经过审核的会计账簿记录和有关资料编制,并符合会计法和国家统一的会计制度关于财务会计报告的编制要求、提供对象和提供期限的规定。财务会计报告由会计报表、会计报表附注和财务情况说明书组成。向不同的会计资料使用者提供的财务会计报告,其编制依据应当一致。有关法律、行政法规规定会计报表、会计报表附注和财务情况说明书须经注册会计师审计的,注册会计师及其所在的会计师事务所出具的审计报告应当随同财务会计报告一并提供。

50 大股东故意不分红，小股东怎么办？

案　例[1]

庆阳市太一热力有限公司(以下简称太一热力公司)2006年3月设立,公司注册资本1000万元,李昕军以货币212万元、实物438万元总计出资650万元,占注册资本65%;张海龙出资350万元,占注册资本35%。后经股权转让,公司股东变更为甘肃太一工贸有限公司(以下简称太一工贸公司)和甘肃居立门业有限责任公司(以下简称居立门业公司),太一工贸公司持股比例60%(实际为李昕军控制),居立门业公司持股比例40%。2009年10月6日,庆阳市西峰区人民政府(甲方)与太一热力公司(乙方)签订合同约定,回购太一热力公司资产,估价9126.48万元,递减政府拨付的补助资金和已交付乙方的城市供热配套费,共计3234.72万元。甲方再支付乙方收购价款7000万元。

太一热力公司章程第十四条规定,公司股东会由全体股东组成,股东会是公司权力机构;第十五条规定,公司股东会行使下列职权:……审议批准公司的利润分配方案和弥补亏损方案;第二十七条第四款规定,公司从当年税后利润中弥补上一年度亏损、提取

---

① 参见甘肃居立门业有限责任公司与庆阳市太一热力有限公司、李昕军公司盈余分配纠纷案,最高人民法院(2016)最高法民终528号民事判决书。

公积金和公益金后所余利润，按照股东的出资比例分配。

李昕军未经居立门业公司同意，没有合理事由将5600万元转入其控股的甘肃兴盛建筑安装公司(以下简称兴盛建安公司)。居立门业公司提议召开股东会分红，但李昕军控制的太一工贸公司不同意，未能通过分配红利的股东会决议。

此后，居立门业公司将太一热力公司和李昕军诉至法院，请求判令太一热力公司分配盈余，同时请求判令李昕军对前项诉讼请求承担连带责任。一审中，经司法审计，太一热力公司扣除争议款项后的可分配利润为40,783,591.8元。

甘肃省高级人民法院一审判决，太一热力公司需进行分红。太一热力公司与李昕军认为居立门业公司的分红请求并未经股东会决议，故不能分红，向最高人民法院提起上诉。最高人民法院二审判定，太一热力公司按股权比例40%向居立门业公司分红16,313,436.72元。

法 条

新《公司法》

第四条　有限责任公司的股东以其认缴的出资额为限对公司承担责任；股份有限公司的股东以其认购的股份为限对公司承担责任。

公司股东对公司依法享有资产收益、参与重大决策和选择管理者等权利。

第二百一十条　公司分配当年税后利润时，应当提取利润的百分之十列入公司法定公积金。公司法定公积金累计额为公司注册资本的百分之五十以上的，可以不再提取。

公司的法定公积金不足以弥补以前年度亏损的，在依照前款规定提取法定公积金之前，应当先用当年利润弥补亏损。

公司从税后利润中提取法定公积金后，经股东会决议，还可以从税后利润中提取任意公积金。

公司弥补亏损和提取公积金后所余税后利润，有限责任公司按照股东实缴的出资比例分配利润，全体股东约定不按照出资比例分配利润的除外；股份有限公司按照股东所持有的股份比例分配利润，公司章程另有规定的除外。

公司持有的本公司股份不得分配利润。

原《公司法》

第三条　公司是企业法人，有独立的法人财产，享有法人财产权。公司以其全部财产对公司的债务承担责任。

有限责任公司的股东以其认缴的出资额为限对公司承担责任；股份有限公司的股东以其认购的股份为限对公司承担责任。

第四条　公司股东依法享有资产收益、参与重大决策和选择管理者等权利。

第三十四条　股东按照实缴的出资比例分取红利；公司新增资本时，股东有权优先按照实缴的出资比例认缴出资。但是，全体股东约定不按照出资比例分取红利或者不按照出资比例优先认缴出资的除外。

第一百六十六条　公司分配当年税后利润时，应当提取利润的百分之十列入公司法定公积金。公司法定公积金累计额为公司注册资本的百分之五十以上的,可以不再提取。

公司的法定公积金不足以弥补以前年度亏损的,在依照前款规定提取法定公积金之前,应当先用当年利润弥补亏损。

公司从税后利润中提取法定公积金后,经股东会或者股东大会决议,还可以从税后利润中提取任意公积金。

公司弥补亏损和提取公积金后所余税后利润,有限责任公司依照本法第三十四条的规定分配;股份有限公司按照股东持有的股份比例分配,但股份有限公司章程规定不按持股比例分配的除外。

股东会、股东大会或者董事会违反前款规定,在公司弥补亏损和提取法定公积金之前向股东分配利润的,股东必须将违反规定分配的利润退还公司。

公司持有的本公司股份不得分配利润。

《公司法司法解释(四)》

第十四条　股东提交载明具体分配方案的股东会或者股东大会的有效决议,请求公司分配利润,公司拒绝分配利润且其关于无法执行决议的抗辩理由不成立的,人民法院应当判决公司按照决议载明的具体分配方案向股东分配利润。

第十五条　股东未提交载明具体分配方案的股东会或者股东大会决议,请求公司分配利润的,人民法院应当驳回其诉讼请求,但违反法律规定滥用股东权利导致公司不分配利润,给其他股东造成损失的除外。

专家说法

股东的利益分配请求权是典型的财产性权利，是股权的重要功能之一，也是股东参与公司投资的重要目的，《公司法》第4条对此明确予以保障。公司作为独立法人，与股东在财产上和人格上均相互分离，这就决定了即使公司有可分配的利润，但在股东（大）会作出分红决议，出台具体的分配方案前，股东仅能因持有的股权而具有分配资格。此时的请求权仅停留在抽象阶段，表现为期待权。抽象的股利分配请求权能否转化为具体的股利分配请求权，取决于两个条件：公司具备分配股利的条件；股东会依法作出了分配股利的决议。因此，抽象的股利分配请求权是一种消极性权利，在转化为具体权利之前，不能个别地积极行使。

但是《公司法》赋予公司对利润分配的一定的自治权，可由公司章程和公司决议自行决定分红具体方案，但是要符合一定的法定条件：一是实体要件，也即“有盈可分”，当然同时意味着有盈也可不分；二是形式要件，得有一份公司的积极决议。《公司法》赋予公司自治权是为了公司可以依据发展战略和自身情况做出更好的决策，从而在促进公司能够长远稳定发展的同时，更好地保护股东的金钱利益。但是，实际上，公司的股东会作出的决议反而常常会成为对股东权利的不当约束，甚至会损害股东的根本权益，比如股东会作出不分或象征性分配股利的决议，并且这也是实践中的常态。正是因为公司法赋予公司一定的利润分配自治权，导致司法实务中以公司法关于利润分配的规则和理念为由，要求股东在请求公司分配利润时，需要提交具体的分配方案或股东会决议。

但事实上根本无法形成股东会决议或者即使形成股东会决议，也无法符合股东利益。那么，在这种情况下，受侵害的股东便难以寻求救济。本案作为《公司法司法解释（四）》出台后最高人民法院发布的第一例援引该解释第15条的案件，具有典型指导意义。在本案中，一审法院审理时委托了专业机构对被告进行调查审计，查明被告有可分配利润，由此可以确定被告满足“有盈可分”的条件。二审法院虽然在盈余中扣除了一笔资金，但是不影响被告具有可分配盈余资金的认定。并且被告转移财产的行为符合控股股东利用股权欺压其他股东的认定要件，事实上也造成了其他股东（原告）未获得利润分配的后果，符合《公司法司法解释（四）》第15条“滥用股东权利导致公司不分配利润”的认定。

51 违规使用公司公积金应否返还?

案例[1]

经银基烯碳新材料集团股份有限公司(以下简称银基公司)与连云港市丽港稀土实业有限公司(以下简称丽港公司)原股东协商,以3亿元为丽港公司基准价进行增资,即银基公司向丽港公司增资2亿元,持有丽港公司40%股权,其中2000万元进入丽港公司注册资本,1.8亿元进入资本公积金。合同签订后,丽港公司、银基公司及两家公司的关联公司之间存在大量的资金流转。丽港公司认可其及关联公司收到涉案款项,但认为该款项系银基公司主导的走账行为,款项到丽港公司及其关联公司账户后随即被银基公司主导转往银基公司的关联公司且并未返还。丽港公司向一审法院起诉请求:(1)银基公司立即向丽港公司返还增资款1.5亿元;(2)银基公司向丽港公司支付因为拖延给付增资款产生的违约金;(3)银基公司承担本案的全部诉讼和保全费用。银基公司辩称:(1)涉案1.5亿元系丽港公司履行资金往来框架协议自行转出而非银基公司取回;(2)资金往来框架协议真实有效且存在基础交易关系,1.5亿元还款义务不应由银基公司承担;(3)债

---

① 参见银基烯碳新材料集团股份有限公司、连云港市丽港稀土实业有限公司公司增资纠纷案,最高人民法院(2018)最高法民终393号民事判决书。

权转让协议真实存在且已经告知债务人。

法院经审理查明,增资合同系银基公司与丽港公司原股东签订,丽港公司是增资的目标公司。对银基公司而言,其负有依约足额增加出资的合同义务。原审经审理查明,银基公司确有出资行为,但随后1.5亿元的出资未及用于增资合同约定的丽港公司生产线技术改造或增加丽港公司流动资金,便于当日或3日内转回了银基公司方。银基公司主张该1.5亿元的控制权在丽港公司,主张丽港公司系自愿,与丽港公司起诉行为相悖。该1.5亿元资本公积金本应属于丽港公司资产,无正当理由转出到银基公司实际控制之下,银基公司应予以返还。

一审法院判决认为,银基公司关于丽港公司自行转出款项与己无关,不存在擅自取回出资的主张不能成立,银基公司无合法正当理由转出其支付丽港公司的1.5亿元资本公积金应当予以返还,并支付相应利息。二审法院判决驳回上诉,维持原判。再审法院裁定驳回银基公司的再审申请。

法 条

新《公司法》

第二百一十条　公司分配当年税后利润时,应当提取利润的百分之十列入公司法定公积金。公司法定公积金累计额为公司注册资本的百分之五十以上的,可以不再提取。

公司的法定公积金不足以弥补以前年度亏损的,在依照前款规定提取法定公积金之前,应当先用当年利润弥补亏损。

公司从税后利润中提取法定公积金后，经股东会决议，还可以从税后利润中提取任意公积金。

公司弥补亏损和提取公积金后所余税后利润，有限责任公司按照股东实缴的出资比例分配利润，全体股东约定不按照出资比例分配利润的除外；股份有限公司按照股东所持有的股份比例分配利润，公司章程另有规定的除外。

公司持有的本公司股份不得分配利润。

原《公司法》

第一百六十六条　公司分配当年税后利润时，应当提取利润的百分之十列入公司法定公积金。公司法定公积金累计额为公司注册资本的百分之五十以上的，可以不再提取。

公司的法定公积金不足以弥补以前年度亏损的，在依照前款规定提取法定公积金之前，应当先用当年利润弥补亏损。

公司从税后利润中提取法定公积金后，经股东会或者股东大会决议，还可以从税后利润中提取任意公积金。

公司弥补亏损和提取公积金后所余税后利润，有限责任公司依照本法第三十四条的规定分配；股份有限公司按照股东持有的股份比例分配，但股份有限公司章程规定不按持股比例分配的除外。

股东会、股东大会或者董事会违反前款规定，在公司弥补亏损和提取法定公积金之前向股东分配利润的，股东必须将违反规定分配的利润退还公司。

公司持有的本公司股份不得分配利润。

《证券法》

第九十一条　上市公司应当在章程中明确分配现金股利的具体安排和决策程序,依法保障股东的资产收益权。

上市公司当年税后利润,在弥补亏损及提取法定公积金后有盈余的,应当按照公司章程的规定分配现金股利。

专家说法

公司年度净利润按照以下顺序分配:(1)弥补以前年度亏损。(2)提取10%法定公积金。法定公积金累计额达到注册资本50%以后,可以不再提取。(3)提取任意公积金,任意公积金提取比例由股东会决议。(4)向股东分配利润。公司以前年度未分配的利润,并入本年度利润,在充分考虑现金流量状况后,向股东分配。公司弥补以前年度亏损和提取盈余公积金后,当年没有可供分配的利润时,不得向股东分配利润,但法律、行政法规另有规定的除外。国有企业可以将任意公积金与法定公积金合并提取。股份有限公司依法回购后暂未转让或者注销的股份,不得参与利润分配;以回购股份对经营者及其他职工实施股权激励的,在拟订利润分配方案时,应当预留回购股份所需利润。

本案中,资金往来框架协议约定丽港公司方转出1.5亿元不是为丽港公司商贸合作而为之,也不是为实现增资合同中丽港公司生产线技术改造或增加丽港公司流动资金等的需要而为之,而是按照银基公司的要求,为银基公司的利益而特别设定,且1.5亿元款项转出后处于银基公司实际控制之下;债权转让协议亦不能证明转出的资本公积金已经实际归还；1.5 亿元资本公积金实际亦未用于丽港公司的生产发展。因此，银基公司关于丽港公司根据资金往来框架协议自行转出款项与己无关，自己不存在擅自取回出资的主张不能成立。银基公司无合法正当理由转出其支付丽港公司的 1.5 亿元资本公积金，不论从公司法还是合同法角度看，均应返还丽港公司。

52 公司与股东违法约定向股东分配利润的效力如何认定？

案例[1]

2011年12月21日，京庆公司举行2011年度第二次临时股东大会，审议通过关于公司增资扩股的议案、关于修改公司章程的议案，决定由公司及其股东与王某某、郭某签署增资协议，将公司注册资本增至3780万元，对于1500万元的增资部分，拟由王某某与郭某分别以750万元认购。2011年12月，投资方郭某、王某某与京庆公司及原股东A、原股东B、原股东C、原股东D及其余21名自然人股东、原股东E创投公司、红土创投中心（有限合伙）、红土创新公司共同签订增资合同书，主要约定：（1）京庆公司现登记注册资本3600万元，其中，原股东A出资12,351,562元，持有公司34.310%的股权；原股东B出资7,565,625元，持有公司21.016%的股权；原股东C出资7,565,625元，持有公司21.016%的股权；原股东D出资2,517,188元，持有公司6.991%的股权；原股东E创投公司等出资600万元，持有公司16.667%的股权。（2）标的公司及其原股东A、原股东B、原股东C、原股东D、原股东E创投

---

① 参见郭某与京庆公司公司增资纠纷案，最高人民法院（2019）最高法民申6709号民事裁定书。

公司等同意引进投资方作为公司的投资者，投资方同意向公司各投资750万元，共1500万元，成为公司股东。(3)投资方以总额1500万元投资公司，其中180万元作为注册资本投入，以取得公司4.762%的股权，余下1320万元记入资本公积金；投资方投资完成后，公司注册资本增加180万元，即注册资本由原3600万元增至3780万元。(4)增资完成后公司的股权结构图显示，郭某的持股比例为2.381%。(5)投资方应将合同约定的投资金额在本合同生效后15个工作日内一次性以现金方式付至公司指定的验资账户，原股东共同承诺，在投资人支付投资款之日起45日内，确保公司完成投资人增资的验资、公司股权变更和工商变更登记手续。(6)本合同的违约金为投资方投资总额的10%，但投资人逾期支付投资款时应付的违约金为每延期一日向公司支付逾期付款金额的万分之三。2012年1月10日，郭某向京庆公司转账750万元增资款，其中90万元为注册资本投入。会计师事务所出具的审验结果显示，截至2012年1月10日，京庆公司收到郭某缴纳新增出资90万元，其中货币出资750万元，超出实缴注册资本部分660万元计入资本公积金。嗣后，京庆公司作出公司章程修正案，主要内容载明：(1)公司注册资本原3600万元，修订为3780万元。(2)修订后的认缴股份数额、持股比例显示，郭某认购股份数额(股)为90万股，持股比例为2.381%。京庆公司完成了郭某增资入股的股权工商变更登记手续。

投资方郭某等与京庆公司及原股东等人共同签订的增资合同书之补充合同，在郭某与其余24名自然人股东之间不成立。增资合同书之补充合同约定，如果京庆公司2011年实际净利润低于

3000万元,2012年实际净利润低于4000万元,则郭某有权从京庆公司及其余签约股东处获得补偿,并约定了计算公式。

郭某因京庆公司未按照增资合同书之补充合同履行约定义务,向人民法院提起诉讼,请求京庆公司对其进行股权或现金补偿。郭某认为,增资合同书之补充合同作为增资合同书的补充,是各方当事人的真实意思表示,应当依法认定为有效。京庆公司未按照约定履行合同义务,已经构成违约,应当承担违约责任。京庆公司认为,增资合同书之补充合同并未成立生效,即使认定该合同对京庆公司发生效力,关于现金补偿条款的约定违反了投资风险共担原则,应属于无效条款。京庆公司已经履行了增资合同书的相关义务,没有违约行为。

一审法院判决驳回郭某的诉讼请求;二审法院判决驳回郭某上诉,维持原判;再审法院裁定驳回郭某的再审申请。

法 条

新《公司法》

第二百一十一条　公司违反本法规定向股东分配利润的,股东应当将违反规定分配的利润退还公司;给公司造成损失的,股东及负有责任的董事、监事、高级管理人员应当承担赔偿责任。

原《公司法》

第一百六十六条　公司分配当年税后利润时,应当提取利润的百分之十列入公司法定公积金。公司法定公积金累计额为公司注册资本的百分之五十以上的,可以不再提取。

公司的法定公积金不足以弥补以前年度亏损的，在依照前款规定提取法定公积金之前，应当先用当年利润弥补亏损。

公司从税后利润中提取法定公积金后，经股东会或者股东大会决议，还可以从税后利润中提取任意公积金。

公司弥补亏损和提取公积金后所余税后利润，有限责任公司依照本法第三十四条的规定分配；股份有限公司按照股东持有的股份比例分配，但股份有限公司章程规定不按持股比例分配的除外。

股东会、股东大会或者董事会违反前款规定，在公司弥补亏损和提取法定公积金之前向股东分配利润的，股东必须将违反规定分配的利润退还公司。

公司持有的本公司股份不得分配利润。

专家说法

《公司法》规定公司的税后利润必须用于弥补公司亏损、提取法定公积金之后，才能向股东分配股利。公司税后利润的分配顺序属于《公司法》的强制性规定，公司不能自行变更分配顺序。法律通过强制性规范限制公司税后利润的分配顺序，能够维持公司注册资本的充实，防止股东借分配股利之名行抽逃出资之实。公司在弥补亏损和提取法定公积金之后若没有剩余利润，则不能向股东分配股利。公司违反法律规定分配利润时，股东获得分配的公司利润欠缺合法依据，构成不当得利，应当将违反规定分配的利润退还公司。公司违法分配利润给公司造成损失的，作出利润分配决议的股东以及协助利润分配的董事、监事、高级管理人员应当承担赔偿责任。

本案中，投资方郭某等与京庆公司及原股东等人共同签订的增资合同书之补充合同在郭某与京庆公司之间成立，在郭某与其余 24 名自然人股东之间不成立。增资合同书之补充合同约定使得郭某的投资可以获得相对固定的收益，该收益脱离了京庆公司的经营业绩，损害了公司利益和公司债权人利益，属于无效条款。即使增资合同书之补充合同在京庆公司和郭某之间生效，增资合同书之补充合同的利润分配条款也未经京庆公司股东大会决议通过，且《公司法》要求公司在弥补亏损和提取法定公积金后仍有利润的情况下才能分配利润。增资合同书之补充合同的利润分配条款既未经股东大会决议通过，也不符合《公司法》的规定，故郭某不能基于此请求京庆公司对其进行股权或现金补偿。

53 非约定范围内的股东是否享有受赠资产形成的资本公积金转增的股份？

案 例[1]

2006年4月21日，兰州民百（集团）股份有限公司（以下简称民百公司）第四届董事会第十六次会议审议并通过了公司股权分置改革方案，主要内容是：(1)民百公司第一大非流通股股东红楼集团有限公司（以下简称红楼集团）向公司无偿注入兰州红楼房地产开发有限公司36.6045%股权。根据浙江东方中汇会计师事务所有限公司出具的审计报告，截至2005年12月31日，该部分权益经审计的账面价值为3000万元。(2)为使红楼集团注入的兰州红楼房地产开发有限公司36.6045%权益完全由流通股股东享有，民百公司向流通股股东实施资本公积金定向转增28,379,137股，相当于每10股流通股定向转增2.1621股。(3)除红楼集团外的其他非流通股股东向流通股股东支付9,589,497股股份。(4)上述组合方案的总体对价水平相当于每10股流通股股东获得2.89271股。2006年5月29日，民百公司召开股东大会审议通过了该股权分置改革方案，并于2006年6月2日刊登了股权分置改

---

① 参见兰州神骏物流有限公司与兰州民百（集团）股份有限公司侵权纠纷案，最高人民法院(2009)民二终字第75号民事判决书。

革方案实施公告。因兰州神骏物流有限公司(以下简称神骏公司)(当时名称为兰州神骏医药科技有限公司,2008 年 10 月 20 日更名为现名称)等非流通股股东未明确表示同意参加本次股权分置改革,由民百公司第一大股东红楼集团代为垫付 3,119,196 股,第二大股东兰州民百佛慈集团有限公司(以下简称民佛公司)代为垫付 542,421 股,合计代神骏公司等非流通股股东垫付对价 3,661,617 股。民百公司 2006 年第一次临时股东大会暨股权分置改革相关股东会议通过了股权分置改革方案后,神骏公司在法定期限内向兰州市中级人民法院提起诉讼,请求确认 2006 年 5 月 29 日的临时股东大会关于红楼集团假借无偿赠送权益性资产实为非公开发行新股 28,379,138 股的决议违法,判决该次股东大会关于以 3000 万元权益性资产作价增发新股的决议无效等。兰州市中级人民法院以(2006)兰法民二初字第 82 号民事判决驳回了神骏公司的诉讼请求,神骏公司不服该判决向甘肃省高级人民法院提出上诉。审理中经甘肃省高级人民法院主持调解,神骏公司与民百公司达成了调解,该调解书内容为:神骏公司与民百公司共同确认红楼集团向民百公司无偿赠送的 3000 万元权益性资产真实合法,在此前提下 2006 年 5 月 29 日召开的民百公司股东大会通过的决议合法有效,不存在侵犯神骏公司合法权益的问题;神骏公司放弃全部诉讼请求;民百公司今后依然尊重神骏公司作为股东的各项权益。

2007 年 6 月 6 日,神骏公司向甘肃省高级人民法院提起诉讼,请求民百公司、民佛公司、红楼集团依照民百公司股权分置改革方案,立即安排其向民佛公司、红楼集团偿还代为垫付的对价款项及利息，办理神骏公司持有的民百公司股票流通的手续，排除流通的妨碍。该案在审理中，经甘肃省高级人民法院主持，双方当事人于2007年6月29日达成调解，该调解书载明神骏公司向民佛公司和红楼集团偿还了代垫的股份1,621,479股，民百公司安排神骏公司持有的民百公司限售流通股予以上市流通。

神骏公司认为其已偿还了民百公司第一、第二股东即红楼集团、民佛公司垫付的对价，红楼集团真实合法无偿赠送给民百公司的3000万元权益性资产折合的28,379,137股民百公司股份中，因神骏公司当时在民百公司的持股比例为6.18%，所以神骏公司应当按比例享有1,753,800股。故神骏公司向原审法院提起诉讼，要求民百公司赔偿1,753,800股股份，折合赔偿人民币20,081,010元（按神骏公司持有民百公司非流通股解禁上市后20个交易日的平均股价每股10元计算）及相应利息，并由民百公司负担案件诉讼费。

一审法院判决驳回神骏公司的诉讼请求。二审法院判决驳回上诉，维持原判。

法 条

新《公司法》

第二百一十三条　公司以超过股票票面金额的发行价格发行股份所得的溢价款、发行无面额股所得股款未计入注册资本的金额以及国务院财政部门规定列入资本公积金的其他项目，应当列为公司资本公积金。

原《公司法》

第一百六十七条　股份有限公司以超过股票票面金额的发行价格发行股份所得的溢价款以及国务院财政部门规定列入资本公积金的其他收入,应当列为公司资本公积金。

专家说法

资本公积金是在公司的生产经营之外,由资本、资产本身及其他原因形成的股东权益收入。资本公积金的主要来源为股票发行的溢价收入、资产增值、因合并而接受其他公司的资产净额等。《公司法》允许股份有限公司发行无面额股,公司的全部股份,根据公司章程的规定择一采用面额股或者无面额股。采用无面额股的,应当将发行股份所得股款的二分之一以上计入注册资本。发行无面额股所得股款未计入注册资本的金额,应当列为公司资本公积金。

本案中,民百公司股权分置改革方案中规定,为使红楼集团注入民百公司的 3000 万元权益性资产完全由流通股股东享有,由民百公司向流通股股东实施资本公积金定向转增 28,379,137 股。这表明红楼集团将 3000 万元权益性资产注入民百公司是为了让流通股股东享受该部分资产的利益。在股权分置改革方案通过时,神骏公司是民百公司的非流通股股东,不应享受该部分资产转增而形成的股份。民百公司股权分置改革方案明确规定了采用资本公积金转增股份,至于民百公司采用何种资本公积金将红楼集团注入的 3000 万元权益性资产转化为股份由全体流通股股东享有,属于民百公司内部财务处理事项。民百公司虽然用资本公积金项目下的股本溢价部分为全体流通股股东转增股份,但在此过程中民百公司资产数目并没有发生减损。

公司因接受赠与而增加的资本公积金属于公司所有,是公司的资产,股东不能主张该资本公积金中与自己持股比例相对应的部分归属于自己。上市公司股权分置改革中,公司股东大会作出决议将资本公积金向流通股股东转增股份时,公司的流通股股东可以按持股比例获得相应的新增股份,而非流通股股东不能以其持股比例向公司请求支付相应的新增股份。即使该股东大会决议无效,也只是产生流通股股东不能取得新增股份的法律效果,非流通股股东依然不能取得该新增的股份。

54 公司资本公积金能否转为增资？

案　例[1]

动信通（北京）科技集团股份有限公司（以下简称动信通公司）通过公司设立出资、增资、股权转让，曾持有北京微游科技有限公司（以下简称微游公司）对应出资额1000万元的股权：（1）在微游公司设立时出资85万元。（2）武某、杜某、艾某在2014年8月1日微游公司增资时均认购股本90万元，均实际缴纳出资100万元，存在30万元的溢价款。微游公司于2014年8月增资至1000万元时，动信通公司认缴增加出资555万元。前述两项均为动信通公司原始取得的股权。（3）动信通公司在2015年4月13日通过股权转让继受取得艾某、杜某等5人的股权，对应的出资额为360万元。对于设立时的出资，动信通公司已提供证据证明其足额缴纳，而在微游公司增资时，动信通公司应再向微游公司增加出资555万元。但动信通公司提交的证据显示，从微游公司增资之日起至今，其向微游公司以"入资款"为名转账金额总计525万元，故动信通公司并未提供充分证据证明其足额缴纳出资款，未履行出资义务的金额为30万元。微游公司债权人刘某主张动信通公

---

① 参见刘某与动信通（北京）科技集团股份有限公司等执行异议纠纷案，北京市高级人民法院（2022）京民终619号民事判决书。

司仍有30万元未实缴出资。动信通公司辩称其对于1000万元注册资本均已实缴,不应承担连带责任。

一审法院判决动信通公司在未全面出资额30万元的范围内,对微游公司债务不能清偿的部分承担补充赔偿责任;二审法院判决驳回上诉,维持原判。

法　条

新《公司法》

第二百一十四条　公司的公积金用于弥补公司的亏损、扩大公司生产经营或者转为增加公司注册资本。

公积金弥补公司亏损,应当先使用任意公积金和法定公积金;仍不能弥补的,可以按照规定使用资本公积金。

法定公积金转为增加注册资本时,所留存的该项公积金不得少于转增前公司注册资本的百分之二十五。

原《公司法》

第一百六十八条　公司的公积金用于弥补公司的亏损、扩大公司生产经营或者转为增加公司资本。但是,资本公积金不得用于弥补公司的亏损。

法定公积金转为资本时,所留存的该项公积金不得少于转增前公司注册资本的百分之二十五。

专家说法

公司的公积金只有三种用途:一是用于弥补公司的亏损;二是

扩大公司生产经营;三是转为增加公司资本。公司的公积金是按照特定目的提留的,只能用于特定目的,以维护公司股东和债权人利益。对公积金的使用限制主要体现于资本公积金的用途受限。原《公司法》禁止将资本公积金用于弥补公司亏损,《公司法》第214条对此作出修改,允许在任意公积金和法定公积金无法弥补公司亏损的情况下,按照规定使用资本公积金弥补亏损。另外,法定公积金转为资本时,所留存的该项公积金不得少于转增前公司注册资本的25%。

本案中,动信通公司在微游公司增资时,应再向微游公司增加出资555万元,但动信通公司在转让股权前仅向微游公司入资525万元,尚有30万元出资款未缴纳。对于该30万元,动信通公司主张已经通过资本公积金转为增资的方式缴纳。综观本案,武某、杜某、艾某在2014年8月1日微游公司增资时均认购股本90万元,均实际缴纳出资100万元,存在30万元的溢价款。根据《公司法》的规定,该30万元溢价款应列入微游公司的资本公积金,公司的公积金用于弥补公司的亏损、扩大公司生产经营或者转为增加公司资本。虽然武某、杜某、艾某所持有的微游公司的相应股份转让给了动信通公司,但是该3名股东缴纳的出资溢价款应列入资本公积金,而资本公积金属于公司的资产,只能用于扩大公司生产经营或者转为增加公司资本,不能用于填补股东的未出资。

55 公司合并的认定标准如何把握?

案 例[1]

2016年5月13日,郑州毛庄绿园实业有限公司(以下简称绿园公司)与中洋联合集团股份有限公司(以下简称中洋公司)签订协议书,协议主要约定内容为:绿园公司在德亭镇所承建的绿园项目,全部转让给中洋公司,转让款分两部分:第一部分为人民币500万元,于协议签订之日起10日内支付;第二部分绿园项目转让给中洋公司后,从经营中所产生的纯利润中提取49%作为绿园项目的转让款。绿园公司、中洋公司均为独立法人,签订本协议前绿园公司的原有债务包括建设绿园项目所产生的债务等均由绿园公司独自承担,与绿园项目及中洋公司无关。绿园公司债权人李某主张绿园公司并入中洋公司,中洋公司应当对绿园公司的债务承担连带清偿责任。中洋公司辩称,中洋公司与绿园公司的协议约定,建设绿园项目产生的债务由绿园公司承担,中洋公司不承担绿园公司以前的债务。绿园公司与中洋公司为两个独立的经营主体,不存在公司合并,有工商登记为证。

再审法院认为原审判决以公司合并为依据判令中洋公司承担

---

① 参见李某与中洋联合集团股份有限公司等建设工程施工合同纠纷案,河南省高级人民法院(2021)豫民申5400号民事裁定书。

连带清偿责任适用法律错误,生效判决认定绿园公司与中洋公司不存在公司合并的情况,认定事实、适用法律并无不当,裁定驳回李某的再审申请。

法 条

新《公司法》

第二百一十八条 公司合并可以采取吸收合并或者新设合并。

一个公司吸收其他公司为吸收合并,被吸收的公司解散。两个以上公司合并设立一个新的公司为新设合并,合并各方解散。

第二百二十条 公司合并,应当由合并各方签订合并协议,并编制资产负债表及财产清单。公司应当自作出合并决议之日起十日内通知债权人,并于三十日内在报纸上或者国家企业信用信息公示系统公告。债权人自接到通知之日起三十日内,未接到通知的自公告之日起四十五日内,可以要求公司清偿债务或者提供相应的担保。

原《公司法》

第一百七十二条 公司合并可以采取吸收合并或者新设合并。

一个公司吸收其他公司为吸收合并,被吸收的公司解散。两个以上公司合并设立一个新的公司为新设合并,合并各方解散。

第一百七十三条 公司合并,应当由合并各方签订合并协议,并编制资产负债表及财产清单。公司应当自作出合并决议之日起十日内通知债权人,并于三十日内在报纸上公告。债权人自接到通知书之日起三十日内,未接到通知书的自公告之日起四十五日内,可以要求公司清偿债务或者提供相应的担保。

专家说法

公司合并可以通过两种方式进行:一是吸收合并,即一个公司吸收其他公司,被吸收的公司解散。存续的公司应当向公司登记机关办理变更登记手续;被吸收的公司丧失民事主体资格,应向公司登记机关申请办理注销登记。二是新设合并,即两个以上公司合并设立一个新的公司,合并各方解散。新设合并导致参与合并各方的公司法人资格消灭,合并各方需依法向公司登记机关申请办理注销登记手续。新设公司应当向公司登记机关办理设立登记手续,取得营业执照,营业执照签发日期为公司成立日期。新设合并本质上属于设立新公司,除了需要符合公司合并的法定条件外,还需要符合公司法规定的公司设立条件。

本案中,绿园公司与中洋公司签订的协议为资产转让合同。对第一笔转让款500万元,中洋公司提交了支付收款收据予以证明;而第二部分转让款,为绿园公司对中洋公司的债权。绿园公司与中洋公司之间不存在公司合并的合意,亦不存在公司合并的行为,绿园公司、中洋公司工商登记状况经查仍正常存续。

公司合并会导致公司形式和内部治理结构发生重大变更,直接影响股东利益和债权人利益,因而必须按照公司法规定的程序进行:第一,合并各方原则上需要经过股东会决议通过,有限责任公司应当经代表三分之二以上表决权的股东通过,股份有限公司应当经出席股东会会议的股东所持表决权的三分之二以上通过,满足法定条件的可以不经股东会决议而通过董事会决议通过。第二,合并各方签订合并协议,合并协议需要对合并各方的权利义务作出约定,明确合并的形式、条件和相应款项的支付方式。第三,编制资产负债表及财产清单。第四,公司应当自作出合并决议之日起 10 日内通知债权人,并于 30 日内在报纸上或者国家企业信用信息公示系统公告。第五,办理相应的登记手续。此外,债权人自接到通知之日起 30 日内,未接到通知的自公告之日起 45 日内,可以要求公司清偿债务或者提供相应的担保。

56 公司合并时合并各方债权、债务如何承担？

案 例[1]

义马煤业公司与陈某超签订煤炭企业兼并重组合作协议、煤炭企业兼并重组补充协议，主要内容是义马煤业公司根据国家煤炭企业整合的政策要求，兼并重组陈某超任法定代表人并实际投资的东沟煤业公司，其中东沟煤业公司是被兼并方，说明各方之间是兼并重组的法律关系。东沟煤业公司的债权人陈某保要求银龙煤业公司偿还款项；银龙煤业公司认为，银龙煤业公司购买了东沟煤业公司包括采矿权在内的全部资产，本案不存在企业改制和企业新设合并事实，因而银龙煤业公司无须承担责任。

法院审理后认为，东沟煤业公司按政府煤炭资源整合政策要求，接受煤炭企业兼并重组注销。银龙煤业公司在成立后取得了东沟煤业公司的包括采矿权在内的所有财产，取代东沟煤业公司，并在该公司的原业务范围内生产经营。东沟煤业公司的注销及银龙煤业公司的成立符合新设合并的特征。根据有关法律规定，企业新设合并后，被兼并企业的债务应由新设合并后的企业法人承担。因此，银龙煤业公司应当承担还款责任。

---

① 参见陈某保与银龙煤业公司民间借贷纠纷案，河南省高级人民法院（2021）豫民申3794号民事裁定书。

法　条

新《公司法》

第二百二十一条　公司合并时,合并各方的债权、债务,应当由合并后存续的公司或者新设的公司承继。

《民法典》

第六十七条　法人合并的,其权利和义务由合并后的法人享有和承担。

法人分立的,其权利和义务由分立后的法人享有连带债权,承担连带债务,但是债权人和债务人另有约定的除外。

专家说法

公司合并会导致合并一方或双方的民事主体资格消灭,对于公司合并后被合并公司的债权、债务如何承担,应当区分不同的合并形式分别处理:一是采取吸收合并方式的,由合并后存续的公司承担被吸收公司的债权、债务;二是采取新设合并方式的,由合并各方组成的新设公司承担合并各方的债权、债务。合并后存续的公司或者新设公司对于合并各方债权、债务的承继属于权利义务的概括继受,公司必须同时继受合并各方的债权、债务,不能进行任意取舍或者只继受权利而拒绝承担义务。

本案中,银龙煤业公司虽然是新成立的公司,但其是各方履行兼并重组协议的结果,是为了承接兼并重组东沟煤业公司而成立的。其与东沟煤业公司签订资产转让协议,取得了东沟煤业公司包括采矿权及地上附属物在内的所有有形和无形资产,取代东沟煤业公司，并在东沟煤业公司的业务范围内生产经营，亦系基于兼并重组协议的安排。东沟煤业公司作为被兼并方，已经注销，其注销亦是履行兼并重组协议的结果。因此，银龙煤业公司的成立与东沟煤业公司的注销，符合最高人民法院《关于审理与企业改制相关的民事纠纷案件若干问题的规定》第 33 条规定的企业新设合并的特征。银龙煤业公司主张其成立不是新设合并，不应承担偿还被兼并企业的债务，依据不足。

57 公司分立后，原公司债务应该如何承担?

案 例[1]

丽江东山生态产业发展有限公司(以下简称东山公司)成立于2013年3月13日,因经营需要于2017年7月28日向丽江江湾农庄有限公司借款50万元用于公司的经营。丽江丽水汇商贸有限公司(以下简称丽水汇公司)成立于2017年11月15日。因发展的需要,东山公司法定代表人和志明及时任丽水汇公司法定代表人的和景桥在充分协商后,决定自2018年4月起将两公司进行“合并”,但双方未对“合并”前各自的债权债务如何处理作出约定。“合并”后,两公司均未解散,并成立了丽江有品餐饮服务管理有限公司、云南山妖生态产业发展有限公司。在经营过程中,由东山公司负责内部管理,由丽水汇公司负责对外开展业务。

2019年5月,因东山公司、丽水汇公司股东、高级管理人员对“合并”后的公司经营方向、管理方式等发生分歧,经和志明、和景桥协商,决定将东山公司与丽水汇公司进行分立,各自发展业务。

2019年7月31日,和景桥作为甲方、和志明作为乙方、洪贵

---

① 参见丽江东山生态产业发展有限公司、和志明与丽江丽水汇商贸有限公司、和景桥公司分立纠纷案,云南省丽江市中级人民法院(2022)云07民终142号民事判决书。

星、廖曼作为丙方签订公司分立协议，约定：将原丽水汇公司与东山公司分离。将双方合作期间注册的丽江有品餐饮服务管理有限公司及云南山妖生态产业发展有限公司分离。甲方享有丽水汇公司及丽江有品餐饮服务管理有限公司。乙方享有东山公司及云南山妖生态产业发展有限公司。分立后甲、乙双方的有关债权与债务由分离后甲乙双方享有的公司各自承担，双方约定特殊款项由甲乙双方按约定各自承担。具体以本协议以及资产债务明细表及特殊款项承担表为准，分立后的甲乙双方有义务配合对方完善债权债务的相关法律手续，甲、乙双方应积极协同、相互配合。双方在协议中对人员分离、固定资产分割亦作了约定。公司分立协议的附件"特殊款项"中对债务的承担作了详细列举。

2021 年 1 月 13 日，丽江江湾农庄有限公司向法院提起诉讼，要求东山公司偿还其在 2017 年 7 月 28 日的借款 50 万元。法院判决：由东山公司清偿丽江江湾农庄有限公司借款本金 50 万元及利息，由和志明承担连带清偿责任。

随后，东山公司、和志明向法院起诉，请求判决丽水汇公司与和景桥两被告共同分担债务 25 万元。

一审法院驳回了原告东山公司、和志明的诉讼请求。东山公司、和志明不服，提起上诉。二审法院认为，公司分离时，上诉人与被上诉人并未就上诉人东山公司的 50 万元债务承担明确具体约定由和景桥、丽水汇公司分担。上诉人东山公司、和志明要求分担债务的上诉理据不足，且缺乏事实和法律依据，二审法院不予支持。故判决由东山公司清偿案外人丽江江湾农庄有限公司借款本金 50 万元及利息，由和志明承担连带清偿责任。

法条

新《公司法》

第二百二十一条　公司合并时，合并各方的债权、债务，应当由合并后存续的公司或者新设的公司承继。

第二百二十二条　公司分立，其财产作相应的分割。

公司分立，应当编制资产负债表及财产清单。公司应当自作出分立决议之日起十日内通知债权人，并于三十日内在报纸上或者国家企业信用信息公示系统公告。

第二百二十三条　公司分立前的债务由分立后的公司承担连带责任。但是，公司在分立前与债权人就债务清偿达成的书面协议另有约定的除外。

第二百一十八条　公司合并可以采取吸收合并或者新设合并。

一个公司吸收其他公司为吸收合并，被吸收的公司解散。两个以上公司合并设立一个新的公司为新设合并，合并各方解散。

原《公司法》

第一百七十四条　公司合并时，合并各方的债权、债务，应当由合并后存续的公司或者新设的公司承继。

第一百七十五条　公司分立，其财产作相应的分割。

公司分立，应当编制资产负债表及财产清单。公司应当自作出分立决议之日起十日内通知债权人，并于三十日内在报纸上公告。

第一百七十六条　公司分立前的债务由分立后的公司承担连带责任。但是，公司在分立前与债权人就债务清偿达成的书面协议另有约定的除外。

第一百七十二条　公司合并可以采取吸收合并或者新设合并。

一个公司吸收其他公司为吸收合并，被吸收的公司解散。两个以上公司合并设立一个新的公司为新设合并，合并各方解散。

专家说法

根据《公司法》第218条第2款“一个公司吸收其他公司为吸收合并，被吸收的公司解散。两个以上公司合并设立一个新的公司为新设合并，合并各方解散”的规定，原告东山公司主张的与被告丽水汇公司在2018年4月的“合并”不符合《公司法》规定的形式要件，双方的财务、人员虽有混同，但其实质为合作经营。双方终止合作关系时，已对双方在合作期间产生的债权债务进行了清算。原告提交的公司分立协议附件六“特殊款项”证明在双方清算时，已对体现在以及未体现在公司账面上的债务作了明确分割，故原告的主张法院未予支持。

如果是两公司正常合并，分立时原公司的债权债务分配一般按如下方式处置：

首先，公司合并的债权债务由存续或者新设公司承继。根据主体的承继性原则，合并后存续或新设公司承继合并前公司的债权债务，这是债的概括承受，具有法定性和无因性，不以债权债务的对方当事人同意为生效要件。合并后公司可以对合并前公司的债权进行收取,同时必须对合并前公司的债务进行清偿。

其次,公司与债权人对分立前的债务承担有约定的,从其约定。公司分立的债务承担以当事人约定优先为原则。若公司在分立前已经与债权人就债务清偿问题达成协议,该类协议对分立后的公司和债权人具有拘束力,于此情形,债务的处理应当按照所达成的协议办理。如一方不履行协议,另一方可依法定程序请求履行该协议。

最后,公司与债权人对公司分立前的债务承担没有约定的,分立后的公司承担连带责任。为了保护分立的公司自由分配原公司财产的权利,同时保护债权人的利益,我国法律在分立程序与分立法律后果两个层面均进行了相应的规制。在公司分立的过程中,需要按照分立的法定程序进行;在分立完成后,若公司与债权人对公司分立前的债务承担没有约定或约定不明,分立后的公司对公司分立前的债务承担连带清偿责任,债权人可以向任意一家或几家分立后的公司主张债权。

58 能否不经法定程序认定公司分立?

案 例[1]

2010年7月20日,江苏海上海置业发展有限公司(以下简称海上海置业公司)成立,工商登记的股东为陈某一与陈某二,陈某一持股49%,陈某二持股51%。2015年1月29日,海上海置业公司召开股东会,到会各股东对本公司以后发展及具体工作进行商议,具体内容如下:"……3、4#楼工程预计在2015年一季度前竣工验收合格,在东海项目可办理产权证,工程决算工作全部结束后,到会股东同意按股份比例分割公司资产,具体分割办法由财务部先将本公司的所有债权、债务、资产情况等做详细报告后,大家再商定合理的分割方案……"陈某一、陈某二等在股东会纪要上签字。一审庭审中,陈某一称由于陈某二不配合,没有就公司分立形成股东会通过的方案,也没有就公司分立新设立相关的公司。一审法院组织双方当事人进行了多次调解,但均未能就如何对海上海置业公司进行分立达成一致意见。陈某一诉请判令海上海置业公司进行分立,将49%的资产登记在陈某一新设公司名下。

一审法院认为,海上海置业公司未就如何分立公司制定并通

---

① 参见陈某一与江苏海上海置业发展有限公司公司分立纠纷案,江苏省连云港市中级人民法院(2021)苏07民终410号民事判决书。

过相应的分立方案,庭审后经一审法院多次组织调解,双方未能就公司如何分立达成一致意见,故判决驳回陈某一的诉讼请求。二审法院判决驳回上诉,维持原判。

法 条

新《公司法》

第二百二十二条　公司分立,其财产作相应的分割。

公司分立,应当编制资产负债表及财产清单。公司应当自作出分立决议之日起十日内通知债权人,并于三十日内在报纸上或者国家企业信用信息公示系统公告。

原《公司法》

第一百七十五条　公司分立,其财产作相应的分割。

公司分立,应当编制资产负债表及财产清单。公司应当自作出分立决议之日起十日内通知债权人,并于三十日内在报纸上公告。

《民法典》

第六十七条第二款　法人分立的,其权利和义务由分立后的法人享有连带债权,承担连带债务,但是债权人和债务人另有约定的除外。

专家说法

公司分立是指公司分设为两个或两个以上公司,具体分为两种形式:一是原公司通过解散的方式分拆为数个新的公司,二是在原公司中分拆出一部分设立新的公司。《公司法》没有规定公司分立的形式，只是要求公司分立时需要对公司财产进行分割。《公司法》第222条虽未规定分立各方必须签订相应的分立协议，但分立各方对于财产分割事项仍应通过书面协议的形式予以约定。公司在分立过程中，必须先由股东会决议通过，有限责任公司应当经代表三分之二以上表决权的股东通过，股份有限公司应当经出席会议的股东所持表决权的三分之二以上通过，然后由分立各方签订分立协议，并编制资产负债表和财产清单，明确分立各方所应分得的财产数额。由于公司分立将导致原公司的形式发生重大变更，影响公司对外承担责任的能力，所以公司应当自作出分立决议之日起10日内通知债权人，并于30日内在报纸上或者国家企业信用信息公示系统公告。最后，原公司解散的应当办理注销登记手续，分立后的公司应当办理设立登记手续。

本案中，海上海置业公司虽然召开了股东会，但从该股东会决议的内容看，该股东会形成的决议是股东同意按股份比例分割公司资产，并非就如何对公司进行分立制定并通过相应的分立方案。陈某一、陈某二之间虽然均同意对公司进行分立，但庭审后经一审法院多次组织调解，双方未能就公司如何分立达成一致意见。因此，海上海置业公司并未根据法律规定的分立程序进行分立，不能认为海上海置业公司已经分立。

59 公司分立后，子公司是否应对母公司债务承担连带责任？

案　例[1]

2015年11月6日，宏远公司股东许某2、许桂和、赵某召开股东会，决定对宏远公司采取存续分立的方式，成立亿源公司、国某公司、鸿源公司、瑞云公司、康某公司，并对资产及债务进行分割，宏远公司的注册资本金从499万元减至274万元。同日，宏远公司通过章程修正案，并在现代快报上刊登了分立公告及减资公告，但该分立情况未书面通知华某公司。2016年1月15日，盐城市大丰区市场监督管理局对宏远公司的减资予以准许，办理了相关变更手续。同日，亿源公司、国某公司、鸿源公司、瑞云公司、康某公司设立。该分立的五家公司股东与宏远公司原始股东一致，分别为许某2、许桂和、赵某，后亿源公司、国某公司、鸿源公司、瑞云公司、康某公司股东许某2、许桂和、赵某又将所持亿源公司、国某公司、鸿源公司、瑞云公司、康某公司的股份分别转让给五家公司的现股东。2016年7月30日宏远公司将部分房产分别分户至亿源公司、国某公司、鸿源公司、瑞云公司、康某公司名下。

---

① 参见华某公司诉康某公司、亿源公司等债权债务概括转移合同纠纷案，江苏省盐城市中级人民法院(2021)苏09民终992号民事判决书。

华某公司诉宏远公司建设工程施工合同纠纷一案，一审法院作出(2016)苏0982民初4293号民事判决，宏远公司不服提起上诉。江苏省盐城市中级人民法院于2017年4月1日作出(2017)苏09民终358号民事判决书，判决：宏远公司于本判决发生法律效力之日起十日内给付华某公司137.5万元，并承付此款自2015年10月11日起至实际给付之日止按中国人民银行同期同类贷款利率计算的利息；驳回华某公司的其他诉讼请求。根据华某公司申请，一审法院于2017年4月24日立案执行，2018年8月10日，华某公司以宏远公司采取存续分立的方式分立出本案五名上诉人为由，向一审法院申请追加五名上诉人为该案的被执行人。2018年9月4日，一审法院作出(2017)苏0982执1298号之一执行裁定书，裁定追加该五名上诉人为被执行人，康某公司不服提起执行异议。一审法院认为不应在执行中直接追加五名上诉人为被执行人，于2019年12月26日作出(2019)苏0982执异52号执行裁定书，裁定撤销该追加裁定。后华某公司向盐城市中级人民法院申请复议，盐城市中级人民法院认为不在执行中直接追加五名上诉人为被执行人，并不影响华某公司根据法律规定在另案中向康某公司等五家公司主张权利，于2020年4月14日作出(2020)苏09执复20号执行裁定书，裁定驳回其复议申请。

法　条

新《公司法》

第二百二十二条第二款　公司分立，应当编制资产负债表及财产清单。公司应当自作出分立决议之日起十日内通知债权人，并于三十日内在报纸上或者国家企业信用信息公示系统公告。

原《公司法》

第一百七十五条　公司分立,其财产作相应的分割。

公司分立,应当编制资产负债表及财产清单。公司应当自作出分立决议之日起十日内通知债权人,并于三十日内在报纸上公告。

专家说法

原《公司法》并未规定债权人在公司分立时有权要求公司清偿债务或者提供相应的担保。《公司法》修订未作改变。本案争议点在于公司分立时,债权人是否有权要求公司清偿债务或者提供相应的担保,即所谓的即时偿债能力检测,这对公司影响重大。一般认为,公司分立的场合并不会导致公司的资产流失或向股东不正当利益输送,因为公司分立前的债务由分立后的公司承担连带责任,故而该种场合中对债权人利益的维护不必采取即时清偿的模式。

本案中,关于五家分立公司是否应对母公司宏远公司拖欠华某公司的诉争债务承担连带责任的问题,根据《公司法》第 223 条的规定:公司分立前的债务由分立后的公司承担连带责任。本案中,华某公司与宏远公司之间的债务发生在宏远公司经批准以存续分立的形式设立亿源公司、国某公司、鸿源公司、瑞云公司、康某公司等五家公司之前,故华某公司主张分立后的五家公司对宏远公司分立前的债务承担连带责任，于法有据。

华某公司可依据《民事诉讼法》第55条的规定，以分立后的企业为共同诉讼人。本案宏远公司就公司分立未能依法通知华某公司，华某公司对宏远公司分立五名上诉人不知晓，故华某公司在提起(2016)苏0982民初4293号案件时未能追加五名分立公司为被告。华某公司并未书面放弃对五名上诉人的权利，在华某公司知晓宏远公司存在五家分立公司的事实后，华某公司提起诉讼要求五家分立公司承担责任应予支持。

60 公司分立前的债务如何承担?

案例[1]

再审申请人海拉尔农垦(集团)有限责任公司(以下简称海农集团公司)因与被申请人中冶京诚工程技术有限公司(以下简称中冶公司),一审被告、二审上诉人呼伦贝尔特伦牧业有限公司(以下简称特伦公司),呼伦贝尔天原牧业科技有限公司(以下简称天原公司),华联可溯商业管理(北京)有限公司(以下简称华联公司)建设工程施工合同纠纷一案,申请再审。

海农集团公司申请再审称:(1)二审法院判决海农集团公司承担连带责任,系适用法律错误。案涉担保书明确约定在特伦公司不能按照合同约定支付剩余工程款时,海农集团公司承担支付义务。二审判决确认了担保书的有效性。海农集团公司依法应当对案涉债务承担一般保证责任,不应承担连带保证责任。(2)中冶公司将一般保证人海农集团公司作为共同被告不符合法定条件。中冶公司虽对主合同债务人提起诉讼,但该合同纠纷未经审理,更没有进入执行阶段,其就在诉讼中将海农集团公司作为共同被告予以起诉,不符合规定。(3)二审法院给海农集团公司强加

---

① 参见中冶京诚工程技术有限公司诉海拉尔农垦(集团)有限责任公司建设工程施工合同纠纷案,最高人民法院(2019)最高法民申3600号民事裁定书。

“证明义务”违反法律规定。二审法院以担保书“没有约定先诉抗辩权”为由，判决海农集团公司承担连带责任，是随意增加海农集团公司证明责任。(4)本案海农集团公司应不承担担保责任。本案中冶公司因与主合同相对方变更了主合同的内容且未经海农集团公司同意，海农集团公司不再承担保证责任。《公司法》虽然规定分立后的公司对分立前的公司债务承担连带责任，但并没有法律、法规规定该责任可以及于担保人，二审法院不应判令海农集团公司对特伦公司、天原公司债务承担连带保证责任。(5)二审判决没有对天原公司、特伦公司、华联公司的上诉理由进行审理的表述，也没有在判决主文中对天原公司、特伦公司、华联公司的上诉请求给予回应，存在严重的程序错误。

中冶公司提交意见称：(1)本案两份《担保书》约定海农集团公司承担保证责任的前提条件并非特伦公司基于偿债能力原因不能履行债务，而是特伦公司不能按照合同约定履行给付工程价款义务。因此，海农集团公司的保证方式应认定为连带责任保证。(2)中冶公司将海农集团公司作为共同被告提起诉讼符合法定起诉条件。(3)二审法院根据案件事实以及《担保书》对权利义务的具体约定进行认定和说理，得出《担保书》未明确约定保证形式的结论，再依法认定海农集团公司的保证形式为连带责任保证。海农集团公司将二审法院的说理理解为举证责任分配，系理解有误。(4)《结算及付款协议》未变更主债务人，亦未加重保证责任，故不存在免除或减轻保证责任的情形，海农集团公司以主债务人及担保内容变更为由申请再审，不应获得支持。(5)二审判决程序合法，不存在剥夺当事人辩论权利的情形，也未遗漏当事人诉讼请求。综上,请求驳回海农集团公司的再审申请。

再审法院审理认为,案涉建设工程施工合同系特伦公司与中冶公司订立。2017 年 1 月 19 日,特伦公司存续分立为特伦公司与天原公司,约定案涉合同的权责由天原公司承担,但该约定未经中冶公司同意。因此,二审法院依据法律规定,认定特伦公司与天原公司应当就案涉工程款债务对中冶公司承担连带责任,并无不当。本案海农集团公司出具的两份《担保书》均约定,在特伦公司不能按照案涉建设工程施工合同约定支付工程款时,海农集团公司承担支付义务。二审法院以该《担保书》约定在特伦公司"不能按合同约定"支付工程款时,海农集团公司承担支付义务,以及未明确约定海农集团公司的保证形式,亦未明确约定海农集团公司享有先诉抗辩权为由,认定海农集团公司的保证形式为连带保证,并在主债务人未按合同约定支付工程款的情况下,判令海农集团公司对案涉债务承担连带保证责任,并无不妥。天原公司与华联公司、中冶公司签订的《呼伦贝尔特伦牧业有限公司哈达图牧场 7000 头奶牛场泌牛牛舍项目施工总承包合同结算付款协议》约定,案涉工程欠付工程款由华联公司支付给天原公司后,再由天原公司支付给中冶公司,并未约定天原公司将工程款支付义务转移给华联公司,且该协议并未加重天原公司、特伦公司的还款责任。对于海农集团公司提出的因中冶公司与主合同相对方变更了主合同的内容且未经海农集团公司同意,其不应再承担保证责任的主张未予支持,亦无不妥。

法 条

新《公司法》

第二百二十三条　公司分立前的债务由分立后的公司承担连带责任。但是，公司在分立前与债权人就债务清偿达成的书面协议另有约定的除外。

专家说法

公司分立前的债务首先应按照公司与债权人就债务清偿达成的书面协议处理。没有另行作出约定的，分立后设立的公司应当对原公司的债务承担连带责任。该项规定不得通过公司章程或股东会决议进行修改。公司法对于公司分立前的债务承担设置强制性规定，要求分立后的公司承担连带责任，能够避免实践中一些公司借助公司分立将债务全部分割给个别不具有足额清偿能力的公司。公司自身无权决定公司分立前的债务如何承担，但公司可以在分立前与债权人就债务清偿达成书面协议，约定分立后的公司不必承担连带责任，而是由分立后的公司承担按份责任或者免除分立后的部分公司的清偿责任。

61 公司减资未通知债权人，后果如何?

案 例[1]

2010年2月江苏万丰光伏有限公司(以下简称万丰光伏公司)与上海广力投资管理有限公司(以下简称广力投资公司)签订《硅料销售合同》,万丰光伏公司向广力投资公司供货计395万元。合同订立后,万丰光伏公司履行了供货义务,但广力投资公司只付款124万元。2012年10月26日,广力投资公司出具《还款计划》,对还款期限和利息进行了约定,广力投资公司未按还款计划还款,只归还了35万元,仍拖欠本金236万元。广力投资公司出具《还款计划》时,丁烜焜、丁一仍为该公司股东。

广力投资公司设立于2009年1月,注册资本2500万元,其中丁一认缴额2000万元,持股比例80%,实际出资400万元;丁烜焜认缴额500万元,持股比例20%,实际出资100万元;章程规定股东的其余出资于2010年12月1日前实缴。2010年11月19日,广力投资公司作出股东减资决定,注册资本由2500万元减少至500万元,丁一、丁烜焜持股比例不变。广力投资公司作出减资决

---

① 参见江苏万丰光伏有限公司诉上海广力投资管理有限公司、丁烜焜等因公司不当减资股东承担补充赔偿责任纠纷案,江苏省高级人民法院(2015)苏商终字第00140号民事判决书。

议后未通知万丰光伏公司。2011 年 1 月 20 日，广力投资公司存于工商档案的《有关债务清偿及担保情况说明》载明，该公司在上海商报刊登了减资公告，广力投资公司及丁烜焜、丁一承诺，未清偿债务及担保债权，由广力投资公司继续负责清偿，并由全体股东在法律规定范围内提供相应担保。后广力投资公司办理了工商变更登记手续。

万丰光伏公司诉讼请求判令广力投资公司、丁烜焜、丁一支付货款 236 万元，截至 2014 年 4 月 10 日迟延付款利息 152.8016 万元，其余利息按协议约定支付至还款之日止。

广力投资公司辩称还款未到期限，且利息过高。丁烜焜、丁一辩称二人不是保证人，不应对公司债务承担连带担保责任。

一审法院经审理认为万丰光伏公司与广力投资公司签订的《硅料销售合同》合法有效，双方均应依约履行。签订合同后，万丰光伏公司依约履行了供货义务，现广力投资公司尚欠货款 236 万元事实清楚。广力投资公司于 2012 年 10 月 26 日出具的《还款计划》，是其真实意思表示，万丰光伏公司主张的截至 2014 年 4 月 10 日利息损失 152.8016 元（此后利息按同期银行贷款利率的 2 倍支付），未超出还款计划的约定，也不违反法律规定，应予以认可。判决：(1)广力投资公司支付万丰光伏公司货款 236 万元及截至 2014 年 4 月 10 日利息 152.8016 万元（此后利息按中国人民银行同期贷款利率的 2 倍支付至给付之日止）；(2) 丁烜焜、丁一对广力投资公司上述款项不能给付部分，在其减资范围内承担补充赔偿责任。

广力投资公司、丁烜焜、丁一不服一审判决，提起上诉。二审法院判决驳回上诉，维持原判。

法 条

新《公司法》

第二百二十四条 公司减少注册资本，应当编制资产负债表及财产清单。

公司应当自股东会作出减少注册资本决议之日起十日内通知债权人，并于三十日内在报纸上或者国家企业信用信息公示系统公告。债权人自接到通知之日起三十日内，未接到通知的自公告之日起四十五日内，有权要求公司清偿债务或者提供相应的担保。

公司减少注册资本，应当按照股东出资或者持有股份的比例相应减少出资额或者股份，法律另有规定、有限责任公司全体股东另有约定或者股份有限公司章程另有规定的除外。

第四条 有限责任公司的股东以其认缴的出资额为限对公司承担责任；股份有限公司的股东以其认购的股份为限对公司承担责任。

公司股东对公司依法享有资产收益、参与重大决策和选择管理者等权利。

第四十九条 股东应当按期足额缴纳公司章程规定的各自所认缴的出资额。

股东以货币出资的，应当将货币出资足额存入有限责任公司在银行开设的账户；以非货币财产出资的，应当依法办理其财产权的转移手续。

股东未按期足额缴纳出资的，除应当向公司足额缴纳外，还应当对给公司造成的损失承担赔偿责任。

原《公司法》

第一百七十七条　公司需要减少注册资本时，必须编制资产负债表及财产清单。

公司应当自作出减少注册资本决议之日起十日内通知债权人，并于三十日内在报纸上公告。债权人自接到通知书之日起三十日内，未接到通知书的自公告之日起四十五日内，有权要求公司清偿债务或者提供相应的担保。

第三条第二款　有限责任公司的股东以其认缴的出资额为限对公司承担责任；股份有限公司的股东以其认购的股份为限对公司承担责任。

第四条　公司股东依法享有资产收益、参与重大决策和选择管理者等权利。

第二十八条　股东应当按期足额缴纳公司章程中规定的各自所认缴的出资额。股东以货币出资的，应当将货币出资足额存入有限责任公司在银行开设的账户；以非货币财产出资的，应当依法办理其财产权的转移手续。

股东不按照前款规定缴纳出资的，除应当向公司足额缴纳外，还应当向已按期足额缴纳出资的股东承担违约责任。

专家说法

原《公司法》第177条规定，公司需要减少注册资本时，应当编制资产负债表及财产清单。公司应当自作出减少注册资本决议之日起 10 日内通知债权人，并于 30 日内在报纸上公告。债权人自接到通知书之日起 30 日内，未接到通知书的自公告之日起 45 日内，有权要求公司清偿债务或者提供相应的担保。据此，原《公司法》在明确公司股东的有限责任制的同时，也明确应依法保护公司债权人的合法权益。公司注册资本既是公司股东承担有限责任的基础，也是公司的交易相对方判断公司的财产责任能力的重要依据，公司股东负有诚信出资以保障公司债权人交易安全的责任，公司减资时对其债权人负有根据债权人的要求进行清偿或提供担保的义务。

本案中，在广力投资公司与万丰光伏公司发生买卖关系时，广力投资公司的注册资本为 2500 万元，后广力投资公司注册资本减资为 500 万元，减少的 2000 万元是丁烜焜、丁一认缴的出资额。如果广力投资公司在减资时依法通知其债权人万丰光伏公司，则万丰光伏公司依法有权要求广力投资公司清偿债务或提供相应的担保。但广力投资公司、丁烜焜、丁一在明知广力投资公司对万丰光伏公司负有债务的情形下，在减资时既未依法通知万丰光伏公司，亦未向万丰光伏公司清偿债务，不仅违反了上述原《公司法》第 177 条的规定，也违反了《公司法》第 3 条中“有限责任公司的股东以其认缴的出资额为限对公司承担责任”的规定，损害了万丰光伏公司的合法权益。而基于广力投资公司的法人资格仍然存续的事实，一审、二审均判决广力投资公司向万丰光伏公司还款，并判决广力投资公司股东丁烜焜、丁一对广力投资公司债务在其减资范围内承担补充赔偿责任，这既符合上述公司法人财产责任制度及减资程序的法律规定，又与《公司法司法解释(三)》第13条第2款关于“公司债权人请求未履行或未全面履行出资义务的股东在未出资本息范围内对公司债务不能清偿的部分承担补充赔偿责任的，人民法院应予支持”的规定一致，故判决合法有据。

基于广力投资公司违约延期付款给债权人万丰光伏公司造成损失的客观事实，以及股东负有诚信出资担保责任以保障公司债权人的交易安全的基本法律原则，在广力投资公司减资未依法通知债权人万丰光伏公司的情形下，判令丁烜焜、丁一在减资范围内对广力投资公司不能还款部分承担补充赔偿责任，既未超出丁烜焜、丁一认缴的出资额，也与其在减资过程中向工商管理部门出具的关于“在法律规定的范围内提供相应的担保”的说明不悖，未超过其合理预期，于法有据。

62 公司不遵守法定程序进行减资应当承担何种责任?

案 例[1]

2015年12月31日,江铜公司与蒙玛特公司签订合同。2016年,苏某(抵押人)与江铜公司(抵押权人)签订了第一份《最高额抵押合同》。上述抵押合同签订后,江铜公司与苏某办理了抵押登记。2017年1月,江铜公司(抵押权人)与蒙玛特公司(抵押人)签订了《最高额抵押协议》。2017年2月7日,江铜公司与蒙玛特公司办理了抵押登记。江铜公司与蒙玛特公司签订《2016年度铜材产品销售合同》后,邢某、苏某向江铜公司出具了《担保函》,约定苏某、邢某作为保证人自愿为主债务人在主合同项下向江铜公司及时履行一笔或多笔付款义务向江铜公司承担连带共同保证责任。2017年6月23日,蒙玛特公司召开股东会,并形成《股东会决议》。该决议的主要内容为:吸收邢某、小康公司为新股东,新股东会的成员为苏某、邢某、小康公司。

2018年6月4日,蒙玛特公司召开股东会,形成了《股东会决议(新)》。该决议的主要内容为:(1)决定减少公司股东小康公

---

① 参见江铜公司诉小康公司买卖合同纠纷案,最高人民法院(2020)最高法民申5382号民事裁定书。

司,新股东会由苏某、邢某组成;(2)减少注册资本7333万元,其中小康公司于2018年6月4日减少5000万元,邢某于2018年6月4日减少2333万元,苏某出资不变;注册资本变更为1000万元。同日,蒙玛特公司及苏某、邢某、小康公司向公司登记机关出具了《蒙玛特(天津)铜业有限公司债务清偿或债务担保情况的说明》。该说明的主要内容为:本公司已于2017年12月5日在报刊上刊登了减资公告;本公司合计债务总额400万元,公司截至申请变更之日前已偿还100万元债务,剩余部分由减资后的公司承继,目前已落实担保并已和债权人达成偿还协议。2018年8月14日,蒙玛特公司、苏某、邢某向公司登记机关出具了《蒙玛特(天津)铜业有限公司债务清偿或债务担保情况的说明》。小康公司认可其认缴出资额为5000万元,2018年6月蒙玛特公司在相关登记机关办理了减资变更登记。江铜公司主张,小康公司应当在5000万元减资范围内对蒙玛特公司不能清偿的债务向江铜公司承担连带赔偿责任。

一审法院认为,小康公司的减资行为已经造成了蒙玛特公司债务清偿能力降低,损害了债权人江铜公司的合法权益,小康公司应当在减资5000万元的范围内对蒙玛特公司所欠货款及逾期付款利息承担补充赔偿责任。二审法院认为小康公司的上诉请求不能成立,判决驳回上诉,维持原判。再审法院裁定驳回小康公司的再审申请。

法 条

新《公司法》

第二百二十四条 公司减少注册资本,应当编制资产负债表及财产清单。

公司应当自股东会作出减少注册资本决议之日起十日内通知债权人,并于三十日内在报纸上或者国家企业信用信息公示系统公告。债权人自接到通知之日起三十日内,未接到通知的自公告之日起四十五日内,有权要求公司清偿债务或者提供相应的担保。

公司减少注册资本,应当按照股东出资或者持有股份的比例相应减少出资额或者股份,法律另有规定、有限责任公司全体股东另有约定或者股份有限公司章程另有规定的除外。

原《公司法》

第一百七十七条 公司需要减少注册资本时,必须编制资产负债表及财产清单。

公司应当自作出减少注册资本决议之日起十日内通知债权人,并于三十日内在报纸上公告。债权人自接到通知书之日起三十日内,未接到通知书的自公告之日起四十五日内,有权要求公司清偿债务或者提供相应的担保。

专家说法

公司注册资本额一经确定,就不能随意增减。若要增加或者减少注册资本,必须按照相应的法定程序进行。公司减资必须按照以下程序进行:第一,据《公司法》第66条和第116条的规定,公司股东会作出减少注册资本的决议，有限责任公司应当经代表2/3以上表决权的股东通过，股份有限公司应当经出席会议的股东所持表决权的2/3以上通过。第二，据《公司法》第224条的规定，编制资产负债表和财产清单。公司减少注册资本的前提是详细了解公司目前的经营状况和财务状况，因此公司进行减资程序时必须编制资产负债表和财产清单。第三，自股东会作出减少注册资本决议之日起10日内通知债权人，并于30日内在报纸上或者国家企业信用信息公示系统公告。通知和公告的目的是确保公司债权人的知情权，若公司债权人担心公司分立将影响债权的受偿，可以要求公司提前清偿债务或者提供相应的担保。第四，公司应当按照股东出资或者持有股份的比例相应减少出资额或者股份。第五，修改公司章程中关于公司注册资本额和股东出资额的记载。

公司减资会导致公司注册资本乃至公司资产的减少，注册资本的不当减少将直接影响公司对外偿债能力，危及债权人的利益。因此，公司减资时，应根据《公司法》的规定采取合理有效的方式直接通知和公告通知债权人，以便债权人进行利益权衡，或要求债务人清偿债务，或要求债务人提供担保，避免因公司减资损害债权人合法权益。

本案中，公司在减资时应依法采取有效方式通知债权人，以避免因减资行为造成公司偿债能力降低，从而损害债权人合法权益。蒙玛特公司欠付江铜公司的案涉债务在公司减资前即已形成，蒙玛特公司在能够有效联系江铜公司的情形下，未就减资事项直接通知江铜公司，有违减资法定程序，亦使得江铜公司未能在蒙玛特公司减资前依法行使要求清偿债务或提供相应担保的权利。蒙玛特公司于2017年11月28日向江铜公司出具《还款计划》和《关于延期点价申请》,确认蒙玛特公司尚欠江铜公司货款,此时小康公司仍系蒙玛特公司认缴出资占注册资本60%的股东,对双方确认的上述债权债务和还款计划应当明确知晓,但在此情形下小康公司仍通过股东会决议减资退出公司,且未依法履行通知义务,客观上降低了蒙玛特公司的偿债能力,有损江铜公司所享有的债权。小康公司应在减资5000万元范围内对蒙玛特公司所负上述债务承担补充赔偿责任。

63 增资协议解除后，已出资款是否返还？

案例[1]

2017年5月9日,上海富电科技有限公司(以下简称上海富电公司)同西北工业集团有限公司(以下简称西北工业公司)、北方特种能源集团有限公司(以下简称北方能源公司)、李鹤等共同签订《增资协议书》,约定:(1)上海富电公司通过直接增资方式对目标公司进行增资,本次增资完成后,上海富电公司成为目标公司控股股东及实际控制人,持有目标公司66.667%股权;(2)上海富电公司8400万元增资款分3次到位,第一笔2520万元在本协议签署生效后3个工作日支付,第二笔2940万元在2017年5月31日前支付,第三笔2940万元在2017年9月29日前支付;(3)任何一方未按本协议约定履行义务、承诺、保证的,逾期超过30日或经另一方催告后仍未完成的,守约方可以解除本协议并要求违约方赔偿损失;因本条约定导致协议解除的,本协议自解除方发出的解除通知送达被通知方之日起解除。

2017年5月,目标公司完成章程及工商登记变更,注册资本变更为12,600万元,上海富电公司登记为目标公司股东,享有

---

① 参见西北工业集团有限公司等诉上海富电科技有限公司公司增资纠纷案,海市第一中级人民法院(2019)沪01民终11265号民事判决书。

66.667%股权。此后至2017年11月16日，上海富电公司仅向西安物华新能源科技有限公司(以下简称物华公司)支付了3250万元后，剩余增资款项均未按约支付。

2018年1月25日，西北工业公司、北方能源公司、李鹤等股东同物华公司函告上海富电公司，通知解除案涉增资协议书。

西北工业公司、北方能源公司起诉称，2017年5月19日，西北工业公司、北方能源公司及10名自然人股东与上海富电公司签订增资协议，约定上海富电公司向目标公司增资8400万元，占股66.667%，增资分3次到位。后上海富电公司按约履行第一笔出资后，剩余出资款一直未按约缴付且经催告后仍不履行，导致目标公司流动资金不足，经营陷入困境。故请求确认当事人之间签订的增资协议书解除；要求上海富电公司支付西北工业公司、北方能源公司违约金及赔偿损失。

上海富电公司辩称，西北工业公司、北方能源公司未履行增资协议书关于公司财务控制权等的移交约定违约在先，逾期支付增资款系西北工业公司、北方能源公司造成。同时，上海富电公司亦提起反诉请求：(1)确认案涉增资协议书解除；(2)西北工业公司、北方能源公司及李鹤等返还上海富电公司已支付的增资款。

一审法院经审理认为，系争增资协议书于2018年1月26日解除；增资协议书虽解除，但未解除上海富电公司作为物华公司的股东资格，上海富电公司无权要求返还或赔偿增资款，而增资协议书中约定的违约责任作为清算条款不因合同解除而失效，上海富电公司逾期缴纳增资款应承担相应违约责任。一审法院判决：(1)确认当事人于2017年5月19日签订的《增资协议书》于2018

年1月26日解除；(2)上海富电公司支付西北工业公司、北方能源公司违约金300万元；(3)驳回西北工业公司、北方能源公司其余本诉请求，驳回上海富电公司反诉请求。一审宣判后，上海富电公司依法上诉。

二审法院认为，上诉人关于其逾期支付增资款的抗辩理由依据不足，应当承担相应的违约责任。依据合同约定，被上诉人有权行使合同解除权。二审期间，被上诉人西北工业公司表示，就上诉人的出资期限，其当时同意延迟到2017年年底；而从物华公司提交的《特急报告》证据中，亦反映出目标公司的运营状况受到影响，对此三方股东均有各自的原因。综合考虑本案的合同履行情况、上诉人逾期出资的过错程度、违约的实际损失等具体因素，酌情对上诉人承担的违约金数额调整为100万元。

法　条

新《公司法》

第二百二十七条　有限责任公司增加注册资本时，股东在同等条件下有权优先按照实缴的出资比例认缴出资。但是，全体股东约定不按照出资比例优先认缴出资的除外。

股份有限公司为增加注册资本发行新股时，股东不享有优先认购权，公司章程另有规定或者股东会决议决定股东享有优先认购权的除外。

第五十三条　公司成立后，股东不得抽逃出资。

违反前款规定的，股东应当返还抽逃的出资；给公司造成损失的，负有责任的董事、监事、高级管理人员应当与该股东承担连带赔偿责任。

原《公司法》

第三十四条　股东按照实缴的出资比例分取红利；公司新增资本时，股东有权优先按照实缴的出资比例认缴出资。但是，全体股东约定不按照出资比例分取红利或者不按照出资比例优先认缴出资的除外。

第三十五条　公司成立后，股东不得抽逃出资。

《公司法司法解释(三)》

第十四条　股东抽逃出资，公司或者其他股东请求其向公司返还出资本息、协助抽逃出资的其他股东、董事、高级管理人员或者实际控制人对此承担连带责任的，人民法院应予支持。

公司债权人请求抽逃出资的股东在抽逃出资本息范围内对公司债务不能清偿的部分承担补充赔偿责任、协助抽逃出资的其他股东、董事、高级管理人员或者实际控制人对此承担连带责任的，人民法院应予支持；抽逃出资的股东已经承担上述责任，其他债权人提出相同请求的，人民法院不予支持。

专家说法

法院生效判决显示，本案关键在于《增资协议书》解除后，上海富电公司已实际缴付的出资款应否如其诉请予以返还。

其一，诉争《增资协议书》系各方当事人真实意思表示，并不违反法律、行政法规的强制性规定，对其合同效力应予认可。该协议中，各方当事人约定了合同解除条件，依据原《合同法》第 93 条、第 94 条的相关规定，该《增资协议书》可予解除。

其二，原《合同法》第 97 条规定："合同解除后，尚未履行的，终止履行，已经履行的，根据履行情况和合同性质，当事人可以要求恢复原状、采取其他补救措施，并有权要求赔偿损失。"因此，本案中上海富电公司虽主张恢复原状、返还钱款，但仍须基于系争合同的性质、钱款的性质，依照法律的具体规定处理解除后果。

其三，从《增资协议书》的约定来看，上海富电公司投入的 3250 万元是其作为目标公司新股东所需缴纳的出资，并非对西北工业公司、北方能源公司享有的普通债权。在经过公司章程修改及工商变更登记后，其股东身份、认缴数额、股权比例及公司注册资本均已对外公示，该 3250 万元性质转化为公司资本，已形成公司资产。

其四，上海富电公司所谓因增资协议书解除而要求返还出资，从本质上说，系其股东身份的退出。但正如上述认缴、出资、登记等均需由各方当事人按照《公司法》关于公司增资的程序完成；股东退出公司包括采取何种退出方式、资本、股权的处分；等等，亦应当适用《公司法》作为特别法的相关规定。

其五，上海富电公司要求将其出资直接返还以"恢复原状"，实质上等同于股东未经法定程序任意抽回出资，将造成公司资产的不当减少，显然有违公司资本的确定、维持和不变原则，直接影响公司的经营能力和债权人利益保护。

综上，本案诉争增资协议书的解除虽然适用原《合同法》规定，但协议解除的后果，实际系处理上海富电公司作为原增资股东的退出问题。在上海富电公司出资已转化为公司资本的情况下，应按照《公司法》的特别规定适用执行。案例中当事人虽均确认协议解除，但未予明确上海富电公司退出的具体方式，如通过股权转让、股权回购、公司减资、公司解散等，更未经相应的法定程序，上海富电公司仅就返还出资单独提出主张，不符合《公司法》的规定，故法院未予支持。

从本案中可以看出股东协议具有合同与组织双重属性。公司的组织规则同合同规则之间基于立场不同而存在一定差异，组织规则受到公司法的特殊限制，这就要求在处理股东协议问题时不能单纯适用《民法典》合同编规则，需将其与《公司法》协调适用。本案所涉增资协议是认缴增资人上海富电公司同西北工业公司等股东之间就注册资本、股权分配事宜等作出约定的商业合同，在性质上属于股东协议，其所具有的合同与组织双重属性决定了其在法律适用上不能单纯适用某一规则，而应将二者平衡适用。

64 公司能否基于法律规定之外的原因解散?

案例[1]

万方公司成立于2013年7月26日,分别由汽车实业公司和第三人东方农牧公司作为股东投资设立。汽车实业公司出资490万元,占股49%;东方农牧公司出资510万元,占股51%。万方公司章程虽然规定公司经营期限为5年,即自2013年7月26日至2018年7月26日,但万方公司在工商部门取得的营业执照上载明公司经营期限为长期。汽车实业公司以公司2名股东均无要求公司继续存续的意思表示为由,要求对公司进行清算,并由被申请人承担本案受理费及相关清算费用。被申请人万方公司辩称:(1)被申请人对申请人提出的公司经营期限5年存有异议;(2)被申请人与第三人均有公司继续存在的意思表示;(3)按照一般清算程序,公司应先解散,然后再进行清算。现在解散还未完成,因此不能进行清算。

一审法院裁定:不予受理申请人汽车实业公司申请本院成立清算组,对被申请人万方汽车公司的资产进行清算的申请。二审法院驳回上诉,维持原裁定。再审法院裁定驳回汽车实业公司的

---

① 参见汽车实业公司申请万方公司公司清算纠纷案,最高人民法院(2021)最高法民申2310号民事裁定书。

再审申请。

法　条

新《公司法》

第二百二十九条　公司因下列原因解散:

(一)公司章程规定的营业期限届满或者公司章程规定的其他解散事由出现;

(二)股东会决议解散;

(三)因公司合并或者分立需要解散;

(四)依法被吊销营业执照、责令关闭或者被撤销;

(五)人民法院依照本法第二百三十一条的规定予以解散。

公司出现前款规定的解散事由,应当在十日内将解散事由通过国家企业信用信息公示系统予以公示。

原《公司法》

第一百八十条　公司因下列原因解散:

(一)公司章程规定的营业期限届满或者公司章程规定的其他解散事由出现;

(二)股东会或者股东大会决议解散;

(三)因公司合并或者分立需要解散;

(四)依法被吊销营业执照、责令关闭或者被撤销;

(五)人民法院依照本法第一百八十二条的规定予以解散。

《民法典》

第六十九条　有下列情形之一的,法人解散:

（一）法人章程规定的存续期间届满或者法人章程规定的其他解散事由出现；

（二）法人的权力机构决议解散；

（三）因法人合并或者分立需要解散；

（四）法人依法被吊销营业执照、登记证书，被责令关闭或者被撤销；

（五）法律规定的其他情形。

专家说法

公司解散，是指合法成立的公司因为出现公司章程或法律规定的事由而停止经营活动，并开始进入清算程序直至终止法人资格的法律行为。通常情况下，公司终止经营活动退出市场，主要经历决议解散、清算分配和注销登记三个过程，申言之，公司解散后并不会直接导致法人资格消灭，还需要经过清算程序和注销登记程序才会导致公司法人资格消灭。在公司清算期间，公司的法人资格仍然存续，只是公司的行为能力被限定于清算目的范围内，不得开展与清算无关的活动。

公司解散的原因可以分为自愿解散和强制解散，强制解散又可进一步分为行政解散和司法解散。《公司法》第 229 条中第 1 项至第 3 项属于自愿解散，第 4 项属于行政解散，第 5 项属于司法解散。自愿解散，是指基于公司或股东的意愿而导致的公司解散。自愿解散包括三种情形：(1) 公司章程规定的营业期限届满或者公司章程规定的其他解散事由出现；(2) 股东会决议解散；(3) 因公司合并或者分立需要解散。强制解散,是指非依公司或股东自己的意愿,而是基于政府有关机关的决定命令或法院的裁决而发生的解散,通常分为行政决定解散与司法判决解散。行政解散,是指公司因其行为违反了法律法规而损害了社会公共利益或公共秩序,从而被行政主管机关依职权责令解散的情形,包括依法被吊销营业执照、责令关闭或者被撤销。司法解散,是指因公司经营管理发生严重困难,继续存续会使股东利益受到重大损失,通过其他途径不能解决的,持有公司10%以上表决权的股东向人民法院提起解散公司诉讼,请求人民法院解散公司。

公司解散清算是公司清算机构以终止公司法律人格为目的而依法进行的具有确定法律后果的行为。虽然根据万方公司章程的规定,该公司的营业期限届满,但是双方当事人认可该公司治理机构及治理状态均属正常,公司内部对是否延长经营期限、是否解散未形成决议。本案中,万方公司亦不存在被吊销企业法人营业执照、责令关闭或者被撤销的解散事由。人民法院受理公司清算案件的前提是公司已经解散并怠于清算,因本案中并无万方公司解散的法律事实,法院裁定不予受理汽车实业公司的清算申请并无不当。

65 法院能否强制解散公司?

案 例[1]

凯莱公司成立于2002年1月,林某与戴某系该公司股东,各占50%的股份,戴某任公司法定代表人及执行董事,林某任公司总经理兼公司监事。2006年起,林某与戴某两人之间的矛盾逐渐显现。同年5月9日,林某提议并通知召开股东会,由于戴某认为林某没有召集会议的权利,会议未能召开。同年6月6日、8月8日、9月16日、10月10日、10月17日,林某委托律师向凯莱公司和戴某发函称,因股东权益受到严重侵害,林某作为享有公司股东会二分之一表决权的股东,已按公司章程规定的程序表决并通过了解散凯莱公司的决议,要求戴某提供凯莱公司的财务账册等资料,并对凯莱公司进行清算。同年6月17日、9月7日、10月13日,戴某回函称,林某作出的股东会决议没有合法依据,戴某不同意解散公司,并要求林某交出公司财务资料。同年11月15日、25日,林某再次向凯莱公司和戴某发函,要求凯莱公司和戴某提供公司财务账册等供其查阅、分配公司收入、解散公司。服装城管委会证明凯莱公司经营尚正常,且愿意组织林某和戴某进行调解。从

---

① 参见林某与凯莱公司、戴某公司解散纠纷案,最高人民法院指导案例8号(2012年)民事判决书。

2006年6月1日起至今,凯莱公司未召开过股东会。服装城管委会调解委员会于2009年12月15日、16日两次组织双方进行调解,但均未成功。

原告林某诉称,凯莱公司经营管理发生严重困难,陷入公司僵局且无法通过其他方法解决,其权益遭受重大损害,请求解散凯莱公司。被告凯莱公司及戴某辩称,凯莱公司及其下属分公司运营状态良好,不符合公司解散的条件,戴某与林某的矛盾有其他解决途径,不应通过司法程序强制解散公司。

一审法院判决驳回林某的诉讼请求。宣判后,林某提起上诉。二审法院判决撤销一审判决,依法改判解散凯莱公司。

法　条

新《公司法》

第二百三十一条　公司经营管理发生严重困难,继续存续会使股东利益受到重大损失,通过其他途径不能解决的,持有公司百分之十以上表决权的股东,可以请求人民法院解散公司。

原《公司法》

第一百八十二条　公司经营管理发生严重困难,继续存续会使股东利益受到重大损失,通过其他途径不能解决的,持有公司全部股东表决权百分之十以上的股东,可以请求人民法院解散公司。

专家说法

公司经营管理发生严重困难,是指公司在存续过程中,由于股东之间、董事之间或者股东与董事之间矛盾激化而处于僵持状态，股东会、董事会等公司内部机构不能按照法定程序作出有效决议，导致公司内部治理机制陷于瘫痪状态，这种情况也被称为公司僵局。《公司法司法解释（二）》指出公司经营管理发生严重困难，主要体现为以下方面：（1）公司持续两年以上无法召开股东会或者股东大会；（2）股东表决时无法达到法定或者公司章程规定的比例，持续两年以上不能作出有效的股东会或者股东大会决议；（3）公司董事长期冲突，且无法通过股东会或者股东大会解决；（4）经营管理发生严重困难的其他情形。公司陷入僵局后通过其他途径不能解决，继续存续会使股东利益受到重大损失的，只能通过强制司法解散的方式化解冲突。

由于司法强制解散将会导致公司法人资格消灭，若公司僵局能够通过调解、仲裁等其他手段解决，则不应采用司法强制解散这一极端措施。因此，司法强制解散属于化解公司僵局的最后方案，只有通过其他途径不能化解公司僵局，且公司继续存续会使股东利益受到重大损失，才能由持有公司10%以上表决权的股东请求人民法院解散公司。

本案中，凯莱公司的经营管理已发生严重困难。判断公司的经营管理是否出现严重困难，应当从公司的股东会、董事会或执行董事及监事会或监事的运行现状进行综合分析。“公司经营管理发生严重困难”的侧重点在于公司管理方面存有严重内部障碍，如股东会机制失灵、无法就公司的经营管理进行决策等，不应片面理解为公司资金缺乏、严重亏损等经营性困难。本案中，凯莱公司仅有戴某与林某两名股东，两人各占50%的股份，凯莱公司章程规定“股东会的决议须经代表二分之一以上表决权的股东通过”,且各方当事人一致认可该“二分之一以上”不包括本数。因此,只要两名股东的意见存有分歧、互不配合,就无法形成有效表决,显然影响公司的运营。凯莱公司已持续4年未召开股东会,无法形成有效股东会决议,也就无法通过股东会决议的方式管理公司,股东会机制已经失灵。执行董事戴某作为互有矛盾的两名股东之一,其管理公司的行为,已无法贯彻股东会的决议。林某作为公司监事,不能正常行使监事职权,无法发挥监督作用。由于凯莱公司的内部机制已无法正常运行、无法对公司的经营作出决策,即使公司尚未处于亏损状态,也不能改变该公司的经营管理已发生严重困难的事实。

由于凯莱公司的内部运营机制早已失灵,林某的股东权、监事权长期处于无法行使的状态,其投资凯莱公司的目的无法实现,利益受到重大损失,且凯莱公司的僵局通过其他途径长期无法解决。林某在提起公司解散诉讼之前,已通过其他途径试图化解与戴某之间的矛盾,服装城管委会也曾组织双方当事人调解,但双方仍不能达成一致意见。两审法院也基于慎用司法手段强制解散公司的考虑,积极进行调解,但均未成功。

综上所述,凯莱公司已符合《公司法》及《公司法司法解释(二)》所规定的股东提起解散公司之诉的条件。

66 各持股50%的股东对公司是否解散意见不一怎么办?

案 例[1]

常熟市凯莱实业有限公司(以下简称凯莱公司)成立于2002年1月,原告林方清与被告戴小明系该公司股东,各占50%的股份,戴小明任公司法定代表人及执行董事,林方清任公司总经理兼公司监事。凯莱公司章程明确规定:股东会的决议须经代表二分之一以上表决权的股东通过,但对公司增加或减少注册资本、合并、解散、变更公司形式、修改公司章程作出决议时,必须经代表三分之二以上表决权的股东通过。股东会会议由股东按照出资比例行使表决权,自2006年起,林方清与戴小明两人之间的矛盾逐渐显现。同年5月,林方清提议并通知召开股东会,由于戴小明认为林方清没有召开会议的权利,会议未能召开。同年林方清委托律师多次向凯莱公司和戴小明发函称,因股东权益受到严重侵害,林方清作为享有公司股东会二分之一表决权的股东,已按公司章程规定的程序表决并通过了解散凯莱公司的决议,要求戴小明提供凯莱公司的财务账册等资料,并对凯莱公司进行清算。戴小明回

---

① 参见林方清诉常熟市凯莱实业有限公司、戴小明公司解散纠纷案,江苏省高级人民法院(2010)苏商终字第0043号民事判决书。

函称,林方清作出的股东会决议没有合法依据,戴小明不同意解散公司,并要求林方清交出公司财务资料。此后,林方清再次向凯莱公司和戴小明发函,要求凯莱公司和戴小明提供公司财务账册等供其查阅、分配公司收入、解散公司。

江苏常熟服装城管理委员会证明凯莱公司经营尚正常,并两次组织双方调解,但均未成功。凯莱公司从2006年6月1日至提起诉讼之日,未召开过股东会。

凯莱公司章程载明监事行使下列权利:(1)检查公司财务;(2)对执行董事、经理执行公司职务时违反法律、法规或者公司章程的行为进行监督;(3)当董事和经理的行为损害公司的利益时,要求董事和经理予以纠正;(4)提议召开临时股东会。

人民法院认为:根据原《公司法》第一百八十二条关于“公司经营管理发生严重困难,继续存续会使股东利益受到重大损失,通过其他途径不能解决的,持有公司全部股东表决权百分之十以上的股东,可以请求人民法院解散公司”的规定,凯莱公司已经符合司法解散的条件。理由如下:(1)凯莱公司作为一个法律拟制的法人机构,其权力机构、执行机构、监督机构均无法正常运行,凯莱公司的经营管理已发生严重困难;(2)凯莱公司的内部运作机制早已失灵;林方清虽为持有凯莱公司50%股份的股东及监事,但其股东权、监事权长期处于被剥夺的状态,凯莱公司继续存续会使股东林方清的利益受到重大损失;(3)凯莱公司的僵局通过其他途径长期无法解决;(4)林方清持有凯莱公司50%的股份,符合原《公司法》关于提起公司解散诉讼的股东须持有公司10%以上股份的条件。故此,由于凯莱公司股东戴小明、林方清之间存有较大矛盾，且彼此不愿妥协而处于僵持状态，导致公司股东会等内部机制不能按照约定程序作出决策，凯莱公司长期陷入无法正常运转的僵局，现有僵局如继续存续，将进一步损害股东的利益，在此情况下，林方清作为持股50%的股东提出解散凯莱公司，有事实和法律依据。

法　条

新《公司法》

第二百三十一条　公司经营管理发生严重困难，继续存续会使股东利益受到重大损失，通过其他途径不能解决的，持有公司百分之十以上表决权的股东，可以请求人民法院解散公司。

原《公司法》

第一百八十二条　公司经营管理发生严重困难，继续存续会使股东利益受到重大损失，通过其他途径不能解决的，持有公司全部股东表决权百分之十以上的股东，可以请求人民法院解散公司。

专家说法

解散公司诉讼，是指公司出现“僵局”且“难以破局”时，股东为维护自己的利益而诉至法院要求解散公司的诉讼。从《公司法》第231条的规定可以看出，司法强制解散公司的构成要件：(1)公司经营管理发生严重困难；(2)继续存续会使股东利益受到重大损失；(3)通过其他途径不能解决；(4)持有公司10%以上表决权的股东请求法院解散公司。那么从本案来看，是否构成上述四要件是裁判的关键所在。

关于“公司经营管理发生严重困难”的具体认定。本案中,由于股东之间的矛盾,凯莱公司已连续4年未召开董事会,亦未形成有效的股东会决议,同时执行董事戴小明管理公司的行为已不再依据股东会的决议,股东会的失灵进一步影响到执行机构的运作,并且公司的监事由另一股东林方清担任,其关于查询公司财务资料的要求一再遭到拒绝,并不能正常地行使监事职权,凯莱公司的监督机构实际上已无法发挥监督的作用,公司运行机构陷入僵局状态。

对于公司“继续存续会使股东利益受到重大损失”的分析,作为股东,投资设立公司、参与决策,行使股东权利主要的目的是获得收益,公司的经营管理如果出现严重困难,则影响公司的正常运转及股东权利实现通道的畅通,进而对股东的利益构成严重损害。从本案来看,虽然凯莱公司尚处于盈利状态,但股东行使权利的路径受到侵害,在公司继续盈利与股东无法有效控制公司之间,裁判观点显然偏向后者。在股东丧失对公司管理权的情况下,若公司继续存续,无疑会对股东未来的收益权产生影响,进而损害股东权益,最终导致其获得收益的目的不能实现。因此,法院从充分保护股东权益的角度出发,判决公司解散。

公司僵局“通过其他途径不能解决”的范围,《公司法司法解释(二)》第5条明确,人民法院审理解散公司诉讼案件,应当注重调解。当事人不能协商一致使公司存续的,人民法院应当及时判决。立法对“其他途径”的范围给予明确,本案中,林方清在提起公司解散诉讼之前,已与戴小明沟通数次尝试化解两人矛盾,江苏常熟服装城管理委员会也曾组织双方调解，法院在开庭前也积极促进双方进行调解，但均无成效。在此情况下，若无休止地再要求双方通过“其他途径”解决矛盾，则有违立法本意。

最后，提起解散公司诉讼的股东需持有公司10%以上表决权，本案中，林方清持有凯莱公司50%的股份，符合上述条件。

67 如何认定清算义务人怠于履行清算义务?

案 例[1]

2008 年 4 月 22 日德信公司经营期限届满,属于《公司法》规定的公司解散事由,而德信公司的股东城建公司和华厦公司既未按照《公司法》规定通过修改公司章程使德信公司存续,亦未按照《公司法》规定在营业期限届满的解散事由出现之日起 15 日内成立清算组开始清算,导致德信公司未在规定期限内接受年检,北京市工商行政管理局于 2008 年 10 月 29 日吊销德信公司的营业执照,该处罚决定于 2009 年 1 月 20 日生效。城建公司主张,由于公司管理分工等客观原因,城建公司确实无法独立进行清算工作,并非怠于履行清算义务。地大龙祥公司主张,城建公司作为德信公司股东,参与公司管理,负有清算义务。如果城建公司不出面,清算无法进行。清算义务为全体股东的共同义务,不保管账册的股东也具有这一义务,城建公司已构成怠于履行清算义务。

法院生效裁判认为,城建公司已经构成怠于履行清算义务。

---

① 参见地大龙祥公司等诉城建公司股东损害公司债权人利益纠纷案,最高人民法院(2021)最高法民申 2097 号民事裁定书。

法 条

新《公司法》

第二百三十二条　公司因本法第二百二十九条第一款第一项、第二项、第四项、第五项规定而解散的，应当清算。董事为公司清算义务人，应当在解散事由出现之日起十五日内组成清算组进行清算。

清算组由董事组成，但是公司章程另有规定或者股东会决议另选他人的除外。

清算义务人未及时履行清算义务，给公司或者债权人造成损失的，应当承担赔偿责任。

原《公司法》

第一百八十三条　公司因本法第一百八十条第（一）项、第（二）项、第（四）项、第（五）项规定而解散的，应当在解散事由出现之日起十五日内成立清算组，开始清算。有限责任公司的清算组由股东组成，股份有限公司的清算组由董事或者股东大会确定的人员组成。逾期不成立清算组进行清算的，债权人可以申请人民法院指定有关人员组成清算组进行清算。人民法院应当受理该申请，并及时组织清算组进行清算。

《民法典》

第七十条　法人解散的，除合并或者分立的情形外，清算义务人应当及时组成清算组进行清算。

法人的董事、理事等执行机构或者决策机构的成员为清算义务人。法律、行政法规另有规定的，依照其规定。

清算义务人未及时履行清算义务,造成损害的,应当承担民事责任;主管机关或者利害关系人可以申请人民法院指定有关人员组成清算组进行清算。

专家说法

公司作出解散决议后,应当进行清算。公司清算的重要内容是清理公司资产,清结各项债务,终结现存的各种法律关系。清算的目的在于保护公司债权人的利益、公司股东的利益、公司的利益、职工的利益以及社会公共利益。公司解散时,除合并或者分立的情形外,清算义务人应当及时组成清算组进行清算。具体来说,公司因下列原因解散时需要依法进行清算:(1)公司章程规定的营业期限届满或者公司章程规定的其他解散事由出现;(2)股东会决议解散;(3)依法被吊销营业执照、责令关闭或者被撤销;(4)司法强制解散。因公司合并或者分立而进行的解散之所以无须清算,是由于在合并或者分立中发生债权债务概括转移的效果,所以公司合并或者分立时无须进行清算。而公司被宣告破产时需要适用专门的破产清算程序,也不需要适用公司法规定的一般清算程序。

清算义务人应当及时履行清算义务,因怠于履行清算义务给公司或者债权人造成损失的,应当承担赔偿责任。怠于履行清算义务,是指公司董事在法定清算事由出现后,在能够履行清算义务的情况下,故意拖延、拒绝履行清算义务,或者因过失导致无法进行清算的消极行为。董事能够举证证明其已经采取积极措施履行清算义务的,可以不对公司债务承担清偿责任。司法实践中,清算义务人未及时履行清算义务，给公司或者债权人造成损失的情况主要包括以下四种：(1)未在法定期限内成立清算组开始清算，导致公司财产贬值、流失、毁损或者灭失；(2)怠于履行清算义务，导致公司主要财产、账册、重要文件等灭失，无法进行清算；(3)在公司解散后，恶意处置公司财产给债权人造成损失；(4)未经依法清算，以虚假的清算报告骗取公司登记机关办理法人注销登记，或者公司未经清算即办理注销登记，导致公司无法进行清算。

公司进入清算程序后，需要由公司清算义务人选任清算组，由清算组接替公司内部机构执行清算事务。原《公司法》并未明确规定具体的公司清算义务人，而是区分公司类型分别规定了清算组的组成人员，即有限责任公司的清算组由股东组成，股份有限公司的清算组由董事或者股东大会确定的人员组成。《公司法》第232条予以明确，不再区分公司类型规定清算组成员，而是统一规定董事为公司清算义务人，清算组由董事组成，除非公司章程另有规定或者股东会决议另选他人。

本案中，城建公司、华厦公司未按照《公司法》规定在依法被吊销营业执照解散事由出现之日起15日内成立清算组开始清算。直至2015年5月5日被德信公司的债权人以拒不履行清算义务为由提起股东损害公司债权人利益责任之诉，城建公司才于2015年8月向人民法院提出强制清算德信公司的申请，此时德信公司早已停止经营，无财产、无账册，公司相关人员下落不明，城建公司亦无法向法院提交德信公司在经营期间的会计账簿、交易文件、资产现状等相关重要文件。以上事实均可证明，城建公司已经构成怠于履行清算义务。

68 未经清算能否处分公司财产?

案例[1]

雷某城与雷某思于1992年在香港成立地产公司,公司性质为无限责任公司。1993年3月,雷某思与张某在香港成立远东房地产公司。1993年11月22日,地产公司与海沧公司签订《合作兴建与经营王将花园新城合同书》,约定海沧公司提供建设用地,地产公司提供全部开发建设资金,双方共同建设、经营王将花园。至1994年8月,王将花园项目已完成13幢楼房的主体及5幢楼房的地基基础工程。1994年8月底,海沧公司退出合作项目,王将花园项目完全归属于地产公司所有。1994年10月12日,远东房地产公司在厦门设立全资子公司王将公司,地产公司与王将公司商定,将尚未办理房屋所有权和土地使用权登记手续的王将花园冠名到王将公司名下进行经营。王将花园项目在王将公司经营期间未再进行大规模投资,该项目至今未建设完毕,因此,王将公司只是王将花园项目名义上的所有权人。王将公司于1997年被工商局注销,丧失民事主体资格,故地产公司有权主张冠名到王将公司名下的王将花园项目资产的所有权。雷某思已将其地产公司的股

---

① 参见雷某城诉王将公司、远东房地产公司财产权属纠纷案,最高人民法院(2006)民一终字第29号民事判决书。

份及王将花园资产的所有权份额全部转给雷某城所有，故雷某城起诉王将公司及王将公司股东远东房地产公司，请求将王将公司名下的王将花园项目所有权和土地使用权确认归其所有。

一审法院认为，雷某城主张地产公司对王将花园项目实际投资产生的权益应当通过清算程序解决，其以地产公司是王将花园项目实际投资人，王将公司对该项目没有投入资金，只是该项目名义上的所有权人和土地使用权人，且王将公司已停止营业，以王将花园项目处于无人管理的状态为由，主张对王将花园项目享有所有权和土地使用权，没有事实依据和法律依据，不予支持，判决驳回雷某城的诉讼请求。二审法院判决驳回上诉，维持原判。

法条

新《公司法》

第二百三十三条　公司依照前条第一款的规定应当清算，逾期不成立清算组进行清算或者成立清算组后不清算的，利害关系人可以申请人民法院指定有关人员组成清算组进行清算。人民法院应当受理该申请，并及时组织清算组进行清算。

公司因本法第二百二十九条第一款第四项的规定而解散的，作出吊销营业执照、责令关闭或者撤销决定的部门或者公司登记机关，可以申请人民法院指定有关人员组成清算组进行清算。

原《公司法》

第一百八十三条　公司因本法第一百八十条第（一）项、第（二）项、第（四）项、第（五）项规定而解散的，应当在解散事由出现之日起十五日内成立清算组,开始清算。有限责任公司的清算组由股东组成,股份有限公司的清算组由董事或者股东大会确定的人员组成。逾期不成立清算组进行清算的,债权人可以申请人民法院指定有关人员组成清算组进行清算。人民法院应当受理该申请,并及时组织清算组进行清算。

《民法典》

第七十条　法人解散的,除合并或者分立的情形外,清算义务人应当及时组成清算组进行清算。

法人的董事、理事等执行机构或者决策机构的成员为清算义务人。法律、行政法规另有规定的,依照其规定。

清算义务人未及时履行清算义务,造成损害的,应当承担民事责任;主管机关或者利害关系人可以申请人民法院指定有关人员组成清算组进行清算。

专家说法

公司解散时应当依法组织清算,若公司清算义务人怠于履行清算义务,不及时成立清算组进行清算或者成立清算组后不清算的,法院基于利害关系人的申请,应当及时指定有关人员组成清算组进行清算。《公司法》第233条并未将有权申请强制清算的主体限定为公司债权人,而是采用"利害关系人"的表述扩大了有权申请强制清算的主体范围。利害关系人包括债权人、公司股东、董事或其他利害关系人,利害关系人有权申请法院指定清算组进行强制清算的情形包括:(1)公司解散逾期不成立清算组进行清算的;

(2)虽然成立清算组但故意拖延清算的;(3)违法清算可能严重损害债权人或者股东利益的。

本案中,根据《公司法》的规定,王将公司被吊销营业执照后,应当启动清算程序。雷某城可以通过清算程序确认其所享有的权益,并在确认基础上履行相应义务。如王将公司及其股东远东房地产公司不履行清算义务,雷某城可依法申请人民法院组成清算组进行清算或请求判令王将公司及远东房地产公司承担清算义务。王将公司在其未启动清算程序对雷某城享有的权益进行确认前,对公司主要资产进行处分,不符合法律规定的债务履行程序。如果王将公司尚有其他债务,其在清算前将公司主要资产处分给雷某城,必然损害其他债权人利益,不符合公平原则,故王将公司通过自认或调解方式对公司资产进行的处分,法院均不予支持。

此外,《公司法》第233条针对行政解散时的强制清算申请主体增设规定,作出吊销营业执照、责令关闭或者撤销决定的部门或者公司登记机关,也可以申请法院指定有关人员组成清算组进行清算。前述部门和公司登记机关虽然无权参与公司财产的分配,不属于利害关系人的范畴,但公司法为了确保公司清算程序的顺利启动和进行,进一步扩大了强制解散申请主体的范畴。

69 股东能否对清算组的履职行为提出异议？

案　例[1]

2011年6月21日，法院受理宏通公司关于强制清算千叶酒店的申请，并指定清算组。枫叶渡假村向千叶酒店清算组申报了债权。千叶酒店清算组最终审查结果为确认千叶房地产公司及枫叶渡假村的债权数额。宏通公司主张，宏通公司是千叶酒店的小股东，其与本案具有直接的利害关系，属于《民事诉讼法》规定的人民法院受理民事诉讼案件的范围。枫叶渡假村辩称，宏通公司与本案没有直接的利害关系，并非适格的原告。

一审法院对枫叶渡假村申报的债权依法不予确认。二审法院认为，宏通公司作为千叶酒店的股东，对千叶酒店清算组确认的本案债权，依法没有提起诉讼的民事权利，对其起诉予以驳回，裁定撤销一审判决，驳回宏通公司的起诉。再审法院认为二审适用法律不当，裁定结果错误，依法应予纠正，裁定撤销二审裁定，指令法院对本案进行审理。

---

① 参见宏通公司诉枫叶渡假村与公司有关的纠纷案，最高人民法院（2018）最高法民再363号民事裁定书。

法 条

新《公司法》

第二百三十四条　清算组在清算期间行使下列职权：

（一）清理公司财产，分别编制资产负债表和财产清单；

（二）通知、公告债权人；

（三）处理与清算有关的公司未了结的业务；

（四）清缴所欠税款以及清算过程中产生的税款；

（五）清理债权、债务；

（六）分配公司清偿债务后的剩余财产；

（七）代表公司参与民事诉讼活动。

《民法典》

第七十一条　法人的清算程序和清算组职权，依照有关法律的规定；没有规定的，参照适用公司法律的有关规定。

专家说法

清算期间公司存续，但只能从事与清算有关的活动。公司解散后随即进入清算程序，由清算义务人组成的清算组将接替股东会、董事会等内部机构负责执行清算事务。清算组是法律规定的在公司清算期间具体负责执行清算事务的组织。由于清算组全面取代了公司正常经营状态下内部机构的职能，法律有必要赋予清算组必要的职权，以确保公司清算期间能够顺利开展清算相关事务。清算组在清算期间享有下列职权：(1)清理公司财产，分别编制资产负债表和财产清单；(2)通知、公告债权人；(3)处理与清算有关的公司未了结的业务；(4)清缴所欠税款以及清算过程中产生的税款；(5)清理债权、债务；(6)分配公司清偿债务后的剩余财产；(7)代表公司参与民事诉讼活动。清算组在清理公司财产、编制资产负债表和财产清单时，发现公司财产不足清偿债务的，可以与债权人协商制作有关债务清偿方案。债权人对债务清偿方案不予确认或者人民法院不予认可的，清算组应当依法向人民法院申请宣告破产。

公司强制清算程序应当以维护公司各方主体利益平衡为原则，实现公司退出环节中的公平公正。人民法院在审理公司强制清算案件时，既要充分保护债权人利益，也要兼顾公司股东等其他各方的利益。本案千叶酒店的清算程序系由法院受理宏通公司的强制清算申请而启动，并由法院指定清算组。宏通公司作为千叶酒店的中小股东，其合法利益在清算程序中应得到充分保障。根据《公司法》规定，清算组在清算期间行使清理债权、债务以及处理公司清偿债务后的剩余财产等职权。公司财产在分别支付清算费用、职工的工资、社会保险费用和法定补偿金，缴纳所欠税款，清偿公司债务后的剩余财产，有限责任公司按照股东的出资比例分配，股份有限公司按照股东持有的股份比例分配。由此可见，在清算程序分配公司剩余财产的顺序中，公司股东处于末位，清算组对公司债权人申报债权的确认结果直接影响公司股东尚能分配的剩余财产余额，故可以认定公司股东对于清算组作出的有关公司债权、债务审查结果具有直接利害关系。虽然《公司法司法解释(二)》第12条只赋予债权人对清算组核定的债权提出异议并以公司为被告向人民法院提起诉讼请求确认债权的权利，但并未否认公司股东、债务人对清算组作出的债权、债务核定结果提出异议并提起诉讼的权利。由于债权人、债务人和公司股东与清算组作出的债权、债务核定结果均存在直接的利益关联，法律上应平等地赋予利益关联方相同的救济权利，才能公平地保护各方的合法权益。

此外，虽然《公司法》第238条规定了清算组成员怠于履行清算职责，给公司造成损失的，应当承担赔偿责任；因故意或者重大过失给债权人造成损失的，应当承担赔偿责任。但该赔偿责任属于事后的救济措施，法律上不能因为利益关联方对清算组成员享有事后的索赔权利，就否定其事前的监督权利，否则不符合效率原则。关于枫叶渡假村提出的宏通公司在再审期间已通过另案得到救济的主张，由于另案与本案属于不同的诉讼，且另案审理结果均是驳回了宏通公司的诉讼请求，故宏通公司的权益仍未获得相应的法律救济，不能以此为由否定宏通公司的诉权。

70 债权人能否追究清算组成员不当履职的责任？

案 例[1]

2012年9月27日，田丰公司、天富公司与蓝鲸大厦签订《保证担保借款合同》。合同主要约定，田丰公司向蓝鲸大厦借款415万元，借款期限自2012年9月27日至2012年10月26日，天富公司对上述借款提供连带保证责任，保证期间两年；保证人发生足以影响贷款安全的重大不利事件的，应立即书面通知贷款人；保证人变更名称、住所、法定代表人等事项的，应于事项发生后5日内书面通知贷款人。借款到期后，田丰公司仅偿还200万元，剩余款项未能按约定偿还，蓝鲸大厦将田丰公司及天富公司诉至法院。法院判令田丰公司一次性给付蓝鲸大厦借款本金215万元，天富公司承担连带责任。

2013年2月24日，天富公司股东会决议：同意公司解散，停止公司营业，进行清算；由董富、易波静组成清算组，同时指定董富为清算组负责人；清算组自成立之日起10日内通知债权人，债权人向清算组申报债权；清算组负责60日内在报纸上公告。天富公司于2013年3月1日在《张家口晚报》上刊登注销公告，请债权人

---

① 参见蓝鲸大厦与董富等股东损害公司债权人利益责任纠纷案，河北省高级人民法院(2021)冀民再52号民事判决书。

45 日内到公司清理债务手续。但未书面通知蓝鲸大厦。2013 年 3 月 12 日，天富公司召开股东会，于当日正式成立清算组。天富公司于 2013 年 3 月 23 日作出清算报告。2013 年 5 月 24 日，工商行政管理局同意天富公司注销。

蓝鲸大厦向法院起诉请求：判令董富、易波静对天富公司承担的连带保证责任承担赔偿责任，赔偿被申请人损失 215 万元。

一审判决认为，天富公司于 2013 年 2 月 24 日召开股东会，决议解散公司，并成立清算组，注销公司登记。董富、易波静在对天富公司进行清算时，仅在《张家口晚报》刊登清算公告，督促债权人申报债权。天富公司为田丰公司的借款提供的连带责任保证，在天富公司清算时仍在保证期间内，可以认定蓝鲸大厦为天富公司的已知债权人。由于天富公司在清算时未按照法律规定书面通知蓝鲸大厦，导致蓝鲸大厦未能及时申报债权，故天富公司清算组成员董富、易波静对因此造成的损失应当承担赔偿责任。又因为董富、易波静未书面通知债权人申报债权，属于不适当履行清算义务，并非恶意处置公司财产或者以虚假的清算报告骗取公司登记机关办理法人注销登记，其主观恶性不足以使其承担有限责任以外的其他责任。此外，董富、易波静在设立天富公司时已经履行了出资义务。故董富、易波静应当在公司清算后的剩余财产范围内对被申请人蓝鲸大厦承担赔偿责任。关于《公司法司法解释(二)》是 2008 年 5 月开始实施的，2014 年 2 月 17 日修正。董富、易波静关于不适用于本案的抗辩理由不能成立。因董富、易波静在对天富公司进行清算时，未书面通知蓝鲸大厦，直到 2017 年 8 月 8 日，法院作出执行裁定对天富公司终结执行时，蓝鲸大厦才得知天富公司已经注销。因此本案的诉讼时效应当自2017年8月8日开始计算,本案未超过诉讼时效。关于董富、易波静提出的天富公司为田丰公司的借款提供的担保已经超过保证期间问题,由于一审法院作出的(2014)东民初字第1199号民事判决已生效,判令天富公司对田丰公司的债务承担连带责任,董富、易波静的抗辩理由不能成立。判决:董富、易波静于该判决生效之日起15日内在22.72万元(截至2013年3月12日,公司共有总资产22.72万元,负债0元,净资产22.72万元)的范围内向蓝鲸大厦承担赔偿责任。董富、易波静不服一审判决,其上诉请求为:撤销河北省张家口市桥东区人民法院(2019)冀0702民初257号民事判决,依法改判驳回蓝鲸大厦的全部诉讼请求或发回重审。

二审法院认为:依照《公司法司法解释(二)》第十一条的规定,公司清算时,清算组应当按照公司法第一百八十五条的规定,将公司解散清算事宜书面通知全体已知债权人,并根据公司规模和营业地域范围在全国或者公司注册登记地省级有影响的报纸上进行公告。清算组未按照前款规定履行通知和公告义务,导致债权人未及时申报债权而未获清偿,债权人主张清算组成员对因此造成的损失承担赔偿责任的,人民法院应依法予以支持。本案中天富公司于2013年2月24日解散清算时,其作为蓝鲸大厦与田丰公司借款合同的保证人,在保证期间内,应书面通知已知债权人蓝鲸大厦。天富公司未履行书面通知义务,导致蓝鲸大厦未及时申报债权而未获清偿。天富公司清算组成员董富、易波静应在蓝鲸大厦215万元损失范围内承担赔偿责任,一审判决董富、易波静在清算剩余资产范围内承担赔偿责任,属于适用法律错误,应予纠正。关于诉讼时效和保证期间问题。二审法院维持一审法院关于诉讼时效和保证期间的判决。本案不符合法律规定的重复起诉的情形，不属于重复起诉。综上，二审法院判决撤销原判，董富、易波静赔偿蓝鲸大厦215万元。再审法院判决维持二审判决。

法　条

新《公司法》

第二百三十五条　清算组应当自成立之日起十日内通知债权人，并于六十日内在报纸上或者国家企业信用信息公示系统公告。债权人应当自接到通知之日起三十日内，未接到通知的自公告之日起四十五日内，向清算组申报其债权。

债权人申报债权，应当说明债权的有关事项，并提供证明材料。清算组应当对债权进行登记。

在申报债权期间，清算组不得对债权人进行清偿。

第二百三十八条　清算组成员履行清算职责，负有忠实义务和勤勉义务。

清算组成员怠于履行清算职责，给公司造成损失的，应当承担赔偿责任；因故意或者重大过失给债权人造成损失的，应当承担赔偿责任。

原《公司法》

第一百八十五条　清算组应当自成立之日起十日内通知债权人，并于六十日内在报纸上公告。债权人应当自接到通知书之日起三十日内，未接到通知书的自公告之日起四十五日内，向清算组申报其债权。

债权人申报债权,应当说明债权的有关事项,并提供证明材料。清算组应当对债权进行登记。

在申报债权期间,清算组不得对债权人进行清偿。

第一百八十九条　清算组成员应当忠于职守,依法履行清算义务。

清算组成员不得利用职权收受贿赂或者其他非法收入,不得侵占公司财产。

清算组成员因故意或者重大过失给公司或者债权人造成损失的,应当承担赔偿责任。

《民法典》

第七十一条　法人的清算程序和清算组职权,依照有关法律的规定;没有规定的,参照适用公司法律的有关规定。

专家说法

清算组在清算期间负有通知、公告债权人和清理债权、债务的法定职责,应当自成立之日起10日内通知债权人,并于60日内在报纸上或者国家企业信用信息公示系统公告。通知和公告的目的是确保债权人知悉公司解散、清算的事实后及时主张债权。债权人在接到通知或者知悉公告后应当在法定期限内向清算组申报债权,以便清算事务的正常开展。债权人申报债权,应当说明债权的有关事项,并提供证明材料。清算组应当对债权进行登记,在债权申报期间结束后,根据债权申报情况进行统一清偿。在申报债权期间，清算组不得对债权人进行清偿，以免申报期间结束后出现公司财产不足以清偿剩余债务的情况，损害其他债权人的合法权益。

清算组未依法履行通知和公告义务，导致债权人未及时申报债权而未获清偿，债权人可以主张清算组成员对因此造成的损失承担赔偿责任。另外，即便债权人在规定的期限内没有申报债权，也可以在公司清算程序终结前补充申报，清算组应予登记。债权人补充申报的债权，可以在公司尚未分配财产中依法清偿。公司尚未分配财产不能全额清偿，债权人可以主张股东以其在剩余财产分配中已经取得的财产予以清偿；但债权人因重大过错未在规定期限内申报债权的除外。

本案中，董富、易波静作为天富公司仅有的两名股东、公司解散清算义务人，在自行清算过程中，明知公司的资产不足以清偿案涉蓝鲸大厦债权的情况下，既未通知蓝鲸大厦申报债权，也未依法向人民法院申报破产清算，而是以自行清算的结果向公司登记机关办理了公司注销登记。其清算报告说明公司债务为零与事实不符，清算程序违反法律规定。综上，董富、易波静的行为具有明显主观过错或重大过失。根据《公司法》第238条的规定，董富、易波静的行为损害了债权人蓝鲸大厦的利益，导致蓝鲸大厦因债务清偿主体消灭而无法向天富公司主张债权。董富、易波静的清算报告对蓝鲸大厦没有约束力，蓝鲸大厦有权要求清算人承担全部责任。

71 清算组成员负有何种法定义务?

案 例[1]

2018年1月9日,甲方耀莱腾龙公司与乙方霍尔果斯公司、丙方(保证人)綦建虹签订3000万元的借款协议。2018年1月9日,甲方北京耀莱影视公司与乙方霍尔果斯公司、丙方(保证人)綦建虹签订5500万元的借款协议。2018年1月9日,耀莱腾龙公司、耀莱影视公司分别将出借款本金3000万元、5500万元支付给霍尔果斯公司。2018年4月6日,耀莱影视公司、耀莱腾龙公司分别与霍尔果斯公司、綦某签订补充协议,各协议均约定将原借款期限延长到18个月。2018年8月9日,耀莱影视公司与债务人甲霍尔果斯公司、债务人乙北京中宣畅美文化传播有限公司、关联人甲耀莱腾龙公司、关联人乙耀莱影视公司以及保证人綦建虹签订还款协议书,耀莱影视公司受让了耀莱腾龙公司的3000万元债权和北京耀莱影视公司5500万元债权。2018年8月24日,北京阿莱曼尼餐饮管理有限公司也向北京耀莱影视公司发出通知函,内容如下:我司受綦建虹先生委托向贵司支付10,000,000.8元(人民币一千万零八角),用于冲抵綦建虹先生对贵司的应付款金额。

---

① 参见耀莱影视公司诉众达德盛经贸公司等借款合同纠纷案,北京市高级人民法院(2022)京民终274号民事判决书。

霍尔果斯公司注册资本100万元，其股东为众达德盛经贸公司（实缴出资1万元）、鼎巨全公司（实缴出资99万元）。2021年1月18日，北京希文会计师事务所有限责任公司作出了霍尔果斯公司的清算报告。根据该报告及当事人陈述，清算组成员有3名，鼎巨全公司提名2人、众达德盛经贸公司提名1人。清算报告中并未将案涉债务如实列入清算资产负债表中。根据该负债表，霍尔果斯公司在清算时尚有现金19万余元。吉安刚、张秀娟表示，其中1万余元支付了清算费用，剩余约18万元由鼎巨全公司使用了。众达德盛经贸公司表示对于现金19万余元及注册资本100万元均不清楚如何进行了分配。2021年1月18日，鼎巨全公司、众达德盛经贸公司作出关于通过霍尔果斯公司清算报告的股东会决议，确认终结清算程序并办理公司注销登记手续。2021年7月23日，霍尔果斯公司经核准办理了注销登记。鼎巨全公司注册资本3万元，其股东为：吉安刚（实缴出资2.5万元）、张秀娟（实缴出资0.5万元）。2021年8月17日，鼎巨全公司经核准办理了注销登记，其并未进行清算。吉安刚、张秀娟主张，因公司办理的是简易注销程序，故未进行清算。在注销登记办理时，吉安刚、张秀娟作出承诺，承诺未发生债权债务或已将债权债务清算完结，如失信则承担相应责任。

耀莱影视公司向一审法院提出诉讼请求：（1）吉安刚、张秀娟、众达德盛经贸公司支付借款本金7500万元；（2）吉安刚、张秀娟、众达德盛经贸公司支付借款利息（暂截至2021年1月25日为16,143,177元，此后仍按照年利率7%计算利息至实际付清借款之日止，具体而言包括：以3000万元本金为基数自2018年1月9

日起计算至实际清偿之日止的利息,以5500万元本金为基数自2018年1月9日起计算至2018年8月23日止的利息,以4500万元为基数自2018年8月24日起计算至实际清偿之日止的利息);(3)吉安刚、张秀娟、众达德盛经贸公司支付违约金15,516,940元;(4)判决綦建虹对前述借款本金、利息及违约金承担连带保证责任。(5)判决由吉安刚、张秀娟、众达德盛经贸公司、綦建虹承担本案的诉讼费。

被告吉安刚、张秀娟辩称:作为股东,依照法律规定应当承担有限责任。被告众达德盛经贸公司辩称:众达德盛经贸公司并非本案适格被告。

生效文书判决:(1)吉安刚、张秀娟、众达德盛经贸公司于判决生效之日起7日内共同支付耀莱影视公司本金7500万元;(2)吉安刚、张秀娟、众达德盛经贸公司于判决生效之日起7日内共同支付耀莱影视公司利息(利息分三部分:以3000万元为基数,按照年利率7%的标准自2018年1月9日起计算至实际清偿之日止的利息;以5500万元为基数按照年利率7%的标准自2018年1月9日起计算至2018年8月23日止的利息;以4500万元为基数,按照年利率7%的标准自2018年8月24日起计算至实际清偿之日止的利息);(3)綦建虹就吉安刚、张秀娟、众达德盛经贸公司按照判决第一项、第二项所负的债务承担连带责任;(4)驳回耀莱影视公司的其他诉讼请求。

法 条

新《公司法》

第二百三十八条　清算组成员履行清算职责，负有忠实义务和勤勉义务。

清算组成员怠于履行清算职责，给公司造成损失的，应当承担赔偿责任；因故意或者重大过失给债权人造成损失的，应当承担赔偿责任。

原《公司法》

第一百八十九条　清算组成员应当忠于职守，依法履行清算义务。

清算组成员不得利用职权收受贿赂或者其他非法收入，不得侵占公司财产。

清算组成员因故意或者重大过失给公司或者债权人造成损失的，应当承担赔偿责任。

专家说法

《公司法》第238条明确"清算组成员履行清算职责，负有忠实义务和勤勉义务。清算组成员怠于履行清算职责，给公司造成损失的，应当承担赔偿责任；因故意或者重大过失给债权人造成损失的，应当承担赔偿责任。"忠实义务要求清算义务人为利害关系人利益履行清算职责，不得实施利益冲突行为；勤勉义务则要求清算义务人谨慎勤勉地履行清算职责，不得疏忽怠责。法律对清算义务人施加忠实义务以防止其滥用被授予的权利；施加勤勉的谨慎注意义务以保证利害关系人能够获得合格的服务。公司法通过设置清算义务人的忠实义务与勤勉义务规定了清算义务人履行清算职责的具体标准。

本案中,清算组未依法履行通知义务,导致债权人未及时申报债权而未获清偿,债权人主张清算组成员对因此造成的损失承担赔偿责任的,人民法院应依法予以支持。股东等清算义务人仅以公告方式通知债权人,不构成对已知债权人的有效通知的,应当对债权人的损失承担赔偿责任。股东等清算义务人应当对债权实际损失承担的赔偿责任,是一种侵权责任,股东的赔偿责任既不受股东有限责任制度的保护,也不应以股东在公司清算中获得的剩余财产为限。

值得注意的是,《公司法》第 238 条第 2 款将对公司的责任和对债权人的责任分别表述,适用不同标准,有其深刻含义。怠于履行清算义务,是指清算义务人在法定清算事由出现后,在能够履行清算义务的情况下,故意拖延、拒绝履行清算义务,或者因过失导致无法进行清算的消极行为。但是,清算义务人只有在因故意或者重大过失给债权人造成损失时,才需要对债权人承担赔偿责任。

72 如何确认强制清算程序终结？

案 例[1]

2022 年 9 月 27 日，法院裁定受理恒尚公司清算一案，并指定上海中元信清算事务有限公司担任恒尚公司清算人。恒尚公司清算组依法接管恒尚公司资产、开展财产调查、债权申报审查、清算财产分配等工作，并制作《清算报告》。根据《清算报告》，清算组共归集到恒尚公司资产人民币 163 万余元，清偿恒尚公司对外债务 23 万余元。2023 年 12 月 8 日，恒尚公司清算人向本院提交《清算报告》，清算组就此制作《清算方案》送达恒尚公司股东，未收到异议。后清算组根据《清算方案》进行分配。

清算组就此申请本院确认《清算报告》并终结恒尚公司强制清算案。法院作出民事裁定，确认恒尚公司清算组制作的《清算报告》，终结恒尚公司强制清算程序。

法 条

新《公司法》

第二百三十九条　公司清算结束后，清算组应当制作清算报

---

① 参见恒尚公司解散清算案，上海市第三中级人民法院(2022)沪 03 强清 382 号民事裁定书。

告，报股东会或者人民法院确认，并报送公司登记机关，申请注销公司登记。

原《公司法》

第一百八十八条　公司清算结束后，清算组应当制作清算报告，报股东会、股东大会或者人民法院确认，并报送公司登记机关，申请注销公司登记，公告公司终止。

《市场主体登记管理条例》

第三十一条　市场主体因解散、被宣告破产或者其他法定事由需要终止的，应当依法向登记机关申请注销登记。经登记机关注销登记，市场主体终止。

市场主体注销依法须经批准的，应当经批准后向登记机关申请注销登记。

专家说法

公司在退出市场正式终止前，须依法宣告解散、成立清算组进行清算，清理公司财产、清缴税款、清理债权债务，支付职工工资、社会保险费用等，待公司清算结束后，应制作清算报告并办理注销公司登记，公告公司终止。公司清算结束，意味着公司财产和债权债务关系清理完毕，清算组应当制作清算报告。公司自行组织清算的，报请股东会进行确认；法院指定清算组进行清算的，报请法院进行确认。清算报告经过股东会或法院确认后，清算程序彻底完毕，此时需要依法报送公司登记机关，申请注销公司登记。清算组应当自清算结束之日起 30 日内向公司登记机关申请注销登记。

申请办理注销登记，应当提交下列材料：(1)申请书；(2)依法作出解散、注销的决议或者决定，或者被行政机关吊销营业执照、责令关闭、撤销的文件；(3)清算报告、负责清理债权债务的文件或者清理债务完结的证明；(4)税务部门出具的清税证明。登记机关和税务机关已共享企业清税信息的，公司无需提交纸质清税证明文书；领取了纸质营业执照正副本的，缴回营业执照正副本。国有独资公司申请注销登记，还应当提交国有资产监督管理机构的决定，其中，国务院确定的重要的国有独资公司，还应当提交本级人民政府的批准文件。人民法院指定清算人、破产管理人进行清算的，应当提交人民法院指定证明。因合并、分立而申请市场主体注销登记的，无需提交第三项材料。公司申请注销登记前，应当依法办理分支机构注销登记。

本案中，清算组就公司资产的分配制作了《清算方案》，经全体股东审议无人提出异议，后清算组根据《清算方案》进行分配，恒尚公司清算工作均已完成。对清算组所作反映清算情况的《清算报告》，法院予以确认。清算组以清算完毕为由申请终结强制清算程序，法院予以准许。

公司登记注销后，公司终止，法人资格消灭，注销登记之日为法人资格消灭之日。公司未经依法清算即办理注销登记，清算义务人需要对公司债务承担清偿责任。

73 清算组成员未如实进行清算应承担何种法律责任？

案 例[1]

2009年东升公司注册成立，公司股东为刘卫东、单立军和周亚刚。2019年1月15日，王艳梅、赵俊玲、赵俊栋以及崔建华向包头市昆都仑区劳动人事仲裁院申请仲裁。2019年2月15日，东升公司注销。2019年3月12日，该仲裁院出具（2019）包昆劳人仲案137～140号仲裁裁决书四份，裁决书认为上述四人与东升公司存在劳动关系，因东升公司已经注销，不再具有用工主体资格、不再是用人单位，故驳回了上述四人的仲裁请求。其中申请人分别为赵俊玲、赵俊栋的（2019）包昆劳人仲案138、139号仲裁裁决书已生效。王艳梅与崔建华不服仲裁裁决，向法院提起诉讼。

崔建华向一审法院起诉请求：（1）依法判令刘卫东、周亚刚、单立军支付补偿金30,000元、失业保险待遇损失30,732元，以上共计60,732元；（2）请求依法判令刘卫东、周亚刚、单立军为崔建华补办社会保险；（3）请求依法判令内蒙古第五地质矿产勘查开发有限责任公司（以下简称五勘公司）承担连带责任。一审法院

---

① 参见崔建华诉刘卫东、周亚刚、内蒙古第五地质矿产勘查开发有限责任公司等劳动争议纠纷案，内蒙古自治区包头市中级人民法院（2020）内02民终45号民事判决书。

庭审过程中，崔建华自愿撤回第2项诉讼请求，即要求“刘卫东、周亚刚、单立军为崔建华补办社会保险”。

一审法院认为，根据原告的举证，已形成完整的证据链条，可以证明原告在原东升公司工作的事实，原告与原东升公司存在劳动关系。三被告否认原告与原东升公司存在劳动关系，对于原告入职的时间、被解雇时间，一审法院采信原告陈述，将原告在职时间认定为2009年9月至2018年10月1日，每月平均工资3000元。故原东升公司解雇原告时，应当向原告支付补偿金27,000元（3000元/月×9个月）。用人单位依法应当为劳动者参加失业保险，用人单位未按规定为劳动者参加失业保险造成劳动者失业保险待遇损失的，用人单位负责赔偿。故因原东升公司未为原告交纳失业保险，给原告造成损失，应当向原告支付失业保险待遇损失。原告在原东升公司工作满七年、未满八年，按照《内蒙古自治区失业保险实施办法》可以领取18个月的失业保险金。故原东升公司应当赔偿原告失业保险金损失24,288元（1760元×12个月×80%+1760元×6个月×70%）。原东升公司在未解决员工补偿金等问题的情况下办理了公司注销手续，三自然人被告作为该公司的股东，应当承担原东升公司对于原告的补偿责任。故原告主张三自然人被告向其支付补偿金、失业保险金损失的诉讼请求，符合法律规定，补偿金金额应为27,000元，失业保险金损失金额应为24,288元。原告主张原东升公司与被告五勘公司存在关联关系，其证据不足，一审法院不予采信。故原告要求被告五勘公司承担连带责任的诉讼请求，于法无据，一审法院不予支持。

刘卫东、周亚刚、单立军不服内蒙古自治区包头市昆都仑区人民法院判决,提起上诉。二审法院判决驳回上诉,维持原判。

法 条

新《公司法》

第二百四十条　公司在存续期间未产生债务,或者已清偿全部债务的,经全体股东承诺,可以按照规定通过简易程序注销公司登记。

通过简易程序注销公司登记,应当通过国家企业信用信息公示系统予以公告,公告期限不少于二十日。公告期限届满后,未有异议的,公司可以在二十日内向公司登记机关申请注销公司登记。

公司通过简易程序注销公司登记,股东对本条第一款规定的内容承诺不实的,应当对注销登记前的债务承担连带责任。

专家说法

本条为新增条款,规定了简易注销的要件、程序和责任。该制度主要源于《关于全面推进企业简易注销登记改革的指导意见》《关于开展进一步完善企业简易注销登记改革试点工作的通知》《市场主体登记管理条例》等,有利于提升市场主体的退出效率,降低退出成本,减少僵尸企业数量,提高社会资源利用效率。

关于简易注销中股东的责任,《公司法》第240条规定股东"应当对注销登记前的债务承担连带责任",并将股东承担责任的情形限于"对本条第一款规定的内容承诺不实的",系吸收《公司法司法解释(二)》第20条第1款的规定,有利于在保护公司债权人等第三方权利的同时,避免股东责任扩大。

74 外国公司分支机构实施的行为由谁承担责任？

案 例[1]

2015 年至 2017 年，码头监理公司代表处多次向恒盛公司订购橡胶护舷产品。上述订单均加盖有码头监理公司代表处及恒盛公司印章。恒盛公司提交的双方《对账函》载明：致码头监理公司代表处，下列数据出自本公司与贵公司订单，如与贵公司相符，请在本函下端“数据证明无误处”签章证明；若有不符，请在“数据不符”处列明不符金额，回函请电话联系至我公司。码头监理公司代表处在信息证明无误处加盖了码头监理公司代表处的印章。原告恒盛公司诉称：请求判令码头监理公司代表处、码头监理公司向恒盛公司支付货款及利息。被告码头监理公司代表处、码头监理公司均未到庭，也未发表答辩意见。

法院依法作出判决，要求码头监理公司向恒盛公司支付货款及逾期利息。

---

① 参见恒盛公司诉码头监理公司代表处、码头监理公司买卖合同纠纷案，江苏省无锡市中级人民法院(2018)苏 02 民初 281 号民事判决书。

法 条

新《公司法》

第二百四十四条　外国公司在中华人民共和国境内设立分支机构,应当向中国主管机关提出申请,并提交其公司章程、所属国的公司登记证书等有关文件,经批准后,向公司登记机关依法办理登记,领取营业执照。

外国公司分支机构的审批办法由国务院另行规定。

第二百四十五条　外国公司在中华人民共和国境内设立分支机构,应当在中华人民共和国境内指定负责该分支机构的代表人或者代理人,并向该分支机构拨付与其所从事的经营活动相适应的资金。

对外国公司分支机构的经营资金需要规定最低限额的,由国务院另行规定。

第二百四十六条　外国公司的分支机构应当在其名称中标明该外国公司的国籍及责任形式。

外国公司的分支机构应当在本机构中置备该外国公司章程。

第二百四十七条　外国公司在中华人民共和国境内设立的分支机构不具有中国法人资格。

外国公司对其分支机构在中华人民共和国境内进行经营活动承担民事责任。

原《公司法》

第一百九十二条　外国公司在中国境内设立分支机构,必须向中国主管机关提出申请,并提交其公司章程、所属国的公司登记证书等有关文件，经批准后，向公司登记机关依法办理登记，领取营业执照。

外国公司分支机构的审批办法由国务院另行规定。

第一百九十三条　外国公司在中国境内设立分支机构，必须在中国境内指定负责该分支机构的代表人或者代理人，并向该分支机构拨付与其所从事的经营活动相适应的资金。

对外国公司分支机构的经营资金需要规定最低限额的，由国务院另行规定。

第一百九十四条　外国公司的分支机构应当在其名称中标明该外国公司的国籍及责任形式。

外国公司的分支机构应当在本机构中置备该外国公司章程。

第一百九十五条　外国公司在中国境内设立的分支机构不具有中国法人资格。

外国公司对其分支机构在中国境内进行经营活动承担民事责任。

专家说法

外国公司在我国境内设立分支机构必须依法提出申请并经过审批核准，具体的审批办法由国务院另行规定。外国公司应当向审批机关提交公司章程、所属国的公司登记证书等有关文件，经过批准后，向我国的公司登记机关办理登记，领取营业执照。外国公司的分支机构并不具有法人资格。

外国公司在中国境内设立分支机构，必须满足以下条件：

(1)在中国境内指定负责该分支机构的代表人或者代理人;(2)向该分支机构拨付与其所从事的经营活动相适应的资金,国务院可以对外国公司分支机构的经营资金另行规定最低限额。

外国公司的分支机构名称必须符合以下条件:(1)标明该外国公司的国籍,分支机构名称既要标明外国公司的国籍,也要标明外国公司的具体名称;(2)标明该外国公司的责任形式,以保护与分支机构进行交易的相对人权益;(3)标明分支机构的相关字样,例如“分公司”“代表处”等,以明示其不具有法人地位而只是外国公司的分支机构。此外,外国公司的分支机构应当在本机构中置备该外国公司章程,以便交易相对人了解外国公司的资金实力、治理架构、责任形式等信息。

外国公司分支机构不具有法人资格,不能独立享有民事权利、履行民事义务并承担民事责任。外国公司应当对其分支机构在中国境内实施的法律行为承担相应的民事责任。但是,外国公司分支机构具有民事诉讼主体资格,可以作为当事人参加诉讼。因分支机构不能独立承担民事责任,其作为被告时,人民法院可以根据原告的申请追加设立该分支机构的外国公司为共同被告。

本案被告码头监理公司系英国公司,本案属于涉外商事案件,故存在法律适用问题。《涉外民事关系法律适用法》第41条规定,当事人可以协议选择合同适用的法律。当事人没有选择的,适用履行义务最能体现该合同特征的一方当事人经常居所地法律或者其他与该合同有最密切联系的法律。本案中,双方未选择合同适用的法律,根据恒盛公司的陈述及现有证据,案涉订单的签订地及履行地均在中华人民共和国境内,即与案涉订单有最密切联系的法律应为中华人民共和国法律，故涉及上述法律关系的审理，应当适用中华人民共和国法律。同时，码头监理公司代表处在中华人民共和国境内设立，其责任承担问题应当按照《涉外民事关系法律适用法》第14条的规定，适用中华人民共和国法律。《公司法》规定，外国公司在中国境内设立的分支机构不具有中国法人资格。外国公司对其分支机构在中国境内进行经营活动承担民事责任。即外国企业派驻我国的代表处，是该外国企业的代表机构，对外代表该外国企业，代表处在我国境内的一切业务活动，由其所代表的外国企业承担法律责任。本案中，码头监理公司代表处向恒盛公司订货并在《对账函》上加盖码头监理公司代表处印章的行为均代表码头监理公司本身，应由码头监理公司直接承担民事责任。

75 提交虚假材料取得公司登记应当承担何种法律责任？

案　例[1]

2019 年 12 月 16 日，原告向市场监管部门申请设立旺兴源公司。同时，原告提交了一份《住所证明》，该《住所证明》公司名称为原告名称，产权人证明处载明“同意将上述地址提供给该公司使用”，北京市房山区良乡镇鲁村村民委员会予以盖章确认。需要证明情况一栏中载明“上述住所产权人为鲁村村民委员会，房屋用途为商业”。落款处盖有良乡镇政府的印章，并有证明单位负责人签字。2019 年 12 月 17 日，市场监管部门对原告的上述登记申请准予设立登记。2020 年 5 月 20 日，针对原告涉嫌提交虚假材料或者采取其他欺诈手段隐瞒重要事实，取得公司登记一案，被告房山区市监局进行了立案处理。2020 年 7 月 30 日，良乡镇政府出具《关于北京旺兴源餐饮有限公司住所证明情况说明》，该说明载明“经查，我镇从未为该公司办理公司登记的住所证明材料进行过审批和加盖公章”；同时，良乡镇政府党政办公室、良乡镇招商办亦出具情况说明，载明从未就原告等五家公司设立注册登记相关材料加

---

① 参见旺兴源公司诉北京市市监局等行政复议纠纷案，北京市第二中级人民法院(2021)京 02 行终 1674 号行政判决书。

盖良乡镇政府公章。2020 年 11 月 23 日，被告房山区市监局作出被诉处罚决定，决定给予原告吊销营业执照的行政处罚。2020 年 12 月 5 日，原告的法定代表人张某向北京市市监局申请行政复议。2021 年 2 月 7 日，北京市市监局作出被诉复议决定，决定维持被告房山区市监局作出的被诉处罚决定。原告旺兴源公司诉称：(1)撤销被告房山区市监局作出的被诉处罚决定及北京市市监局作出的被诉复议决定；(2)改判原告 2019 年 12 月 17 日办理的营业执照合法有效；(3)诉讼费由被告承担。被告房山区市监局辩称：房山区市监局作出的行政处罚决定事实清楚，适用法律正确，原告诉讼请求于法无据，应予驳回。

一审法院判决驳回原告旺兴源公司的诉讼请求。二审法院判决驳回上诉，维持一审判决。

法 条

新《公司法》

第二百五十条　违反本法规定，虚报注册资本、提交虚假材料或者采取其他欺诈手段隐瞒重要事实取得公司登记的，由公司登记机关责令改正，对虚报注册资本的公司，处以虚报注册资本金额百分之五以上百分之十五以下的罚款；对提交虚假材料或者采取其他欺诈手段隐瞒重要事实的公司，处以五万元以上二百万元以下的罚款；情节严重的，吊销营业执照；对直接负责的主管人员和其他直接责任人员处以三万元以上三十万元以下的罚款。

原《公司法》

第一百九十八条　违反本法规定,虚报注册资本、提交虚假材料或者采取其他欺诈手段隐瞒重要事实取得公司登记的,由公司登记机关责令改正,对虚报注册资本的公司,处以虚报注册资本金额百分之五以上百分之十五以下的罚款;对提交虚假材料或者采取其他欺诈手段隐瞒重要事实的公司,处以五万元以上五十万元以下的罚款;情节严重的,撤销公司登记或者吊销营业执照。

专家说法

对涉嫌虚报注册资本、提交虚假材料或者采取其他欺诈手段隐瞒重要事实取得公司登记的行为,登记机关可以根据当事人申请或者依职权主动进行调查。公司登记机关查证属实的,应当责令改正,并对公司和直接责任人员处以相应罚款。情节严重的,登记机关还可以吊销公司营业执照。此外,受虚假公司登记影响的自然人、法人和其他组织可以向公司登记机关提出撤销公司登记的申请。经调查认定存在虚假市场主体登记情形的,登记机关应当撤销市场主体登记。但是,撤销市场主体登记可能对社会公共利益造成重大损害,或者撤销市场主体登记后无法恢复到登记前的状态,以及存在法律、行政法规规定的其他情形,登记机关可以不予撤销市场主体登记。

本案中,房山区市监局作为本市房山区行政区域内的公司登记机关,具有对辖区内违反公司登记法律、法规进行公司登记的违法行为人进行行政处罚的行政职权。房山区市监局在收到良乡镇政府来函反映旺兴源公司提交的公司住所证明涉嫌虚假的线索后，即向公司的法定代表人张某下发了询问通知书，要求其提交公司住所证明的原件。但张某未到场接受询问，至本案诉讼时亦未能提供公司住所证明的原件。房山区市监局向相关部门及人员进行调查核实，经良乡镇政府确认从未为旺兴源公司办理公司登记的住所证明材料进行过审批和加盖过公章。在此情况下，旺兴源公司作为申请人，应当对其提交的申请文件及材料的真实性负责。房山区市监局认定旺兴源公司存在向登记机关提供虚假住所证明材料的行为并据此作出处罚并无不当。

76 股东虚假出资需要承担何种法律责任？

案 例[1]

2009年3月25日，胡某、胡某安与章某签订股权转让协议，无偿将宁夏宏洲房地产开发有限公司（以下简称宏洲公司）股权转让给章某。同年3月30日在宁夏回族自治区市场监督管理厅（以下简称市场监管厅）申请办理了股东、股权、法定代表人及公司企业类型等登记事项的变更。

2012年8月，案外人张某向市场监管厅提出申请，要求撤销宏洲公司虚假变更登记。2012年9月27日，市场监管厅向宏洲公司送达了行政处罚听证告知书，宏洲公司放弃了听证等权利，宏洲公司法定代表人章某向市场监管厅提交《证明》一份，证实虚假变更登记的过程。经过调查核实，2012年9月28日市场监管厅作出行政处罚决定，撤销2009年3月30日宏洲公司在市场监管厅申请变更登记事项。胡某安将宏洲公司625万元股权虚假无偿转让给章某，故2009年3月30日胡某、胡某安与章某在市场监管厅申请办理股东、股权、法定代表人及公司企业类型等登记事项的变更

---

① 参见胡某、胡某安、宁夏回族自治区市场监督管理厅、第三人宁夏宏洲房地产开发有限公司行政处罚纠纷案，宁夏回族自治区高级人民法院（2020）宁行再8号行政判决书。

行为，已构成以欺诈手段隐瞒重要事实的违法行为。

胡某、胡某安不服市场监管厅于2012年9月28日作出的宁工商个处字(2012)第001号《行政处罚决定书》，于2013年4月7日诉至银川市金凤区人民法院，诉讼请求：(1)依法撤销宁工商个处字(2012)第001号《行政处罚决定书》；(2)本案诉讼费用由市场监管厅负担。

一审法院判决维持行政处罚决定。二审法院认为胡某、胡某安与章某在市场监管厅申请办理股东、股权、法定代表人及公司企业类型等登记事项的变更行为，已构成以欺诈手段隐瞒重要事实的违法行为，市场监管厅作出的行政处罚应予维持，判决驳回上诉，维持原判。再审法院判决维持原判。

法条

新《公司法》

第二百五十二条　公司的发起人、股东虚假出资，未交付或者未按期交付作为出资的货币或者非货币财产的，由公司登记机关责令改正，可以处以五万元以上二十万元以下的罚款；情节严重的，处以虚假出资或者未出资金额百分之五以上百分之十五以下的罚款；对直接负责的主管人员和其他直接责任人员处以一万元以上十万元以下的罚款。

原《公司法》

第一百九十九条　公司的发起人、股东虚假出资，未交付或者未按期交付作为出资的货币或者非货币财产的，由公司登记机关责令改正,处以虚假出资金额百分之五以上百分之十五以下的罚款。

专家说法

公司的发起人、股东应当按照法律规定和合同约定按期足额缴纳出资。以货币出资的,应当将货币出资足额存入公司在银行开设的账户;以非货币财产出资的,应当依法办理其财产权的转移手续。公司的发起人、股东未将货币出资足额存入公司账户,或者未依法办理非货币出资的财产权转移手续,由公司登记机关责令改正,可以处以 5 万元以上 20 万元以下的罚款;情节严重的,处以虚假出资或者未出资金额 5% 以上 15% 以下的罚款;对直接负责的主管人员和其他直接责任人员处以 1 万元以上 10 万元以下的罚款。对于虚假出资的发起人、股东,公司法并未对其施加相应的行政法律责任,而是施加民事责任。未按期足额缴纳出资的股东不仅应当向公司补足出资,还应当赔偿公司因此遭受的损失,并向其他已经按期足额缴纳出资的股东承担违约责任。

本案中,章某与胡某、胡某安之间没有真实交易,系虚假无偿转让股权,市场监管厅对此作出行政处罚。胡某安、胡某将其持有的宏洲公司股权虚假无偿转让给章某,并于 2009 年 3 月 30 日在市场监管厅办理了股东、股权、法定代表人及公司企业类型等登记事项变更的行为,已构成以欺诈手段隐瞒重要事实,取得公司登记的违法行为。市场监管厅 2012 年 9 月 28 日依据《公司法》的规定,根据"虚假无偿转让股权"的事实,作出相应的行政处罚,符合《公司法》的规定。

77 股东抽逃出资需要承担何种法律责任?

案 例[1]

2013年7月21日,浙江中南建设集团钢结构有限公司(以下简称中南公司)与圣鼎鸿公司签订《建设工程施工合同》,后双方因故产生纠纷,一审法院判决圣鼎鸿公司向中南公司支付工程款及利息,但圣鼎鸿公司未履行该判决书确定的债务。后中南公司发现圣鼎鸿公司的股东西部发展资本管理(北京)有限公司(以下简称西部资本管理公司)在圣鼎鸿公司设立时存在抽逃出资的行为,遂向一审法院申请追加西部资本管理公司为被执行人。原告西部资本管理公司诉称:原告不具有被执行人梁山某城市开发有限公司的股东资格,不应当被追加为被执行人。被告中南公司辩称:原告应当在抽逃出资范围内承担赔偿责任,其承担责任后,可以向实际出资人追偿因此遭受的损失。

一审法院判决驳回西部资本管理公司的诉讼请求。二审法院判决驳回上诉,维持原判。再审法院裁定驳回西部资本管理公司的再审申请。

---

① 参见西部发展资本管理(北京)有限公司诉浙江中南建设集团钢结构有限公司案外人执行异议之诉纠纷案,最高人民法院(2020)最高法民申1411号民事裁定书。

法 条

新《公司法》

第二百五十三条　公司的发起人、股东在公司成立后,抽逃其出资的,由公司登记机关责令改正,处以所抽逃出资金额百分之五以上百分之十五以下的罚款;对直接负责的主管人员和其他直接责任人员处以三万元以上三十万元以下的罚款。

原《公司法》

第二百条　公司的发起人、股东在公司成立后,抽逃其出资的,由公司登记机关责令改正,处以所抽逃出资金额百分之五以上百分之十五以下的罚款。

专家说法

股东将货币财产或非货币财产交付给公司后,这些财产就变成公司法人财产的一部分,股东对出资财产不再享有所有权,而只能基于出资对公司主张享有相应的股东权利。股东按照法律规定和公司章程的约定履行出资义务后,不得将出资抽回。抽逃出资本质上是侵害公司财产权利的行为,严重危及公司资本充实,因而受到法律的禁止。抽逃出资的股东除了应当向公司返还抽逃的出资外,还应当赔偿因此给公司造成的损失。同时,股东抽逃出资的行为构成对公司债权人和公司登记机关的欺骗,公司登记机关有权对其予以惩处。按照《公司法》第 253 条的规定,公司登记机关应当责令公司改正并处以所抽逃出资金额 5% 以上 15% 以下的罚款;对直接负责的主管人员和其他直接责任人员处以 3 万元以上

30万元以下的罚款。

本案中，法院认定西部资本管理公司作为圣鼎鸿公司开办单位构成了1700万元注册资金出资不实，并裁定追加西部资本管理公司为被执行人并在1700万元范围内对中南公司承担责任，有相应的事实依据。在本案中西部资本管理公司以其不具有圣鼎鸿公司股东资格为由主张不应承担前述责任，二审法院认定西部资本管理公司应在出资不实及抽逃出资范围内承担赔偿责任并判决驳回西部资本管理公司的诉请，适用法律并无不当。一审法院基于西部资本管理公司抽逃出资的事实已于2018年12月11日裁定追加其在抽逃出资的范围承担责任，西部资本管理公司在2019年5月27日与他人再行签订协议并将其工商登记的股东身份变更为他人。只要圣鼎鸿公司的注册资金没有补足，不管基于何种缘由的变更均不影响西部资本管理公司在此之前应承担的抽逃出资责任。《公司法》关于公司登记机关对抽逃出资行政处罚责任的规定，与前述股东对外部债权人应承担的民事责任并无冲突，西部资本管理公司据此主张其不应承担抽逃出资责任于法无据。即便如西部资本管理公司所述案涉抽逃出资系彭某与余某所为，亦系其另行向出资实际义务人或抽逃出资行为人主张权利的问题，并不影响其应当对外部债权人承担责任。

78 公司减资时不通知或者公告债权人应当承担何种后果?

案例[1]

津桥公司于2022年2月7日进行了注册资本的变更登记,注册资本由500万元人民币变更为50万元人民币。2021年12月2日,津桥公司在报纸上刊登了《减资公告》。2022年1月28日,当事人形成了股东决定,将注册资本由500万元人民币减少至50万元人民币。举报人向市场监督管理局提交了2021年12月31日形成的劳动人事争议仲裁委员会调解书,调解书中明确了举报人与津桥公司之间存在劳动争议并自愿达成了协议,当事人应在2022年4月30日前向举报人支付税后工资、补偿金等共计8万余元。津桥公司确认了上述调解书的真实性,承认举报人作为其债权人的身份。当事人在形成减资决议起十日之内并未通知债权人,从津桥公司2022年1月28日形成减少注册资本的股东决定至2022年4月13日被举报,已过去75日。综上,当事人在减少注册资本时,未按照规定通知或者公告债权人。

市场监督管理局依据《公司法》的规定,对津桥公司作出行政

---

① 参见津桥公司违法减资行政处罚案,北京市东城区市场监督管理局京东市监处罚〔2023〕930号行政处罚决定书。

处罚。

法　条

新《公司法》

第二百五十五条　公司在合并、分立、减少注册资本或者进行清算时，不依照本法规定通知或者公告债权人的，由公司登记机关责令改正，对公司处以一万元以上十万元以下的罚款。

原《公司法》

第二百零四条第一款　公司在合并、分立、减少注册资本或者进行清算时，不依照本法规定通知或者公告债权人的，由公司登记机关责令改正，对公司处以一万元以上十万元以下的罚款。

专家说法

公司对债权人负有通知或公告义务的情形包括以下几种：(1)公司合并；(2)公司分立；(3)减少注册资本；(4)公司清算。其中，公司合并、分立、减少注册资本时的通知或公告要求相同，公司应当自股东会作出合并、分立或者减少注册资本决议之日起10日内通知债权人，并于30日内在报纸上或者国家企业信用信息公示系统公告；在公司进行清算时，清算组应当自成立之日起10日内通知债权人，并于60日内在报纸上或者国家企业信用信息公示系统公告。公司违反法定的通知或公告义务，由公司登记机关责令改正，并处以1万元以上10万元以下的罚款。

79 违法冒用公司名义应当承担何种法律责任?

案 例[1]

2017年10月19日,原丰台工商分局对同仁堂公司实际经营地址进行现场检查,在现场发现同仁堂公司销售的丽颜坊化妆品和同仁堂牙膏,该公司现场未能提供上述商品商标注册证。2017年10月20日,原丰台工商分局对该案立案。在原丰台工商分局对同仁堂公司的调查中,同仁堂公司称在2015年4月15日至2017年10月19日,同仁堂公司在未办理工商登记注册的情况下,在朝阳区雅宝路12号华声国际大厦112－113设立从事经营活动的机构,对外从事销售同仁堂牙膏及丽颜坊化妆品的经营活动。2018年5月14日,原丰台工商分局作出被诉处罚决定书。同仁堂公司对被诉处罚决定书不服,提起诉讼。原告同仁堂公司诉称:公司的行为不构成未注册商标冒充注册商标使用,被诉处罚决定书没有事实根据和法律依据,故请求撤销被诉处罚决定书。被告原丰台工商分局辩称,同仁堂公司主张其行为不构成未注册商标冒充注册商标使用没有依据。

一审法院判决驳回同仁堂公司的诉讼请求。二审法院判决驳

---

① 参见同仁堂公司诉原丰台工商分局行政处罚纠纷案,北京市第二中级人民法院(2019)京02行终757号行政判决书。

回上诉，维持一审判决。

法 条

新《公司法》

第二百五十九条　未依法登记为有限责任公司或者股份有限公司，而冒用有限责任公司或者股份有限公司名义的，或者未依法登记为有限责任公司或者股份有限公司的分公司，而冒用有限责任公司或者股份有限公司的分公司名义的，由公司登记机关责令改正或者予以取缔，可以并处十万元以下的罚款。

原《公司法》

第二百一十条　未依法登记为有限责任公司或者股份有限公司，而冒用有限责任公司或者股份有限公司名义的，或者未依法登记为有限责任公司或者股份有限公司的分公司，而冒用有限责任公司或者股份有限公司的分公司名义的，由公司登记机关责令改正或者予以取缔，可以并处十万元以下的罚款。

专家说法

根据《公司法》的规定，冒名行为分为两类：(1)未依法登记为有限责任公司或者股份有限公司，而冒用有限责任公司或者股份有限公司名义；(2)未依法登记为有限责任公司或者股份有限公司的分公司，而冒用有限责任公司或者股份有限公司的分公司名义。冒名行为人冒用公司或分公司名义通常是为了非法谋取经济利益，往往与违法犯罪行为联系在一起，扰乱了正常的社会经济秩序。对于违法冒用公司或者分公司名义的行为,由公司登记机关责令改正或者予以取缔,可以并处10万元以下的罚款。

本案中,同仁堂公司于2005年12月成立,工商登记住所地在北京市丰台区。同仁堂公司于2015年4月至2017年10月,在未办理工商登记注册的情况下,在本市朝阳区雅宝路12号华声国际大厦112-113设立从事经营的机构,对外从事销售同仁堂牙膏及丽颜坊化妆品的经营活动,其行为符合公司法规定的未依法登记为有限责任公司,而冒用有限责任公司名义行为的规定。原丰台工商分局在接到举报立案后,进行了询问调查并开展现场检查,根据查明的事实及同仁堂公司违法行为的性质、情节等,在依法履行相关程序后作出了被诉处罚决定书,认定事实清楚,证据充分,适用法律法规正确,处罚幅度适当,执法程序合法。

80 公司开业后长期停业会造成何种法律后果?

案　例[1]

热讯公司于2017年6月8日经核准登记注册,自2021年11月起未申报纳税,2022年度未报送年度报告。2023年9月19日经我局执法人员现场检查,当事人登记的住所未发现经营迹象。

市场监督管理局认为,当事人自2021年11月起未申报纳税,2022年度未报送年度报告且登记的住所未发现经营迹象,应认定当事人开业后自行停业连续六个月以上。根据《公司法》的规定,决定对当事人处罚如下:吊销营业执照。

法　条

新《公司法》

第二百六十条　公司成立后无正当理由超过六个月未开业的,或者开业后自行停业连续六个月以上的,公司登记机关可以吊销营业执照,但公司依法办理歇业的除外。

公司登记事项发生变更时,未依照本法规定办理有关变更登记的,由公司登记机关责令限期登记;逾期不登记的,处以一万元

---

① 参见热讯公司行政处罚案,浙江省海宁市市场监督管理局海市监处罚〔2024〕205号行政处罚决定书。

以上十万元以下的罚款。

原《公司法》

第二百一十一条　公司成立后无正当理由超过六个月未开业的,或者开业后自行停业连续六个月以上的,可以由公司登记机关吊销营业执照。

公司登记事项发生变更时,未依照本法规定办理有关变更登记的,由公司登记机关责令限期登记;逾期不登记的,处以一万元以上十万元以下的罚款。

《市场主体登记管理条例》

第三十条　因自然灾害、事故灾难、公共卫生事件、社会安全事件等原因造成经营困难的,市场主体可以自主决定在一定时期内歇业。法律、行政法规另有规定的除外。

市场主体应当在歇业前与职工依法协商劳动关系处理等有关事项。

市场主体应当在歇业前向登记机关办理备案。登记机关通过国家企业信用信息公示系统向社会公示歇业期限、法律文书送达地址等信息。

市场主体歇业的期限最长不得超过3年。市场主体在歇业期间开展经营活动的,视为恢复营业,市场主体应当通过国家企业信用信息公示系统向社会公示。

市场主体歇业期间,可以以法律文书送达地址代替住所或者主要经营场所。

专家说法

公司作为营利法人，系以取得利润并分配给其成员为目的，而公司要获取利润必须开展营业活动。因此，公司经过设立活动取得公司登记机关发放的营业执照后，应当尽快开业并坚持持续营业。公司成立后无正当理由长期不开业或者开业后长期不营业，不仅有损于公司成员获取经营利润的目的，而且无助于推动社会经济的发展。因此，《公司法》第 260 条规定公司成立后无正当理由超过 6 个月未开业的，或者开业后自行停业连续 6 个月以上的，可以由公司登记机关吊销营业执照。但是，本次公司法修订对此增设除外条款，即公司依法办理歇业的，公司登记机关不得吊销其营业执照。歇业制度允许市场主体适度“休眠”，目的是给经营困难企业提供一个缓冲性的制度选择，降低公司维持成本。公司应当在歇业前向登记机关办理备案，登记机关向社会公示歇业期限、法律文书送达地址等信息，通过公示加强对歇业公司的监督和监管。公司歇业的期限最长不得超过 3 年。

公司变更登记事项，应当自作出变更决议、决定或者法定变更事项发生之日起 30 日内向登记机关申请变更登记。公司变更登记事项属于依法须经批准的，申请人应当在批准文件有效期内向登记机关申请变更登记。公司应当办理变更登记手续的事项主要包括变更法定代表人、变更经营范围、变更住所等。公司登记事项发生变更时，未依照本法规定办理有关变更登记的，由公司登记机关责令限期登记；逾期不登记的，处以 1 万元以上 10 万元以下的罚款。公司变更登记涉及营业执照记载事项的，登记机关应当及时为公司换发营业执照。登记机关依法作出变更登记决定的,公司应当缴回营业执照。拒不缴回或者无法缴回营业执照的,由登记机关通过国家企业信用信息公示系统公告营业执照作废。

81 非法律明示的高级管理人员能构成关联交易吗?

案 例[1]

甘肃中集华骏车辆有限公司(以下简称甘肃中集华骏公司)成立于2006年6月6日。2007年7月30日,经甘肃中集华骏公司任免,周旭担任该公司营销部经理,全面主持公司销售和采购供应工作。2009年7月31日之后,周旭担任该公司分管销售的副总经理,2010年7月,周旭从甘肃中集华骏公司调离至陕西中集华骏销售服务有限公司工作。周旭与高迎迎于2006年确立恋爱关系,2008年5月登记结婚。青海同海达公司是高迎迎与毛增光于2007年9月29日发起设立的。2008年2月至2009年7月,甘肃中集华骏公司与高迎迎发起设立的青海同海达公司签订了38份加工承揽合同,青海同海达公司拖欠货款未按时支付。其间,高迎迎将青海同海达公司股权转让给其母亲,后又转让给他人。2011年9月,甘肃中集华骏公司与青海同海达公司就欠款偿还问题达成协议,确定青海同海达公司应付甘肃中集华骏公司欠款5,967,970元,双方请求人民法院制作了调解书。因青海同海达公司无财产可供执行,该调解书执行程序被终结。

---

① 参见甘肃中集华骏车辆有限公司诉周旭等关联交易损害责任纠纷案,最高人民法院(2019)最高法民申2728号民事裁定书。

《甘肃中集华骏车辆有限公司章程》第二十八条规定:“公司设总经理一人,副总经理若干人,正、副总经理由董事会聘请。”第二十九条规定:“总经理直接对董事会负责,执行董事会的各项决定,组织领导公司的日常生产、技术和经营管理工作。副总经理协助总经理工作,当总经理缺席或不能工作时,代理行使总经理的职责。”2007 年 7 月 30 日,甘肃中集华骏公司聘任周旭担任该公司营销部经理,全面主持公司销售和采购供应工作。在此期间,甘肃中集华骏公司并没有设立副总经理。

周旭任职期间,公司其他货款均及时回收,唯独与青海同海达公司的交易给公司造成了损失。甘肃中集华骏公司董事会于 2013 年 1 月 21 日,决定开除周旭并追究法律责任。

甘肃中集华骏公司向法院提出诉讼请求:请求依法判决周旭、高迎迎、毛增光共同赔偿甘肃中集华骏公司经济损失本金 4, 352, 320 元及利息 1, 877, 038 元,共计 6, 229, 358 元。

一审法院判决周旭赔偿甘肃中集华骏公司经济损失 4, 229, 358. 00元。周旭不服,提起上诉。二审法院认为,周旭在青海同海达公司未向甘肃中集华骏公司支付货款的情况下,利用职权继续与青海同海达公司签订合同和供货,周旭的行为客观上给甘肃中集华骏公司造成了经济损失,应当承担赔偿责任。根据以上法律规定和事实,二审法院认定周旭在甘肃中集华骏公司任职期间,甘肃中集华骏公司与青海同海达公司 2008 年 2 月 29 日至 2009 年 7 月 31 日签订的承揽合同属于关联交易,周旭应当对给甘肃中集华骏公司造成的损失承担赔偿责任,该认定并无不当,维持原判。

法 条

新《公司法》

第二百六十五条　本法下列用语的含义：

(一)高级管理人员，是指公司的经理、副经理、财务负责人，上市公司董事会秘书和公司章程规定的其他人员。

(二)控股股东，是指其出资额占有限责任公司资本总额超过百分之五十或者其持有的股份占股份有限公司股本总额超过百分之五十的股东；出资额或者持有股份的比例虽然低于百分之五十，但依其出资额或者持有的股份所享有的表决权已足以对股东会的决议产生重大影响的股东。

(三)实际控制人，是指通过投资关系、协议或者其他安排，能够实际支配公司行为的人。

(四)关联关系，是指公司控股股东、实际控制人、董事、监事、高级管理人员与其直接或者间接控制的企业之间的关系，以及可能导致公司利益转移的其他关系。但是，国家控股的企业之间不仅因为同受国家控股而具有关联关系。

原《公司法》

第二百一十六条　本法下列用语的含义：

(一)高级管理人员，是指公司的经理、副经理、财务负责人，上市公司董事会秘书和公司章程规定的其他人员。

(二)控股股东，是指其出资额占有限责任公司资本总额百分之五十以上或者其持有的股份占股份有限公司股本总额百分之五十以上的股东；出资额或者持有股份的比例虽然不足百分之五十，但依其出资额或者持有的股份所享有的表决权已足以对股东会、股东大会的决议产生重大影响的股东。

（三）实际控制人，是指虽不是公司的股东，但通过投资关系、协议或者其他安排，能够实际支配公司行为的人。

（四）关联关系，是指公司控股股东、实际控制人、董事、监事、高级管理人员与其直接或者间接控制的企业之间的关系，以及可能导致公司利益转移的其他关系。但是，国家控股的企业之间不仅因为同受国家控股而具有关联关系。

专家说法

关联交易是指公司或是附属公司与在本公司直接或间接占有权益、存在利害关系的关联方之间所进行的交易。关联方包括自然人和法人，主要指上市公司的发起人、主要股东、董事、监事、高级管理人员，以及其家属和上述各方所控股的公司。

在本案中争议问题主要是，周旭是否能够被认定为关联交易中的高级管理人员。《公司法》对高级管理人员履职作出了较多的规定与限制，高级管理人员对公司具有法定的忠实义务和勤勉义务，违反时将承担相应的赔偿责任。那么，当一些非公司高级管理人员实际上行使高级管理人员职权时，能否被认定为实际具有公司高级管理人员身份，并承担相应的义务和责任是实务中的热点和难点，不具备高级管理人员身份的员工不应认为自己当然不承担高级管理人员对应的责任。若自己实际行使着相当于公司高级管理人员的职权并因此给公司造成了损失，在事后追责时依然有可能被认定为具备高级管理人员身份并承担相应责任。因此即使是非高级管理员工也要时刻注意自己的行为，不能利用职权便利进行关联交易等行为为自己谋利。

本案中，周旭担任甘肃中集华骏公司聘任该公司营销部经理，全面主持公司销售和采购供应工作。在此期间，甘肃中集华骏公司未设立副总经理，周旭实际上行使的是公司高级管理人员的职权。与此同时，周旭作为甘肃中集华骏公司的高级管理人员隐瞒青海同海达公司控股股东、股东系其妻子、岳母的事实，在担任甘肃中集华骏公司营销部经理期间，对青海同海达公司与甘肃中集华骏公司 2008 年 2 月 29 日至 2009 年 7 月 31 日共计 38 份《加工承揽合同》的履行、货款回收、交易方的财务状况、交易风险不闻不问；周旭在庭审中认可在甘肃中集华骏公司任职期间，其负责市场研发、产品配件和原材料的采购、车辆销售和货款回收等日常决策工作，公司的整个交易都比较规范，货款回收比较及时，唯独青海同海达公司的交易给甘肃中集华骏公司造成了巨大的损失。这实际上造成了青海同海达公司占用甘肃中集华骏公司巨额车款 8 年有余，且因该公司最终无力偿还导致执行不能，利益输送之目标明确、路径清晰；其消极、不作为的行为符合《公司法》第 265 条第 4 项的规定，构成关联交易。